日本内部監査制度の史的展開

津田秀雄 著

東京 森山書店 発行

はしがき

　本書は，わが国企業における内部監査制度に関して，同族的結合ながらようやく共同企業が見られ始めた江戸期に遡って考察することで，その時代にどのような内部監査思考や内部監査態勢が芽生え，今日の姿にまで育まれてきたかを物語る轍の跡を，今に残されている史料に求め，また先行研究である経済史や経営史に関する諸論考を参照し，内部監査に触れた記述を探ることで，見出そうとしたものである。

　これに関連してドイツにおける内部監査活動の史的展開に目を向けるならば，拙著『改訂　ドイツ内部監査論』（千倉書房，2002年）において述べたように，夙に大ラーフェンスブルク会社（存続期間：1380年〜1530年）の「9人委員会」の存在に示されるところの，オーナー経営者がその地位に基づいて保有する監督権限を直接的に発揮する「前内部監査」（Pre-stage of Internal Auditing）の形態と目される「オーナー経営者統制」の時期を経て，15〜16世紀に「フッガー家の時代」と称される輝かしい時代を画したフッガー家や1811年に創業し，1875年に「会計監査室設置要項」を制定したフリードリッヒ・クルップ商会に見られたところの，財産の保全を図るとの意図を有しつつ，経営者が従業員に監督権限の一部を委譲して内部監査活動を行わせる「所有者型内部監査」に進み，20世紀に入ってさらに所有と経営の分離という現象が進展するとともに経営効率の向上を目的とする「経営者型内部監査」が普及するに至った歴史的経緯を見てきた。こうした内部監査の歴史的な流れがわが国企業においても妥当するかどうかを知りたいと考えたところに本研究の一つの動機がある。

　翻って，わが国では，近年，企業活動に関して種々の不祥事が生じているが，これを未然に防止するために会社法や金融商品取引法は内部統制システム

の整備・充実を求めている。これに伴って，内部監査の活動についても整備・充実が求められるが，元来，財産を保全し，経営効率を高めようとする努力は企業の内部的な経営管理の観点から本源的に要請されるものであり，このために経営者は法令等による企業外部からの要請がなくとも自主的に財産を保全し，経営効率を高めようとしてきた。そうした努力の跡は各社が保管する経営史料や社史から窺い知ることができる。第二の動機として，そうした努力の跡を整理し，記述することで，内部監査を含む内部統制システムの整備・充実に意を用いてきた企業が今日に継続していることを知り，その歩んできた軌跡を他山の石として自社の経営に生かして頂ければとの思いがある。

こうした意図から，江戸期に発祥して明治維新の疾風怒濤の時期を乗り越えた三井，住友，三菱及び安田の各財閥を中心として，それらにおける経営状況と内部監査部門の設置・運営状況を検討し，さらに所有者型内部監査を経営者型内部監査へと変貌させ，指導理念の変革をもたらそうとする動きが生じた経緯を述べることで，わが国における現在の内部監査思考がいつ，どこで発源したものであるかを探ろうとしたものである。論考を進める過程で多くの方々に激励と期待を忝なくして頂いたものの遅々として脱稿しないまま時間だけがまさに光陰矢の如く経過していったことから，当初の意図が十分には達成されていないことを自覚しているものの，ここでいったん中間報告的に上梓することとした。本書で見落とした史実や誤った解釈があれば忌憚なくご叱正を頂き，またそうした事情を示す史料についてご教示をお願い致すことで，今後とも研究を豊かにし，さらに充実させていきたいと考えている。

本書を上梓するまでには多くの方々のお世話になっている。久保田音二郎先生（神戸大学名誉教授）にはゼミ生として学部と大学院を通じて監査という営為にみられる史的展開過程に関する研究の方法論をご指南頂き，ようやくにして本書を公刊するところにまで辿り着くことができたことに感謝の念を表しきれない思いである。高田正淳先生（神戸大学名誉教授）からもシュマーレンバッハ，コジオール等のドイツ動的会計論を手ほどき頂いた学部学生のときから今日に至るまで公私にわたりご指導頂いていることに改めて御礼言申し上げ

たい。加藤恭彦先生（甲南大学名誉教授）からもドイツ監査論研究の先輩研究者として，また関西監査研究学会のメンバーである諸先生からも同学の志を分かち持つものとして，絶えず研究上の示唆と助言を頂くほか，公私にわたり種々のお世話になっていることに改めて感謝致したい。その他，ここにお名前をあげないものの，多くの方々からのご助力を賜ったことに御礼を申し述べたい。また，勤務先の名古屋学院大学，和歌山大学，近畿大学の各付属図書館，さらに三井文庫，住友修史室（現，住友史料館），大阪大学経済史経営史資料室，大阪商業大学商業史博物館，大阪商工会議所商工図書館，（株）住友倉庫，住友金属工業（株）から史料，文献等の閲覧・複写等でご好意を賜ったことに感謝申し上げたい。最後に，本書の上梓につきご快諾いただいた有限会社 森山書店 取締役社長 菅田直文氏並びに編集・校正の労をお取り頂いた同社の白鳥里和さんに深謝申し上げる。

　なお，本書出版に際して，四天王寺大学から出版助成金を恵与頂いたことを申し添えて，感謝する次第である。

2011年12月19日

津　田　秀　雄

目　次

第1部　江戸期商家における会計管理態勢と内部監査活動の胎動

第1章　江戸期三井家における萌芽的内部監査活動 …………… 1
1　はじめに………………………………………………………………………1
2　三井家における大元方制度…………………………………………………1
3　三井家における内部監査活動の生成………………………………………2
　(1)　三井家における決算手続……………………………………………2
　(2)　三井家における監査規定……………………………………………3
4　三井家大元方勘定目録における監査報告様式の推移……………………6
　(1)　宝永7（1710）年7月の会計報告……………………………………6
　(2)　享保9（1724）年12月の監査報告……………………………………6
　(3)　元文4（1739）年12月の監査報告……………………………………7
　(4)　安永元（1772）年12月の監査報告……………………………………8
　(5)　天保13（1842）年12月の監査報告……………………………………9
　(6)　明治5（1872）年12月の監査報告……………………………………10
5　傘下店に対する内部監査……………………………………………………11
　(1)　「京両替店」の寛政5（1793）年下期の会計報告書に係る監査報告‥11
　(2)　「糸店」の寛政5（1793）年の惣勘定目録に係る監査報告………12
　(3)　江戸本店の「文政元戊寅（1818）年七月十五日より
　　　　十二月晦日迄目録」における監査報告………………………………13
6　結びに代えて…………………………………………………………………14
　　　―三井家における内部監査の存在形態―

第2章　江戸期住友家における内部監査制度の生成と展開 ……… 20
　1　内部監査制度導入前の状況 ……………………………………… 20
　2　江戸期住友家の家法書にみる萌芽的内部監査活動 …………… 21
　　(1)　長崎店家法書―享保6（1721）年 ……………………………… 21
　　(2)　長崎店家法書―元文5（1740）年 ……………………………… 22
　　(3)　別子銅山掟書―元文6（1741）年 ……………………………… 22
　　(4)　南部・津軽両銅山家法書―寛保元（1741）年 ………………… 22
　　(5)　別家手代取締方―寛延3（1750）年 …………………………… 22
　　(6)　銅吹所取締―寛延3（1750）年 ………………………………… 22
　　(7)　江戸出店定書―宝暦元（1751）年 ……………………………… 22
　　(8)　諸店心得方―宝暦元（1751）年 ………………………………… 23
　　(9)　取締法追加書（年代不詳） ……………………………………… 23
　3　吟味方の設置 …………………………………………………… 24

第2部　株式会社制度草創期の自律的監査制度の展開

第3章　維新期における会社企業の生成と内部監査体制 ………… 29
　1　はじめに ………………………………………………………… 29
　2　『立會略則』にみられる監査制度 ……………………………… 29
　3　静岡藩「商法会所」にみられる監査制度 …………………… 32
　4　通商会社と為替会社における監査制度 ……………………… 35
　5　国立銀行における監査制度 …………………………………… 38
　　(1)　国立銀行条例における監査制度 ……………………………… 38
　　(2)　諸国立銀行における監査制度 ………………………………… 40
　6　三井銀行設立時の監査制度 …………………………………… 43
　7　むすび …………………………………………………………… 46

第4章　維新期における三井家事業の再編と内部監査体制 ……… 53
1　はじめに ……………………………………………………… 53
2　維新直後の店制改革と撰事・改役の設置 ……………………… 54
3　東京大元方の設置と撰事・改役による管理体制の継続 ………… 56
4　東京大元方の機構改革と検査役の設置 ……………………… 57
5　「主従持合ノ身代」の理念の台頭と監査機関の常設化 ………… 59
6　「主従持合ノ身代」の理念の高揚と検事・改役の設置 ………… 60
7　「主従持合ノ身代」の理念の否定と管理役・改役の設置 ……… 62
8　事業統制目的と内部監査活動 ………………………………… 63
9　むすび ……………………………………………………… 64

第3部　明治期企業における内部監査体制

第5章　明治期三井家の内部監査制度の変遷 ……………… 71
1　はじめに ……………………………………………………… 71
2　集権的内部監査体制への指向 ………………………………… 71
3　三井家監査役会の設置 ……………………………………… 75
4　検査部の設置 ………………………………………………… 78
5　管理部監査課の設置 ………………………………………… 81
6　三井合名会社調査課の設置と機能的限界 ……………………… 83
7　三井合名会社監査部の設置 …………………………………… 85
8　三井物産会社における明治期の本店機構と内部監査体制 ……… 88
9　むすび ……………………………………………………… 89

第6章　明治期住友家における内部監査制度の変遷 ………… 93
1　明治期住友家の経営の概況 …………………………………… 93
2　「大阪本店職制・規則・店方規則」にみる内部監査制度 ……… 94
3　「予州別子鉱山職制」にみる内部監査制度 …………………… 95

4 「監査規則」及び「監査細則」にみる内部監査制度……………… 96
   5 「監査規程」の「住友家法」への編入と定時監査制度の創設……… 98
   6 監査員の種別化…………………………………………… 100
   7 専務監査員制度の導入と監査課の設置………………………… 101
   8 定時監査から随時監査への移行………………………………… 102

第7章 三菱・海運業主業期の内部監査機構の変遷……………… 106
   1 はじめに………………………………………………… 106
   2 監督課設置前の状況……………………………………… 107
   3 監督課の設置……………………………………………… 108
   4 検査係の設置と監督課の廃止…………………………… 110
   5 検査局から検査役への展開……………………………… 112
   6 検査役から調役への進展………………………………… 115
   7 三菱為替店の内部監査…………………………………… 118

第8章 三菱財閥生成期の内部監査機構の整備……………… 126
   1 三菱社の設立とその経営統制制度……………………… 126
   2 高島炭坑における内部監査機構………………………… 128
   3 吉岡鉱山における内部監査機構………………………… 129
   4 長崎造船所における内部監査機構……………………… 131
   5 三菱合資会社の設立と本社機構の整備………………… 134
   6 「事業部」及び場所の統轄手段としての会計
     及び会計監査の制度・機構の整備……………………… 137
   7 「事業部」の独立準備と内部監査機構………………… 140
   8 『三菱合資会社社誌』にみる内部監査活動の実践状況……… 141

第4部　大正・昭和前期における企業の内部監査体制

第9章　大正・昭和前期住友家における内部監査制度の整備……149
1. 「監査規程改正ノ要点及理由」……149
2. 監査部の設置と専務監査員の監事への呼称変更……152
3. 内部監査機能による連系会社の統轄……153
4. 「監査及検査規程」の制定による検査役制度の導入……154
5. 「監査及検査規程」の「社則甲」への編入……157
6. 「監事附属員」の設置……158
7. 担当理事制の実施と内部監査体制……158
8. 監事・検査役の指揮系統の変更……159
9. 監事への監査業務の集約……160
10. 財閥の終焉と連系各社固有の内部監査制度の発足……162
11. むすび……163

第10章　大正・昭和前期の三菱合資会社における内部監査機構の変遷……167
1. はじめに……167
2. 分系会社の分離・独立と内部監査機能……167
3. 監察員制度の導入……169
4. 監察員制度の廃止……171
5. 監察員の再設置……172
6. 組織変更当時の財閥本社の内部監査機構……175
   (1) 分系会社の自立化の容認と本社組織の改編……175
   (2) 三菱社における監察員制度の維持とその運用……178
7. 本社統制力の再強化と内部監査機構……179
8. 株式会社三菱本社への改称と内部監査機構……181

9　本社機構の終焉 ……………………………………… *183*
　　10　お わ り に ……………………………………… *183*

第 11 章　安田財閥における関係行社統轄機構 …………… *192*
　　1　合本安田銀行の開設と経営業務の監督体制 ………… *192*
　　2　私盟組織保善社時代の企業統治体制 ………………… *193*
　　3　商法施行に伴う保善社規約の改正と監事制の継続 … *195*
　　4　合名会社安田銀行への改組と内部監査部門の設置 … *197*
　　5　合名会社保善社における企業統治体制と内部監査機能 … *198*
　　6　合名会社安田保善社における内部監査体制の整備 … *200*
　　7　むすび―安田保善社の経営統制制度― ……………… *201*

第 12 章　総　　括 ……………………………………………… *206*
　　1　内部監査活動の論理的発展過程 ……………………… *206*
　　2　内部監査活動の発展段階別類型 ……………………… *209*
　　3　むすび―わが国における内部監査活動の史的展開過程― …… *210*

初　出　一　覧 ………………………………………………… *215*
索　　　引 ……………………………………………………… *217*

第1部　江戸期商家における会計管理態勢と内部監査活動の胎動

第1章　江戸期三井家における萌芽的内部監査活動

1　はじめに

　三井家の事業は，家祖である三井高利が延宝元（1673）年に江戸本町1丁目で越後屋呉服店を開業し，京都にその仕入店を設けたことに始まるが，高利は，その後も，天和3（1683）年に江戸の呉服店の移転にあわせて両替店を併設し，さらに貞享3（1686）年に京両替店を，翌年に江戸綿店を，元禄4（1691）年に大坂に呉服店と両替店を，という具合に着々と店舗網を拡大して近世最大の都市商人として成長し，江戸時代から明治維新を越えて今日にまで連なる事業の基礎を築き上げたのである。
　本章では，この江戸時代における三井家の内部監査制度が，帳簿記録の信頼性を確保するために簿記機構の中に組み込まれた検証システムの一環をなすものとして生成し，実践されてきた過程を史料に即して跡付けることとしたい。

2　三井家における大元方制度

　三井家の各営業店舗は，本貫の地にある松坂店を除き，本店一巻（宝永2年＝1705年成立）ないし両替店一巻（享保4年＝1719年成立）のいずれかに属することとされ，さらに「大元方」と呼ばれる中央機関によって統轄される経営管理体制が遅くとも享保14年までに確立された。
　大元方は宝永7（1710）年1月に成立し，三井家とその家業である各営業店

を統轄するために整備されたもので，高利の実男子6名を始祖とする本家6家と高利の女婿などを始祖とする3連家による三井9家（その後，高利の孫の高房による2連家の追加で11家）の当主を持分所有者とする，今日の合名会社のような組織であった[1]。

この大元方制度は安永4（1775）年始めの「安永持分け」により三井同苗11家が3集団に分裂し，各々の集団が本店一巻，両替店一巻，松坂店を分有することで，大元方は営業店に対する支配・管理機能を喪失し[2]，これに代わって，京都本店一巻には内元方が，両替店一巻には新元方が置かれるという時期があったものの[3]，寛政9（1797）年の「店々一致」（再結合）により大元方制度が復元された後は大きな変更が加えられることはなく，幕末まで継続された[4]。

3　三井家における内部監査活動の生成

(1)　三井家における決算手続

まず大元方と営業店との関係を見ると，大元方と各営業店はそれぞれが独立の会計単位を構成し，前者が後者に対し「元建金」（内部資本金）の出資と「繰替金」（運転資金）の融資を行い，さらに営業用不動産を貸与することから[5]，現代風にいえば内部資本金制をもつ分権的事業部制に近い関係にあった[6]。

この本社機構としての大元方が，内部的に独立した会計単位とされる各営業店を管理・監督するために，利益処分について「功納」（内部資本金にかかる「利足」）として毎期一定額を上納させることで各営業店の毎期の最低目標利益を定め，また従業員の勤労意欲を高めるために各営業店の「余慶銀」（「功納」金を上納した後の毎期利益金の蓄積額）から3年目毎に「十分一褒美銀」（賞与）を従業員に配分し（本店一巻では名目役[7]以上の従業員へ，両替店では丁稚も含む全従業員へ配分した），さらに「十分一褒美銀」を配分した後の残額は，持分け前は大元方へ上納させ，寛政一致以後は各本店持銀に繰り入れることで営業資本の拡大を図った[8]（これらは3年毎の大勘定＝三年勘定の際に行われた。但し，

両替店では元文元年＝1736年に褒美銀の支給方法を変更し，その翌年から本店と同じく名目役以外は毎年の年褒美を支給している）。

こうした三井家の決算は複式決算構造を持つ先進的な会計システムとして工夫されており[9]，手続的には次のようにして本店一巻と両替店一巻に属するそれぞれの営業店の決算が大元方勘定目録に集計されていったとされる。

「各営業店はその所属する一巻の京都店に決算帳簿を提出する。それぞれの京都店は自店を含めて一巻の決算を行い，それを大元方に提出する。大元方は両一巻の決算と自己の収支を含めて総決算を行うのである。」[10]

これらの決算手続にはさらに次にみるように営業店の勘定を吟味し，事業状況を監査する監査システムが付随させられていた。

(2) 三井家における監査規定

三井家の経営管理方式は，享保7（1722）年11月1日に2代目の高平（宗竺）が遺書（「宗竺遺書」）の形態で定めて以来，明治33（1900）年に「家憲」によって置き換えられるまでの約180年間にわたって実質的な家法として遵守され[11]，三井家の事業のあり方を規定した「宗竺遺書」に既に指示されている経営管理方式であり，監査の必要性とその実施方法もまた，「宗竺遺書」中の「大元方頭領役之事」の段で，次のように指示されていた[12]。

> 大元方頭領役之事
> 一　親分へ差続き候て，同苗之内年かさ器量有ものを三人宛頭領役として，大元方諸事店々之儀引請世話可致候，尤月並内寄会致し，元〆并見習之名代立会，商の評議可致候，店々半季宛の目録延引之店者致催促差出させ，元〆立会能々吟味専要候，其外長崎商之様子，質物かし方之事，金銀取引并諸方出し切の品致吟味，少にても費無之様に可致候，大元方者一家根元之所ニ候間，打寄世上金銀取遣りの様子，糸・端物一切諸相場等相考候て，諸事さしくり可申付候，店々役人差置候へ共，主人より折節気を付申渡候へ者，弥油断難成走馬に鞭を打ことく候，万事吟味を詰，又者毎度店々へ廻り，書通往来之様子，金銀送り方，代物之高下傍聞届可簡可致候，其外江戸表諸事為見繕，毎年一弐ヶ月之滞留にて壱人宛罷下り可申候，左候ヘハ江戸手代共之勤方励傍第一政ニ候条，此

> 旨可相心得事
> …（中　略）…
> 一　店々勘定目録之吟味是専要候，惣して目録者金銀出入商の利ばいをわけならべ仕立候者故，其目録のしつを隠す時ハ其訳不存時者，虎の目録成とも不鍛錬故吟味之次第難成候，不断商売のはまり第一也，元〆立会之上相改，目録上中下しるし致置，追而大勘定之節目録をならし，高下の沙汰可在之候，就中有物之吟味歩廻り之儀能々気を付可申事

　これらの規定は，今日の常務取締役にあたるとされる頭領役[13]に対して，提出された決算書について元〆を立ち会わせてよく内容を監査すること，その際，日頃から営業の実情や送金の状況等の把握に努め，表面の計数に惑わされぬように注意すべきことを指示しているのであるが，その萌芽的な指示は元禄8 (1695) 年2月に出された「家内式法帳」にみられる。すなわち，「家内式法帳」は帳合について次のように指示している[14]。

> 一　勘定ハ家之元ニ而候，毎日毎日勘定致候様ニ心得不申候ハ而ハ，勘定相立不申候物ニ而候，支配人能々其心得致下々帳面之儀隈無之様ニ末々致候事ヲ致越可申事
> 一　先矩之通正月店卸三日から取掛可申候，付立帳面支配人致吟味押合判可致事，荷物仕廻次第四日ニ而も五日ニ而も見世をあけ可申候，近年ハ先矩之格式ニ違候様ニ相見ヘ申ニ付，如此申出候
> 一　金銀出入帳毎月十五日切ニ源右衛門押合可申候，尤壱銭目之振手形ニ而も，当番之支配人・源右衛門両判ニ而金銀振手形出し可申事
> 一　諸役義切々向後相改申候，其節間違無之様兼而相勤可申候
> 一　今度相改候而店評定人と申者申付候，間違無之様ニ可仕候，若支配人不了簡成事候ハヽ，評定人万端無遠慮隔心分明ニ此方ヘ可申届事

　さらに遡れば，これらの規定に先駆した延宝期江戸呉服店の店式目である「諸法度集」には，監査規定は存しないものの，決算や帳面付けに関する次の

規定がみられる[15]（なお，「諸法度集」は延宝元〈1673〉年8月10日付の「定」，同3年8月25日付及び同4年7月付の箇条書から成っている[16]）。

延宝元年の「定」（抄）
一　勢利物失候ハヽ，吟味之上其者之小遣に付可申候，棚有帳之うせもの候ハヽ，仕配人之小遣に付可申事

延宝3年の店式目（抄）
一　棚算用の義，冬夏之仕切何時に仕廻候様ニ相究置可申候，残物を六月と霜月と一年に二度宛書立を致越可申候，帳とも役付を其元ニ而可申付候事

延宝4年の店式目（抄）
一　金銀請取帳に付申ものも，何ほどいそかわしき事有之候共，致吟味あらため帳ニ付可申事
一　前売帳壱箇月に三度宛算用いたし入可致事
一　うり物売切候物手帳ニ付，注文登せ可申事
（帳面付けについては全部で7箇条を規定しているが，上記の他は省略——筆者）

　このように当初は営業財産保全のための素朴な規定であったのが，経営規模の拡大とともに生じてきた経営管理上の問題に対処するために，次第に金品の出入りとそれに伴う記帳上の指示規定に変容し，さらに経営の計画性を高める現実的な必要性から記帳の精密化が要求されていったこと，すなわち，「高利没後も『身上一致』の原則は崩されなかったが，店の数も増して相互の関係が入りくんでおり，元建の決め方も不統一で手代の元手金・普請金などが京両替店から出ているなど，各店の損益を首脳陣さえもはっきりつかめないような決算方法がなされていた。」[17]という状況のなかで，「創業者高利の老・病・死によって，三都に展開した多数の店舗を管理する手段としての簿記・会計の重要性が切実に認識されるようになったのではなかろうか。」[18]と指摘されているような認識が生じたことが簿記・会計規程の精密化をもたらし，その精密化の

方向の延長線上に「家内式法帳」における監査規定の生成と「宗竺遺書」における監査規定の確立・固定化がみられたといえよう。その「宗竺遺書」における監査実践に関する指示が，具体的にどのように実行されたかを示す例を次にみてみよう。

4 三井家大元方勘定目録における監査報告様式の推移

本節では，史料として残されている各時期の大元方勘定目録及び各店の目録の中から内部監査史上興味ある事態が示されている史料を取り上げて，三井家における内部監査の実践をうかがうこととする。なお，ここに示す大元方勘定目録はすべて3年勘定のときのものである。

(1) 宝永7 (1710) 年7月の会計報告

宝永7年7月の大元方勘定目録[19]は大元方成立直後のものであるが，これにはいまだ内部監査の実践をうかがわせる記載はみられない（なお，原史料はすべて縦書きであるが，便宜上，横書きにしている―以下，同じ）。

```
右之通相違無御座候，以上
宝永七年寅七月
                              中　西　宗　助　㊞
                              松　野　治　兵　衛　㊞


宗　竺　様
八郎右衛門様
宗　利　様
```

(2) 享保9 (1724) 年12月の監査報告

享保9年12月の大元方勘定目録は『宗竺遺書』制定直後の3年勘定の際のもので，宗竺以下当主3名に宛てて，京本店元〆の中西宗助，同　松野治兵衛，京綿店元〆の開主善兵衛の3名が作成し，八郎次郎（南家初代高久），宗八

(小石川家初代高春), 八郎右衛門 (北家三代高房), 三郎助 (新町家二代高方) の同苗4名が立ち会い改めている[20]。三井文庫編『三井事業史』資料篇一によるかぎり, 同苗による監査が初めて示される史料である。

```
右之通相違無御座候, 以上
    享保九年                     松 野 治 兵 衛  ㊞
    辰極月晦日          勘 定 開 主 善 兵 衛  ㊞
                                中 西 宗 助    ㊞


宗  竺  様
宗  印  様
宗  利  様
右勘定立会相改, 相違無御座候
                            八 郎 次 郎
                            宗        八
                            八 郎 右 衛 門  ㊞
                            三   郎   助  ㊞
```

(3) 元文4 (1739) 年12月の監査報告

　元文4年12月の大元方勘定目録は元文改鋳後の店経営が好業績であった時期の3年勘定のもので, 親分の宗清 (北家三代高房) に宛てて, 大元方名代の森田儀右衛門, 同　細田万次郎が作成し, 京両替店元方掛名代の丸山弥三兵衛, 京本店元〆の加東藤助, 大元〆の岡本道繁が勘定改めを行い, さらに同苗の立場からの立ち会い改めは八郎右衛門 (新町家二代高方), 三次郎 (小石川家二代高副), 治郎右衛門 (南家二代高博), 三井八寿 (大元〆), 岡本道繁が行っている[21]。この史料で注目すべきことは, 三井文庫編『三井事業史』資料篇一によるかぎり, 同苗による監査のほかに, 従業員による監査が初めて登場していることである。

```
右之通相違無御座候，以上
   元文四年                    勘定    森田儀右衛門  ㊞
     未極月晦日                勘定    細田万次郎    ㊞


右相改相違無御座候，以上
                                      丸山弥三兵衛  ㊞
                              勘定改  加東藤助      ㊞
                              勘定改  岡本道繁      ㊞


宗 清 様
右勘定立会相改申候，已上
八郎右衛門 ㊞
三 次 郎  ㊞
在江
  次郎右衛門

                                      三 井 八 寿  ㊞
                                      岡 本 道 繁  ㊞
```

(4) 安永元（1772）年12月の監査報告

　安永元年12月の大元方勘定目録は安永持分け直前のもので，安永元年12月に熊谷仁右衛門（大元方名代）と永尾太郎右衛門（大元方加判名代）が作成し，松野次郎兵衛（京両替店元〆）と吉田与右衛門（京本店元〆）が勘定改めを行った上で，宗慶（南家二代高博）以下5名の当主に宛てて提出し，これを安永6年6月になって，松野次郎兵衛と中西宗助（京本店元〆）が勘定改めを再度行い，これに八郎兵衛（新町家三代高弥），宗点（室町家三代高興），元八（伊皿子家三代高登），八良次郎（南家三代高邦），八郎右衛門（北家五代高清）が立ち会っている[22]。これは持分け実施のために会計数値の信頼性を再度確かめる必要があったためではないかと思われる。

```
右之通相違無御座候，以上
安永元年勘定                          熊谷仁右衛門    ㊞
  辰極月晦日                      勘定  永尾太郎右衛門
右相改相違無御座候，以上
                                    松野次郎兵衛
                                    吉田与右衛門
右勘定立会相改候，以上
              宗    慶
              八 郎 兵 衛
              九 右 衛 門
              八郎右衛門
              八 良 次 郎
右相改相違無御座候，以上
  安永六酉年                      勘定改  中 西 宗 助   ㊞
    六月                                松野次郎兵衛   ㊞
右勘定立会相改候，以上
              八 郎 兵 衛  ㊞
              宗    点   ㊞
              元    八   ㊞
              八 郎 次 郎
              八郎右衛門  ㊞
```

(5) 天保13（1842）年12月の監査報告

　天保13年12月の大元方勘定目録は，作成者が大元方の元方掛名代である中村万兵衛と名代の上原甚四郎，改めたのは元方役重役で京両替店元〆中野勝助，京両替店元〆格の窪田仁兵衛，京本店元〆格の松山喜十郎で，これに元方掛同苗の八郎次郎（南家五代高英），宗六（北家七代高就），三郎助（小石川家六代高益），八郎右衛門（北家八代高福）が加わっている[23]。

　なお，『三井事業史』資料篇一及び同，二に収録されている史料による限り，この天保13年12月の『大元方勘定目録』以来，同苗による勘定改を確認する

「右勘定立会相改候」の文字は記載されなくなっている。

それは安永持分け以後の経営業績の低迷の中で,「経営能力のない当主を無能力の全権者,さらにいえば象徴として祭り上げ,店に対する家の従属をせまったものと考えられる。すなわち,それは営業の論理を同族全体に貫徹させようとしたものといえよう。」[24]と指摘されている状況と関連付ければ,「右勘定立会相改候」の記載が消えているのは,その文からうかがわれる「従業員による監査への監督」ではなくて,所有者である当主と従業員とが協同で監査していることを,この形式で表しているものと憶測される。

```
右之通相違無御座候,以上
                        勘定
天保十三年                         中村万兵衛  ㊞
   寅十二月                        上原甚四郎  ㊞


右相改相違無御座候,以上            押合
                                 中野勝助
                                 窪田仁兵衛  ㊞
                                 松山喜十郎  ㊞

八郎次郎
宗   六
三 郎 助
八郎右衛門
```

(6) 明治5(1872)年12月の監査報告

明治5年12月の大元方勘定目録の作成者は,大元方撰事の土方治作,同永猪松斎,同　平井作兵衛,正事の上原甚四郎であり,改めたのは京両替店改役の山崎甚五郎,元方掛り同苗の八郎右衛門(北家八代高福),三郎助(小石川家七代高喜),次郎右衛門(北家九代高朗),元之助(伊皿子家七代高生),源右衛門(新町家八代高辰),篤二郎(鳥居坂家六代高潔)である[25]。なお,この大元

方勘定目録は,「宝永七年からはじまった『大元方勘定目録』の最末期のもので」[26], これ以後は, 統轄機関としての地位が明治4年10月に設立され, 別に経理を行った東京大元方に移り[27], (西京) 大元方は明治6年5月に出張所に降格されるに至る[28]。

```
右之通相違無御座候, 以上
                                    上原甚四郎    ㊞
                                    平井作兵衛    ㊞
                                    永 猪 松 斎   ㊞
                                    土 方 治 作   在紀

右相改相違無御座候, 以上
                                    山崎甚五郎    ㊞
八郎右衛門
三 郎  助
次郎右衛門
元 之  助
源 右 衛 門
篤 二  郎
```

5　傘下店に対する内部監査

(1)　「京両替店」の寛政5 (1793) 年下期の会計報告書に係る監査報告

　大元方傘下の各店の会計報告書についてもみておこう。まずは寛政5年下期の「京両替店」の会計報告書における監査報告を行っている部分である[29]。西川教授によれば,「この資料は『持分け』期間中のものであるが,『安永持分け』前や『寛政一致』以後のものの宛名は, 大『元方掛』となっている二～五人の三井家当主または『大元方』となっている。差出人の深井と林は『京両替店』の『支配人』で,"監査"をしている丸山と西田は, 同じく『後見』と『勘定名代』, 五十川と藤田は, 同『元方掛名代』と『元〆』である。……つま

り,『京両替店』の比較的下位の『役柄』の者が当主宛に作成し,上位の『役柄』の者が監査をし,さらに当主が確認するという形になっている。」[30]と指摘される。

```
        寛政五年十二月                    深井助九郎
                                    勘定　林　　与　七  ㊞

    三　郎　助　様
    次郎右衛門　様
    元　之　助　様
    元　五　郎　様
    右之通相違無御座候以上            西田新四郎  ㊞
                                      丸山与助  ㊞

    右相改相違無御座候以上
                                      藤田助右衛門  ㊞
                                      五十川清太郎  ㊞

    右立会改候
        三　郎　助  ㊞
        次郎右衛門
        元　之　助
        元　五　郎  ㊞
```

(2) 「糸店」の寛政5（1793）年の惣勘定目録に係る監査報告

さらに西川教授は上記引用文に続けて,「一方,傘下四店の報告書は,いずれも,各店の役職者から『京両替店』の役職者（ここでは藤田以下）宛に提出され,各店の上位者と,『京両替店』の筆頭重役または勤番で当地在駐の当主とが,監査をしている。」[31]と述べられているが,ここで触れられている傘下四店の報告書についてみると,例えば「糸店」の寛政5年の惣勘定目録における監査報告を行っている部分は次のようである[32]。

第1章　江戸期三井家における萌芽的内部監査活動　13

```
寛政五年                                    中　村　嘉　助
　丑極月                                    吉田清右衛門


藤田助右衛門殿
五十川清太郎殿
西田新四郎殿
丸山与助殿
右之通立会相改相違無御座候以上
                                          藤田助右衛門
                                          酒井喜右衛門
                                          五十川清太郎
```

(3)　江戸本店の「文政元戊寅（1818）年七月十五日より十二月晦日迄目録」における**監査報告**

　この目録は江戸本店から大元方に提出されたもので，これまでの史料と同じく従業員による勘定改めと当主による立ち会いが行われている[33]。

```
右之通相違無御座候以上
卯二月十五日                        福井定五郎　㊞　花押
                                   三宅正五郎　㊞　花押
                                   小川孫七　　㊞　花押
                              勘定　北岡文兵衛　㊞　花押
                                   高橋新五郎　㊞　花押

大元方
右之通相改相違無御座候以上
                                   渡辺文五郎　㊞　花押
                                   一色藤四郎　㊞　花押
                                   大橋甚兵衛　㊞　花押

右立会相改申候
　　　元之助
```

6 結びに代えて
──三井家における内部監査の存在形態──

　これらの各史料に示されるように，宝永7（1710）年7月の大元方勘定目録を除き，各勘定目録は，いずれの報告段階のものであれ，その形式として，会計報告を行ったのち，末尾に日付，差出人氏名，宛名人氏名，監査人氏名及び監査立会人氏名の記載をこの順で共通して行っていることが知られる。しかも，これらの会計報告書の差出人がいずれも従業員であり，監査の任に当たっているのもまた当該店の重役手代もしくは他店の重役であり，常任の監査人ではなく普段は他の職務についている者であること，少なくとも当該会計報告には関与していない他の従業員によって行われ，これに当主が立ち会っていることに注目しなければならない。

　このことは元禄16（1703）年から三井家同族の居所と店とが分離された上に，「支配人の筆頭者が店々の名代役となって，主人にかわって店務を執行」[34]することとなったこと，すなわち，早くも元禄年間に家計と家業の分離のみならず，所有と経営の分離も芽生えたことが上記のような会計と監査のシステムをもたらしたともみられるが，しかし，少なくとも安永持分け以前の時点では大元方を構成する三井各家の当主達は家業に総括的に関与し，また主要な営業店には三井家の当主が常駐し（京都店々への出勤，江戸・大坂への勤番等[35]）実際の経営の任にも当たっており，なお機能資本家としての職能を果たしていたので[36]，全面的に所有と経営の分離が生じていたとはいまだ言えない状況にあった。

　したがって，三井家の当主達が従業員による監査に立ち会うことも，こうした機能資本家としての立場から発揮されたものであると言わなければならないであろうから，上にみた三井家の内部監査のあり方は会計知識をもつ従業員に監査権限を委譲した所有者型内部監査が行われつつ，さらにこの内部監査の実施現場に立ち会うことで所有者である三井家当主が内部監査業務を監督しているという状況にあったと言える。

この監査状況は，完全なオーナー経営者統制（リーカーが言うところの集権的内部監査〈zentrale interne Revision[37]〉ではなく，逆に，権限を従業員に委譲して遂行される内部監査（リーカーが言うところの分権的内部監査〈dezentrale interne Revision[38]〉もまた完全には行われず，なおもオーナー経営者が自らの手で監査を行う形式を残しているところに特徴がある，いわば集権的内部監査から分権的内部監査への過渡期に位置する内部監査形態であると言えよう。

しかし，子細に検討してみると，そのような監査状況が当初からみられたものでないことは第4節でみた通りであり，享保9年の大元方勘定目録の監査報告記載部分からうかがわれる監査状況ないし形態は集権的内部監査であると言えるであろうし，また上に指摘した過渡的形態の内容についても，天保13年12月の大元方勘定目録における監査報告の記載のしかた（「右勘定立会相改候」の記載がなくなっている）から窺われる監査状況は，従業員の力の増大を反映して，所有者である三井家同苗による監督を示す「右勘定立会相改候」ではなく，従業員たる監査人と所有者たる三井家同苗の監査人とが同等の資格で監査しているとも考えられるのである。

とすれば，三井家における内部監査は，三井家同苗ないし大元方の支配・管理機能の発揮度合いに応じて，(a) 享保期までの直接的な集権的内部監査の段階から，(b) 元文期から文化期までの間接的な集権的内部監査の段階を経て，(c) 天保期以後は連名することでなお同苗支配の形式を保ちつつ内実は経営者型の分権的内部監査へと進むべき過渡的段階に達していた，ということができるであろう。

ところで，こうした三井家の内部監査制度が，そもそもどのような動機で開始されたのかについてであるが，上記諸史料にみるように，宝永7（1710）年7月の大元方勘定目録には未だ現れていないものの，これとほぼ同時期の京都本店，江戸本店，大坂呉服店，江戸弐丁目店各店の宝永7年上期（但し，大坂呉服店は同年下期）から正徳元（1711）年下期までと同3年下期（大坂呉服店を除く）の5期分の「目録」では上記 (a) と同様の監査が行われていたとされ

るので[39]，時期的には，享保7（1722）年の「宗竺遺書」制定前から，創業者なきあとの集団的経営指導体制としての大元方制度の成立と歩調を合わせて整備されていったとみられる。

しかし，その内部監査がどのような主観的思想ないし客観的契機から生み出されたのかについては，例えば「諸帳面等前広から気を付け不埒成義無之様ニ可致吟味事」[40]との指示にみられるように，簿記・会計の重要性の認識の下に行われたとされる記帳の精密化の努力の延長線上で生成したと第3節で述べたものの，実際のところはそれほど明らかではない。わずかに3代目の高房が有力町人の盛衰に関してその父，宗竺から聞き書きをし，これを店内限りの教訓書としてまとめた『町人考見録』の跋に「町人の盛衰は其の主の守り」[41]にかかっていると記載していること，あるいはこれに相応して先にみた『宗竺遺書』がその「元〆は家の守り第一之役人ニ候」[42]と述べていることが間接的ながらも参考になるであろう。

仮りにこれらの言から敷衍すれば，三井家では『町人考見録』に示される前車の轍を踏まないようにするための，多店舗化した企業の維持を第一に考えた経営管理のあり方を探り，諸種の店内法度を規定していくなかで，監査についても上にみたような所有者型の集権的内部監査を生み出していったものと思われる。

もっとも，そこに展開されたような，他に通常の職務を持ちつつ臨時的に内部監査人として活動する内部監査の形態は，当時の住友家[43]，中井家[44]等の江戸期の豪商や，さらにドイツのフッガー家（Die Fugger）[45]にもみられた方式であり，三井家のそれが三井家で独自に考え出されたものかどうかも明らかではないが，少なくとも内部監査の存在形態に関する限り，経営規模の拡大とともに同一の歴史的軌跡を描いていると言えるであろう。

（1） 菅野和太郎『日本会社企業発生史の研究』（再版）経済評論社，1956年，21頁。安岡重明『三井財閥史　近世・明治篇』教育社，1975年，66頁。西川　登「企業活動の史的展開（三）―江戸時代における三井大元方の会計方針―」（米川伸一・平田光弘編『企業活動の理論と歴史』千倉書房，1982年），216頁（以下，本稿を西川　登

［1982］と表示する）。
（2）　西川　登［1982］218頁。
（3）　この「安永持分け」の原因については，「基本的には『元方入払不足』という経営不振の状況のなかで，本店と両替店の経営状態のちがい，同苗間の確執等が重なって」（三井文庫『三井事業史』資料篇一，1973年，805頁）生じたとされている。これにより大元方の存在意義は「意思決定の場から，両替店・本店間の調整の場へと」（日本経営史研究所編『三井両替店』㈱三井銀行『三井両替店』編纂委員会，1983年，203頁）変化した。
（4）　もっとも，寛政期の「店々一致」と呼ばれる再結合以後の大元方の支配・管理機能は，「安永持分け」前の大元方のそれに比較すれば弱く，完全に従前の状態に立ち戻ったわけではなかった。例えば，「安永持分け」前の大元方は営業店の利益のほとんどを吸収したのに対し，「寛政一致」以後の大元方は京両替店や京呉服店から一定額の「功納」を収めるだけで，これを除いた各一巻の利益はそれぞれが独自に内部留保するようになったとされる（西川　登［1982］218頁）。
（5）　三井文庫，前掲書，788頁。
（6）　ヒルシュマイヤー・由井常彦『日本の経営発展―近代化と企業経営』東洋経済新報社，1977年，79頁及び81頁。西川　登「三井越後屋呉服店の初期・中期の決算報告書」神奈川大学『商経論叢』第23巻第2号（1988年1月），35頁（以下，本稿を西川　登［1988］と表示する）。
　　　なお，大元方と各営業店の関係を持株会社と被支配会社とみる見解がある。この見解を示すものとして，西川　登［1982］，219頁及び中田易直『三井高利』吉川弘文館，1959年，259頁。また，大元方と各営業店との関係を本・支店関係として捉える見解もみられる。例えば，安岡重明『財閥形成史の研究』ミネルヴァ書房，1970年，218頁及び石川健次郎「江戸時代の家業と組織」安岡重明編『三井財閥』日本経済新聞社，1982年，36頁。
（7）　三井文庫，前掲書，795頁の記載によれば，名目役の構成は次のようである。
　　　（本　店）大元〆―元〆―加判名代―元方掛名代―名代―後見役―宿持支配人―店支配人―支配准役―支配人並―組頭役―役頭―連役―上座
　　　（両替店）大元〆―元〆役―加判名代―元方掛名代―名代―通務支配人―支配人―支配人並―組頭役―組頭並―組頭格
　　　なお，本店，両替店ともに上記の名目役の下に平手代，子供（丁稚）などがいる。
（8）　三井文庫，前掲書，797-799頁参照。日本経営史研究所編，前掲書，61-62頁及び137-138頁参照。西川　登［1982］223-224頁参照。
（9）　小倉栄一郎「わが国固有簿記法の展望」『彦根論叢』第122・123合併号（1967年），89頁。新保　博「わが国在来帳合法の成立と構造」『国民経済雑誌』第123巻第4号，14-15頁参照。西川　登「文化期における三井大元方の簿記法」『経営史学』第16巻第2号（1981年6月），74-75頁。西川　登［1982］，223頁参照。

(10) 三井文庫,前掲書,760頁。
(11) 三井礼子・山口栄蔵「『宗寿居士古遺言』と『宗竺遺書』」『三井文庫論叢』第3号(1969年3月),215頁(以下,本稿を三井礼子・山口栄蔵[1969]と表示する)。
(12) 三井文庫,前掲書,10-11頁。三井礼子・山口栄蔵[1969],242頁。
(13) 中田易直,前掲書,272頁。
(14) 三井文庫,前掲書,69-72頁。
(15) 三井文庫,前掲書,59-65頁。三井礼子・山口栄蔵「三井八郎兵衛高利記『諸法度集』について―延宝期江戸呉服店の店式目」『三井文庫論叢』創刊号(1967年3月),263-269頁(以下,本稿を三井礼子・山口栄蔵[1967]と表示する)。
(16) 三井文庫,前掲書,59-65頁。三井礼子・山口栄蔵[1967],261頁。
(17) 日本経営史研究所編,前掲書,60頁。
(18) 西川 登[1988]58頁。
(19) ここに示す大元方勘定目録は,三井文庫,前掲書,649頁に収録されているところによる。
(20) ここに示す大元方勘定目録は,三井文庫,前掲書,669-670頁に収録されているところによる。また,当該大元方勘定目録に記名(署名)している者の役職は,三井文庫,前掲書,813-814頁に解題されているところによる。
(21) ここに示す大元方勘定目録は,三井文庫,前掲書,693-694頁に収録されているところによる。また,当該大元方勘定目録に記名(署名)している者の役職は,三井文庫,前掲書,814頁に解題されているところによる。
(22) ここに示す大元方勘定目録は,三井文庫,前掲書,730頁に収録されているところによる。また,当該大元方勘定目録に記名(署名)している者の役職は,三井文庫,前掲書,814-815頁に解題されているところによる。
(23) ここに示す大元方勘定目録は,三井文庫,前掲書,資料篇二,1977年,541-542頁に収録されているところによる。また,当該大元方勘定目録に記名(署名)している者の役職は,三井文庫,前掲書,資料篇二,687-688頁に解題されているところによる。
(24) 西川 登「寛政期の三井両替店一巻新元方とその勘定目録」『佐賀大学経済論集』第16巻第3号(1983年12月),79頁。なお,天保13年12月の大元方勘定目録に先立つものとしては,文化11(1814)年12月の大元方勘定目録が,三井文庫,前掲書,資料篇一,754頁に収録されているが,これには「右勘定立会相改候」の文字が記載されている。また,天保13年12月の大元方勘定目録以後の安政3年12月と慶応3年(1867)年12月の大元方勘定目録については,それぞれ三井文庫,前掲書,資料篇二,574頁と606-607頁を参照。
(25) ここに示す大元方勘定目録は,三井文庫,前掲書,資料篇二,631頁に収録されているところによる。また,当該大元方勘定目録に記名(署名)している者の役職は,三井文庫,前掲書,資料篇二,689頁に解題されているところによる。

(26) 三井文庫，前掲書，資料篇二，689 頁。
(27) 三井文庫，前掲書，資料篇二，689 頁。
(28) 三井文庫，前掲書，資料篇二，673 頁。
(29) ここに示した会計報告書は，西川　登「三井両替店一巻の会計組織」『経営史学』第 19 巻第 3 号（1984 年），35-36 頁（以下，西川　登 [1984] と表示する）所載による。
(30) 西川　登 [1984] 36 頁。
(31) 西川　登 [1984] 36 頁。
(32) ここに示した会計報告書は，西川　登 [1984] 41 頁所載による。
(33) ここに示した決算報告書は，西川　登「三井越後屋呉服店『本店一巻』の決算報告書類（文政元年下期）」『佐賀大学経済論集』第 19 巻第 3 号（1986 年 12 月），362 頁所載による。
(34) 中田易直，前掲書，256 頁。
(35) 三井同苗の店々への出勤や勤方，江戸・大坂への勤番等について規定したものとして，「同苗店々勤方定目」（元文 2 年 5 月制定）と「三ヶ所両替店同苗出勤式」（元文 2 年 6 月制定）がある。前者は本店を主とし，後者は両替店表への出勤の仕方を申し渡したものである。なお，前者は享保 9 年，同 10 年，同 18 年，元文 4 年の同種の規定を改訂したものである（三井文庫，前掲書，資料篇一，792-793 頁）。
(36) 石川健次郎，前掲稿（安岡重明編，前掲書，所収），35 頁。
(37) Rieker, Helmut, *"Interne Überwachung im Mittelbetrieb"*, Dissertation, 1982, S.173. リーカーは「集権的内部監査」に関して，「内部監査活動は必ずしも内部監査に関する独立の部署ないし部課という組織形態を前提として遂行されるものではない。中小規模の経営では，内部監査の機能はしばしば企業者自身によって担われる。」(Rieker, Helmut, a.a.O., S.174.) と説いている。
(38) Rieker, Helmut, a.a.O., S.173.
(39) 西川　登 [1988] 40-41 頁。
(40) 「支配勤集」支配月用集 12 月の段（三井文庫，前掲書，資料篇一，183 頁所載による）。これは，「元禄 16 年 11 月，京本店名代の中西宗助が，支配人たちの実務上の手引きとして作成したものである」（三井文庫，前掲書，資料篇一，781 頁）。
(41) 三井高房原著（鈴木昭一訳）『町人考見録』教育社，1981 年，14 頁及び 158 頁。
(42) 三井文庫，前掲書，資料篇二，14 頁。三井礼子・山口栄蔵 [1969] 246 頁。
(43) 本書第 2 章参照。
(44) 小倉栄一郎『江州中井家帖合の法』ミネルヴァ書房，1962 年，78 頁に「店卸に際しては本店より手代を差向けて立合はせ，監査を行った」との記載がある。
(45) フッガー家では，その簿記主任に本・支店の会計報告書の照合による検査を行わせていた（津田秀雄『改訂　ドイツ内部監査論』千倉書房，2002 年，15-19 頁参照）。

第2章　江戸期住友家における内部監査制度の生成と展開

1　内部監査制度導入前の状況

　住友家の事業活動の源流は，江戸時代において同族経営的に営まれた住友家の諸事業に求めることができる[1]。江戸期住友家の経営規模は時代によって異なることはいうまでもないが，「本家はじめ分家・別家あわせて30家ないし40家によって支えられ，……別子の伊予別家と呼ばれたものだけでも15家から16家を数えたといわれ」[2]，また，その使用人数は江戸時代初期の1620年代にすでに「数百人に達しており，当時大坂に比肩する者はなかったといわれる」[3]ように，今日の水準でみても決して小さくはない，当時の大企業であった。さらに，その事業内容も別子，備中・吉岡，出羽最上・幸生，南部・横目川，津軽・濁沢等の銅山経営を中心として，銅吹業（銅精錬加工業），長崎での銅貿易業，両替業，札差業など全国的規模で分散・多角化されていた。
　このような経営規模の拡大と多角化は，一般に，家（「奥」）と経営（「店」）との分離，従って，主家の家計と店経理の分離を生ぜしめた。そのことはさらに，成員の場所的隔絶や日常的な多面的接触の機会の制限をもたらし，それにより同じ「家」への共属感を減退させ[4]，家業の観念を希薄化させることとなった。
　このような事態が生じたのは「封建体制下貨幣経済機構の飛躍的発展のおこなわれた」[5]元禄・享保期であるとされるが，そうした事態にもかかわらず当時の商家経営の特質である同族経営を維持し，発展させていくためには，「店

と奥,あるいは店と本宅のそれぞれに分属する人びとが,しかもなお,同じ『家』の成員としての結合を保って」[6]いくことが求められ,その結合を保っていく方策として従来より以上に本家の統制機能を強化することが必要とされた。

この経営管理上の要請にこたえるためには,「経営理念を明確に捉え,これを商家経営の構成メンバーに周知徹底させる」[7]ことが必要とされ,この目的を達成するために家訓や家法書が制定された。すなわち,家訓や家法書は「同族経営におけるファミリー・コントロールの重要な機能を果たす」[8]べきものとして制定されたのである。

当時の各商家はおしなべてこのような一般的事情の下で元禄・享保期以降それぞれの家訓や家法書を制定していったのであるが,それらには当時芽生えだした「合理的計量精神や功利主義的倫理思想,また商売を通じ等価交換的原理や,ささやかではあるが『個人』の覚醒が見られ」[9],当時の商家経営に資本主義意識の胎動があったということができる。

2 江戸期住友家の家法書にみる萌芽的内部監査活動

住友家において制定された家訓や家法書にもこうした資本主義的精神の覚醒が見られるが,ここではそれらの家訓や家法書の内から,会計帳簿の記入とその検査・報告を命じている部分を見ることによって,住友家における内部監査制度が明治期に至って確立する前段階の状況をうかがい知ることとしたい[10]。

(1) 長崎店家法書──享保6(1721)年

> 一 代物并諸入用勘定,一ヶ年限帳面仕立,大坂へ差登可候,最蔵払ニ不致候共,先勘定に立置,翌年勘定にて差引可致候,近年勘定仕込候て其年限に難忘候,一ヶ所勘定延引申候ても大坂惣勘定に差支へに成り候間,此以後毎年正二月迄に勘定仕立差登可申事

(2) 長崎店家法書 ──元文 5（1740）年

　一　諸勘定毎年七月・極月両度に帳面相仕立指登せ可申候

(3) 別子銅山掟書 ──元文 6（1741）年

　一　金銀諸払等，是迄之通弥入念勘定仕立，七月・極月両度無違様帳面差登可申事

(4) 南部・津軽両銅山家法書 ──寛保元（1741）年

　一　金銀請払入念勘定仕立，七月，極月両度帳面取合せ可申候事

(5) 別家手代取締方 ──寛延 3（1750）年

　一　此度新に取締申候義候間，当時有物を二季勘定無懈怠相立可申事
　一　勘定帳出来の上ハ，我等始メ別家立会相改メ可申事
　一　有物金銀相改メ穴蔵封印，友昌様我等立会可致相封事
　一　家内大切の用向不及申，日用聊之義も一々此方へ可申聞，金銀出入之義ハ別して聊之義も可被申聞事

(6) 銅吹所取締 ──寛延 3（1750）年

　一　諸帳面随分入念付込可申，各御用帳面に候間，麁忽に取扱申間敷事

(7) 江戸出店定書 ──宝暦元（1751）年
　　─本定書は江戸中橋店の定書と推測されている。

> 一　店方勤世帯入用其外雑用年中総勘定之節ハ，浅草店支配人立会，口々相改メ精帳相認め，連名奥印致すへく候，勿論年々勘定無滞仕立，精帳差登し可申事

(8)　諸店心得方 ──宝暦元（1751）年
　　──本定書は江戸浅草店に関する定書である。

> 一　毎日金銀米銭諸払日々相改，当座勘定仕大払受一ヶ月限り支配人立会相改可申候，一ヶ年惣勘定之節，中橋役頭立会，口々相改押合印形の上，精帳相認連名具印可致事

(9)　取締法追加書 ──（年代不詳）

> 一　自今吹屋にて金銀銭取遣致間敷候
> 　　灰吹引替銀，地売銅鉛代，諸銅吹賃，中炭小炭売代，漬物粕売代，糠灰売代，炭米俵売代
> 　　右の外，何に依らす売払候節ハ，代銀即刻本家へ相渡，尤帳面へ記売出可申，諸色戸口より出候者，庭帳へ付置可申，右庭帳銀子帳と押合可致候

　これらの家訓・家法書に見られるように，住友家ではすでに江戸時代中期において実地棚卸の手続きを加えることを含む「帳合の実施とその検査・報告を命じ，資本蓄積に対応した計数管理に力点を置いていたこと」[11]がうかがわれる。
　一般に商業帳簿が商家に普及しだしたのは江戸時代初期とされており，わが国の最初の商業帳簿は，元和時代（1615-1624年）の伊勢出身で江戸第一の呉服屋であった富山家あるいは寛永11（1634）年頃の記録とされる京都の材木商であった白木屋の帳簿であると伝えられている[12]。従って，こうした商業帳

簿の一般的普及の時期から約100年を経過した時期に出されているさきの住友家の家訓・家法書において，そこに指示されている帳合と大坂本店への決算報告の内容は不詳であるとはいえ，相当に整備されたものであったと思われる[13]。また既にみたように，記帳の正確を期すための手続が「別家手代取締方」，「江戸出店定書」，「諸店心得方」に記されているが，そこでは複数の者による人的な相互牽制を意図して，記帳当事者以外の者を決算の立会人とすることを定めていることにみられるように，きわめて素朴な監査思考が現れているとみることが出来るであろう[14]。

確かに，住友家における上記の諸規程では監査活動に専従者として従事する者を置くところまでは進展していないものの，他支店の幹部従業員を相互に立ち会わせることにより，相互に牽制させるという活動は，後に内部監査活動を生み出す原初的な活動であったと評価できるであろう。しかも，こうした活動は，住友家のみならず，当時の三井家[15]や中井家[16]等の商家にも共通して見られたのである。

3 吟味方の設置

上にみたような従業員が相互に相手の決算整理に際して立ち会うという相互牽制の態勢は，その後，監査に専従する従業員による内部監査活動へと展開される。すなわち，住友家では，天保10 (1839) 年12月2日に，折からの経済的困窮に対処するために節約を徹底させるべく，支配人以下の職務権限を明確化する「掛札条目」の改革を行っているが，この改革は，天保8年に発生した大塩事件とそれに引き続く幕府による天保改革にみられるように，当時の経済社会は窮乏を極めており，住友家の事業経営も例外となりえなかったためである。

これにより各係の帳簿記入を改める職務を付与された元締格の「吟味方」が設置された。その職務内容は，この時の「掛札条目」の改革に付随した「諸役庭勤方心得書改正」によれば，家賃方，普請方，買物方，台所方等の諸役の勤

務振りについて,「何事に不寄,不益の筋見聞次第,申達候儀ハ勿論,諸買物時々無懈怠相改,筆紙墨に至まて無益の失墜無之様可致,且本場台所無人ならさる様心を付,別て火の用心等大切に致させ可申候」(17)と指示するとともにさらに,家賃方,普請方,買物方,台所方等の帳簿記入について「吟味方」の改めを承けるべきことを定めている(18)。

これらからみると,「吟味方」の主たる職務は,帳簿記録の信頼性を検証するための会計監査を行うことというよりも,財政困難に陥っていた当時の住友家の経営状況を反映して無駄な失費を除き,それによって財産の保全を図るこ

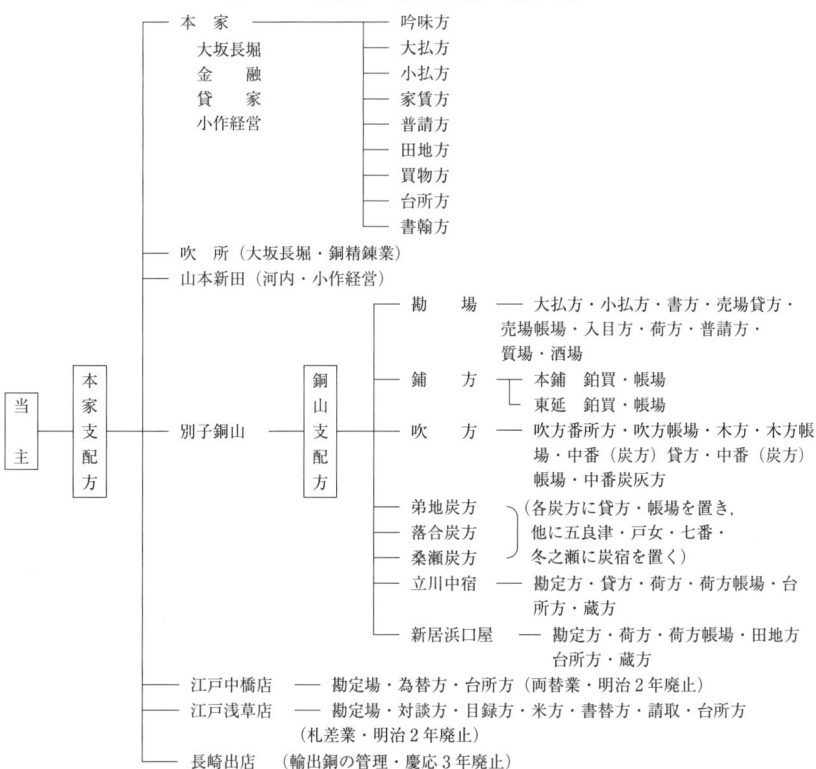

図2-1　住友家の経営組織（幕末期）

```
          ┌ 本　家 ──┬ 吟味方
          │　大坂長堀　├ 大払方
          │　金　融　　├ 小払方
          │　貸　家　　├ 家賃方
          │　小作経営　├ 普請方
          │            ├ 田地方
          │            ├ 買物方
          │            ├ 台所方
          │            └ 書翰方
          ├ 吹　所（大坂長堀・銅精錬業）
          ├ 山本新田（河内・小作経営）
          │                        ┌ 勘　場 ── 大払方・小払方・書方・売場貸方・
          │                        │           売場帳場・入目方・荷方・普請方・
          │                        │           質場・酒場
  ┌ 本 ┤                        ├ 鋪　方 ┬ 本鋪　鉑買・帳場
当│ 家 ┤                        │        └ 東延　鉑買・帳場
主┤ 支 ├ 別子銅山 ┬ 銅 ┤ ├ 吹　方 ── 吹方番所・吹方帳場・木方・木方帳
  │ 配 │            │ 山 │ │           場・中番（炭方）貸方・中番（炭方）
  │ 方 │            │ 支 │ │           帳場・中番炭灰方
          │            │ 配 │ ├ 弟地炭方 ┐（各炭方に貸方・帳場を置き,
          │            │ 方 │ ├ 落合炭方 │ 他に五良津・戸女・七番・
          │            │     │ ├ 桑瀬炭方 ┘ 冬之瀬に炭宿を置く）
          │            │     ├ 立川中宿 ── 勘定方・貸方・荷方・荷方帳場・台
          │            │     │              所方・蔵方
          │            │     └ 新居浜口屋 ── 勘定方・荷方・荷方帳場・田地方
          │            │                     台所方・蔵方
          ├ 江戸中橋店 ── 勘定場・為替方・台所方（両替業・明治2年廃止）
          ├ 江戸浅草店 ── 勘定場・対談方・目録方・米方・書替方・請取・台所方
          │              （札差業・明治2年廃止）
          └ 長崎出店　（輸出銅の管理・慶応3年廃止）
```

（出典：畠山秀樹『住友財閥成立史の研究』同文舘出版,昭和63年,29頁。但し,畠山氏の典拠は,末岡照啓「幕末期の住友」『住友修史室報』第16号,32頁とされる。）

とを目的とした活動であり，そのために支出内容の妥当性を評定することに焦点が当てられていたと思われる。このことから言えば，その職務は監査活動というよりも会計管理的な活動であるというべきものである[19]。従って，この吟味方の職務内容は監査と管理が未分化な状態にあり，その意味でこうした吟味方の職務は監査に到達する道筋の途次に現れた過渡的な段階の職務であったといわねばならない。

　しかし，このような素朴なものであったとはいえ，監査思考がその後も江戸時代を通じて継承され続けたことが，住友家の同族経営的事業が資本主義的企業へと飛躍しようとする明治期に至って，明確な制度としての内部監査を生み出させることにつながったと見ることができるであろう[20]。

（1）　作道洋太郎編著『住友財閥史』同文舘出版，昭和54年，及び宮本又次・作道洋太郎編著『住友の経営史的研究』実教出版，昭和54年等を参照。なお，住友家は当初は泉屋という屋号を用いていたが，文化8（1811）年に「幕府から御用達の名目があたえられ，同時に住友の苗字の公式使用が許可され」（宮本又次・作道洋太郎，前掲書，124頁（作道洋太郎執筆）），これにより泉屋の屋号を用いることを止めている。
（2）　宮本又次・作道洋太郎，上掲書，80頁（作道洋太郎執筆）。
（3）　宮本又次・作道洋太郎，前掲書，14頁の注（31）（作道洋太郎執筆）
（4）　中野　卓『商家同族団の研究』第二版（上）未来社，1978年，146-147頁参照。
（5）　中田易直「享保期における三井同族組織の成立」『社会経済史学』第20巻1号，昭和29年，44頁。
（6）　中野　卓，前掲書，147頁。
（7）　宮本又次・作道洋太郎，前掲書，81頁（作道洋太郎執筆）。
（8）　宮本又次・作道洋太郎，前掲書，80頁（作道洋太郎執筆）。
（9）　中田易直，前掲稿，44頁。
（10）　ここに引用した住友家の家訓・家法書は，宮本又次・作道洋太郎，前掲書，79-128頁（作道洋太郎執筆），及び宮本又次『住友家の家訓と金融史の研究』同文舘出版，昭和63年，13-36頁に示されているところによった。
（11）　宮本又次・作道洋太郎，前掲書，125頁（作道洋太郎執筆）。
（12）　宮本又次『あきないと商人』昭和17年，64頁。
（13）　ちなみに，鴻池家の場合には既に寛文10（1670）年に「複決算の構造をもつ帳合法が開発」（宮本又次・作道洋太郎，前掲書，85頁（作道洋太郎執筆））されていたし，江州・中井家においても「(1)大福帳とよぶ総勘定元帳を中心とした多帳簿制複式決算簿記，(2)重層的本支店合併決算による本家集中決算，(3)固有の計算基準に

よる資本蓄積と業績評価」（神戸大学会計学研究室『第4版　会計学辞典』昭和59年，1,017頁，「中井家帳合」（小倉栄一郎執筆）の項）を行う帳合法が1765年頃に完成していた。（なお，この辞典項目は，同辞典，第5版以降は，「簿記史（日本）」に統合され，この記述はなくなっている。―以下の引用に関しても同じ。）浮世草子の作者である井原西鶴もその作品の中で，正確な記帳と資金管理の重要性を論ず次のような記述をしている。「智恵の箱と名付て見せさせ給ふは，諸商人其家々の帳箱なり。年中請拂ひをゆだんなく心に掛よとの見せしめなり。萬の事に付て，帳面そこそこにして算用こまかにせぬ人，身を過ごすといふ事ひとりもなし。」井原西鶴『西鶴織留』巻五「只は見せぬ佛の箱」（野間光辰校注『西鶴集　下』（日本古典文学大系48），岩波書店，昭和35年，所収），421頁。

(14) 前注「中井家」においても，「出店・枝店・元方なる支店群は遠隔，異業種であり，格付も違ったが，それぞれに世話人なる管理責任者がおかれ，分権され，毎年1回定期に元方手代が派遣され立会決算をなした」（神戸大学会計学研究室『第4版　会計学辞典』昭和59年，1,018頁，「中井家帳合」（小倉栄一郎執筆）の項）といわれるように，住友家とほぼ同様の管理方法が採られていた。また，享保期における三井家においても「大元方は店に営業資本を貸付ける形式をとり，店の勘定を吟味し，事業状況を監査し三年ごとに大決算をおこない」（中田易直，前掲稿，48頁）という事実が指摘されている。これらの例は，当時の商家経営において監査思考の胎動があったことを示すものであるといえよう。

(15) 江戸期の三井家における内部監査活動の状況については，本書第1章を参照。

(16) 江戸期の中井家においても，前注(14)に引用したように，支店の決算につき，「毎年1回定期に元方手代が派遣され立会決算をなした。」（神戸大学会計学研究室編『第4版　会計学辞典』昭和59年，1,018頁，「中井家帳合」（小倉栄一郎執筆）の項）とされている。

(17) 中瀬寿一『住友財閥形成史研究』1984年，125頁。

(18) 中瀬寿一，上掲書，125頁。

(19) 住友家において天保10年の家政改革を推進した鷹藁（たかわら）源兵衛がさらに天保15（1844）年に提出した意見書中に，「店方ハ以前之通締切，本場へ集り，役場も随分一所に倚り，役向相兼，譬ヘハ支配人の外ハ吟味方にて勘定庭相兼，……」（中瀬寿一，前掲書，169頁及び173頁）と述べて，吟味方に勘定庭を兼任させるべきことを意見具申しているが，このことからみて，「吟味方」には会計面の知識を有していることが期待されていたようである。すなわち，鷹藁源兵衛の構想する「吟味方」の職務は，目的的には財産の積極的な保全，手法的には会計監査を通じての業務監査の実施にあったと思われるが，吟味方と勘定庭の兼任を求めていることからいえば，本文中でも指摘したように，会計を通じての管理と監査が峻別されていないようである。なお，住友家における帳合法については，今井典子「近世住友の決算簿について」（『室報』第3号，1979年），及び，末岡照啓「近世後期住友出店の決算簿」（『室

報』第11号,1984年)を参照。
(20) この住友家における「吟味方」の制度は,次の記述を参照すると,江戸幕府の勘定吟味役制度に範をとったものではないかと思われるが,その真偽は今後の究明課題である。すなわち,「歴史をもっとさかのぼると,監査役制度は,江戸幕府の組織に行きつく。江戸幕府は,ある役職に対し,必ず『目付』を置き,相互監視を促した。これが江戸時代の『大店』の制度に波及,明治に引き継がれたということもできそうだ。」(マスコミ研究会『商法改正三年の検証―監査役の光と影』昭和60年,26頁)とする見解がある。江戸幕府における勘定吟味役の制度と運用については,津田秀雄「江戸幕府勘定吟味役制度の展開」『経済理論』第234号(和歌山大学),平成2年3月,を参照。

第2部 株式会社制度草創期の自律的監査制度の展開

第3章 維新期における会社企業の生成と内部監査体制

1 はじめに

　わが国に株式会社制度が紹介された明治維新の前後において、株式会社制度の社会的受容と普及に少なからぬ影響を及ぼした株式会社制度に関する啓蒙書[1]である明治3 (1870) 年に著された『會社辨』(大蔵省用掛，福地源一郎訳) と明治4 (1871) 年に著された『立會略則』(大蔵小丞—刊行時は大蔵大丞[2]—渋沢栄一述) の二書を採り上げる[3]。重要な啓蒙的役割を果たしたこれらの二書において，今日いうところの内部監査ないしその前段階の活動が既に認識され，その職能が述述されていることに注目したい。それは，企業における内部監査制度の認識が，わが国に株式会社制度が紹介された当初から行なわれていたことを示すからである[4]。さらに，本章では，これらの二書が刊行された時期に現実に株式会社制度を取り入れて企業活動を展開した諸会社の経営組織に組み込まれた内部監査システムを検討し，そのシステムが由来した淵源を探ることとしたい。

2 『立會略則』にみられる監査制度

　『會社辨』は「会社ノ大要主務ヲ知ラシメン為」[5]に刊行されたのであるが、その記述は、「其体ヲ論シテ其用ヲ論セス其理ヲ旨トシテ其法ヲ旨トセス」[6]に行なわれているために、そこに「或ハ遺漏アリテ看者尚隔靴掻痒ノ患アラン

コトヲ恐レ校訂ノ間傍ラ実際親見ノ旧草ヲ抄録シ更ニ今日実用ニ就テ聊カ参酌折衷ヲ加エ……以テ會社辨ヲ読ム者ノ資用ニ供セントス」[7]る補足のために『立會略則』が著された。すなわち,両書は「彼此相助ケテ体用ヲ具備」[8]する相互補完的な関係にあって,一体のものと考えられるべきものである[9]。

両書がこのような関係にあることを念頭に置きつつ,両書の内部監査に関する記述をみていくことにしよう。

まず『會社辨』は「預り金会社取建の主意」の項において,会社を設立する者の心得るべきことがらのひとつとして,「会社の役人は支配人を初とし下役に至る迄人慥かなる者を撰挙し相吟味の法を設け会社の規則を破らさる様心懸へし」[10]（傍点引用者）と述べ,抽象的にではあるが,何らかの相互牽制が会社内において実施される必要があることを指摘している。もっとも,この相互牽制としての「相吟味の法」が具体的にいかなる方法で実行されるべきなのかは,『會社辨』の他の箇所においても説明がないために不明である。

そこで,前述のように,この『會社辨』を補完するものとしての『立會略則』の監査機構に関する具体的な記述を次にみてみよう。

『立會略則』は,通商会社の諸掛のひとつとして社内で監査活動を任務として担う「勘定方監察」[11]を設置すべきことを指示する（なお,為替会社についても,「会社を結ひ免許を受るの手続及ひ其会社の取締社中のもの身分の支配且紛争訴訟等に於ては一切商社制限中の条々を守るへし」[12]と指示しており,これによって間接的な表現ではあるが,通商会社の場合と同様に為替会社においても「勘定方監察」を設置すべきことを求めている）。

この「勘定方監察」の職務の内容は,「社中諸会計の当否諸入費の弁給等を詳にし偏頗依怙其外掛りの勤怠を監察し出納の帳面を明にし冗費を減する等すべて一社の法則を守る事を掌る」[13]とされ,会計監査と業務監査との概念的区分が行われていない段階の広義の業務監査をその職務として担当するものとされる。

さらに『立會略則』は,「勘定方監察」の職務の性格に触れるために,さきの職務内容の説明に続いて但し書きを加え,次のように述べる。すなわち,

「但し勘定方監察は一社に代りて諸掛りの動向を監察し差配人に申達するを得れとも其事を取行ふに於ては決して其権を有すへからす」[14]として,「差配人」に従属するスタッフ的性格と監査の第三者的性格を明確に指摘している。そして, その掛の者は株主であることを要しないとする[15]から, この「勘定方監察」は内部監査人的色彩を相当に有していると言える。

この内部監査人的色彩の濃い「勘定方監察」のほかに,『立會略則』が示すいまひとつの「相吟味の法」――但し, 黙示的にではあるが――は, 職務の水平的分課制に基づく内部牽制システムの導入である。

すなわち,『立會略則』は,「社中出金の取締りは差配人之を掌り……金銀の出納は差配人の命に従ひ勘定方之を掌とる」[16]とし, また,「商社の金銀出納の記録帳面は都て書記方之を掌とる」[17]として, 金銀の出納職能を有する勘定方と金銀出納に関する記帳職能を担当する書記方とを区分し, 別個の掛としているのであるが, そこには今日言うところの内部牽制システムの思考が認められるのである。ちなみに, スティールもまた, ここにみるような, 現金出納職能（cash handling function）と現金記帳職能（cash recording function）との職務区分にアメリカ企業における内部牽制システムの発生を求めている[18]。

このような, 一般に管財職能と記録職能の分課制を基本的な原理とする内部牽制システムは,『立會略則』では, 上に見た金銀出納に関してのみならず,「蔵番」（「売買諸品物の出入を掌とる」[19]）と「書記方」（「商業に関する諸事を分課して精密に記録する事を掌とる」[20]）の間にも, また,「賄方」（「食料炭薪日用の品等を掌とる」[21]）と「書記方」との間にも適用されていたとみられるから,『立會略則』では現金のみならず, 資産一般についてその保全が意識され, そのための会計記録の正確化が経営機構上の工夫を通じて図られていると言うことができる。

かくして, 上に述べたことを要約すれば,『立會略則』に示される経営機構には内部監査と内部牽制の両システムが織り込まれており, この点に関するかぎり, 現代的な内部統制技法が既に認識され, 当時の実践に影響を与えていたことが窺われる[22]。例えば, 第一国立銀行では設立時に取締役会内部の「検

査掛」とは別に，大阪支店に限られたとはいえ，「勘定改方」を設け，また，三井銀行もその設立時に「総長」，「副長」という経営執行機関に対する監査機関としての「監事」と，さらにこれとは別に監査係としての「検案係」を設け，また，本書第8章で述べるように，郵便汽船三菱会社では「検査係」を設置している（おそらく明治8年11月1日）ように，『立會略則』刊行後の間もない時期に内部監査制度が会社機構中に採り入れられ，実践に移されているのである。

　経営管理システムの一斑としての内部監査システムが最も早く出現したとされているアメリカにおいても，『立會略則』が著された時点では内部監査システムは未だ顕著には現れておらず，しかも，その後顕著化したアメリカの当該システムは，財務部門から会計部門を分離し，後者の長として"General Auditor"ないし"Auditor"を措定したことがその濫觴となったと考えられる[23]のに対して，『立會略則』の「勘定方監察」は会計部門の長ではなく（同書では会計業務は「書記方」が掌るものとされている。），監査専門機関として措定されていることから，同書にみられる内部監査機関的色彩の濃い「勘定方監察」制度がアメリカの内部監査制度に源泉を持つものであるとは言い難いのである。

3　静岡藩「商法会所」にみられる監査制度

　『立會略則』の刊行以前に，その著者とされる渋澤栄一が参画して現実に設立した合本組織の企業体として静岡藩の「商法会所」が挙げられる。同「商法会所」は，明治維新に連なる大政奉還の後に，渋澤篤太夫（栄一）の建議により，徳川将軍家が封じられた静岡藩（70万石）及び公募された出資の呼びかけに応じて出資した「士民」による官民共同出資（合本(がっぽん)）[24]によって明治2（1869）年1月に設立された半官半民の金融と通商を目的とする「共力合本」[25]の組織であり，「士民の出資は之を営業資本としての出資と，預金利子を目的としての出資とに分ち，前者に対しては利益配当を行ひ，後者に対して

は利子を支払ふ，共に年一回とす，されば前者は一種の株式にして，後者は信託預金に類似せり，又其営業は出資者并に一般商工業者への貸附と，商業を営むとにある」[26]とされ，銀行と商社の業務を併用した合本会社である。この会社の出資者は無限責任を負い，出資金の払い戻しを認める点において，今日の株式会社と異なるところがあるが，今日の株式会社の濫觴となった共同企業とされている[27]。

この静岡藩「商法会所」の経営監督体制について，『渋澤栄一傳記資料』（第二巻）は「会所の経営は先生（渋澤栄一を指す―引用者注）之を専当すれども勘定頭平岡四郎・小栗尚介の二人其上にありて之を監し，中老大久保一翁更に其上を綜理せり。」[28]と記している。さらに，頭取の下に会所掛を拝命した静岡藩士が「勘定」として商法掛，貸附掛等の掛員を務め，また，その附属として

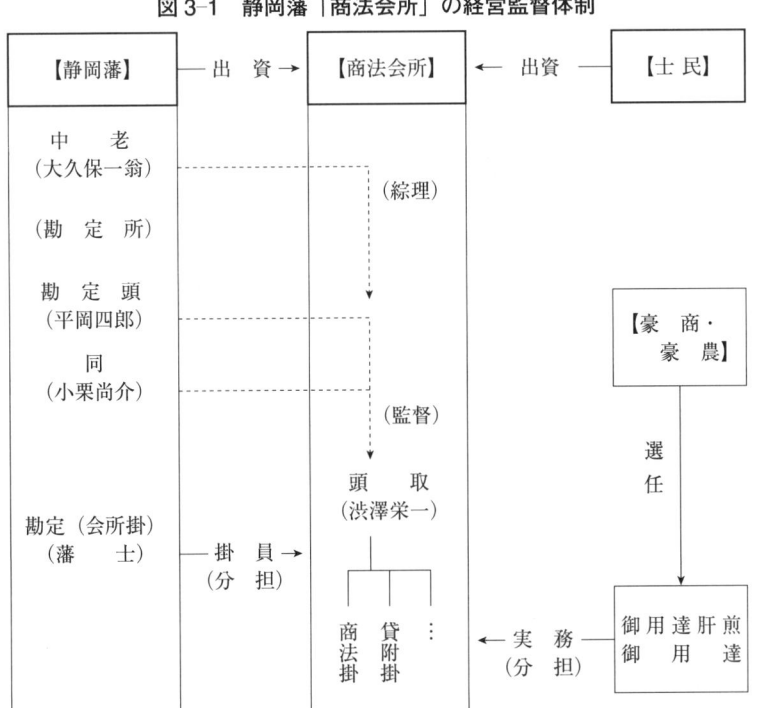

図3-1　静岡藩「商法会所」の経営監督体制

```
【静岡藩】 ―出 資→ 【商法会所】 ←―出資―― 【士 民】

  中　老
（大久保一翁）           （綜理）
（勘 定 所）

  勘 定 頭
（平岡四郎）
    同
（小栗尚介）
                        （監督）
                                              【豪 商・
                                                豪 農】

                         頭　　取
                       （渋澤栄一）               選
                                                 任
  勘定（会所掛）  ―掛 員―       ┌─────
（藩　　士）    （分 担）                        御用達肝煎
                         商 貸  …  ←―実 務――  御 用 達
                         法 附       （分 担）
                         掛 掛
```

御用達商人が実務を担当する経営監督体制を採っていた[29]。この体制のなかで，静岡藩の勘定頭が「商法会所頭取」を「監し」するとされていることに注目したい。

　ここで「監し」と記載されている職能が「監察」,「監督」,「監査」あるいは「監視」等，いずれの意味内容をもって使われているのかは上記引用文では明確ではない。この点に関して，渋沢栄一が後日に口述した回想談話を掲載した記事中に，「商会の監督は固より御勘定頭の任として諸般の取扱方を視察せられ，只其運転方の枢機を自分に一任せらるゝやうに願ひたい」[30]との記載があることや，「商法会所」の業務全般にわたる改革の議論において，例えば後述の「常平倉（じょうへいそう）」への改組に際して「綜理」の大久保一翁が意見を述べ，それが採用されたりしている[31]ことから，対象とされる業務に関わっていない非当事者である第三者が，その立場から事後的に行う検査行為である「監査」ではなく，また，監査権限の委譲によるのではなく，「監し」を行う権限を出資者（ないし出資者の機関）としての地位から本来的に有していると考えているように推測される。とすれば，ここで問題としている「監し」という行為は，事前監視と指揮を伴った「監督」を意味するものと解される[32]。

　この理解に立って，「商法会所」の担当者が静岡藩の中老や勘定頭であることから敷衍すれば，彼らは出資者（オーナー）の立場から「商法会所」の運営に監督の目を向けたものであり，静岡藩の「商法会所」に対する代表者として「オーナー経営者」的な立場に立っていたが，商業活動には不慣れな藩士であったために，当初から所有と経営が分離した組織として設計され，専門経営者としての知識を持った渋沢栄一を経営責任者である頭取とするとともに，他方で，その独走を牽制するために「オーナー経営者統制」をコーポレート・ガバナンスの観点から経営管理体制中に組み込んだものと思われる。すなわち，「監し」とは，こうした「オーナー経営者統制」が仕組まれていることを示していると考えられる。そして，国民経済における経済の運営は合本組織によって行うのが有効であるという知識は渋澤栄一がフランスに滞在していたときに得たものとされていることから，これに付随する業務執行機関に対する監督体

制を構築するという知識もまた同様にフランスの会社の組織(例えば,フランス東印度会社では1723年に主要株主の中から株主の利害を擁護するための管理役を選任する制度を設けている。)を参考にしたものではないかと思われる[33]。

その後,この静岡藩「商法会所」は,明治2年6月の版籍奉還後に,政府の意向により,静岡藩がオーナー経営者の立場から経営統制を行うことで,同藩の一組織とも見受けられる外観を回避する必要が生じたために,実質的な変更は加えられなかったものの,表面的には民間企業としての「常平倉」に改組され,さらに明治4(1872)年7月の廃藩置県によって静岡県に業務が移管され,その翌年に廃止された。(渋澤自身もこれより前の明治2年11月に大蔵省の租税正に転出している。)

4　通商会社と為替会社における監査制度

為替会社は,通商会社とともに,明治2年に東京,西京(京都),大阪,神戸,新潟,大津及び敦賀に設立され,紙幣発行の特権をもつわが国最初の銀行であり,また,株式会社である[34]。その設立目的は,「通商会社ハ内外商業ヲ振作経営スルヲ以テ目的ト為シ為替会社ハ其振作経営ニ要スル所ノ資本ヲ融通運転シテ通商会社ニ助力ヲ与ヘ併テ民間ノ融通ヲ便利ニスルヲ以テ目的トセリ」[35]とされるように,明治維新直後の経済の混乱を救治し,農商の業を興起するための施策の一環として設立された。

しかし,「明治五年国立銀行条例ノ制定セラルヽヤ為替会社ハ国立銀行ニ転業スルカ或ハ廃業スルカ二者択一ヲ選マサルヘカラスニ至リタリ」[36]とされたように,その生命は短期間に終わった。それは,「為替会社設立ノ目的ハ敢テ非ナルニアラスト雖トモ規則ハ甚タ不備ニシテ事業ハ官民混淆ノ弊アリ」[37]たるために,あるいは「所謂宋人苗ヲ引クノ急激手段ナリシ」[38]ためであったとはいえ,「邦人ヲシテ漸ク連合結社ノ必要ヲ悟ラシメタルノ功ハ決シテ少カラサル」[39]意義を有したのである。

さて,この通商・為替会社の監督機関について,これを明治2年7月に公布

された為替会社規則と，これに倣って規定されたと思われる明治2年8月10日設立の大阪為替会社及び大阪通商会社の各規則をみると，次のようである(40)。

為替会社規則(41)

第六箇條　通商司為替換会社，商社両組ノ儀ハ互ニ相助ケ合候テ事業ヲナシ候儀ニ付一家ノ如ク睦合実効相顕候様可致因テハ両会社ノ帳面ハ社中ノ者ハ勿論両会社総頭取始メ組々相互ニ随意ニ見改ルノ権アルヘキ事

第十三箇條　通商司為替会社組合ノ儀ハ十人宛月番相立一箇月ツヽ持切月番中貸出シ金ノ儀ハ返済迄其月番掛リ之事

但月番ノ外二人ツヽ順ヲ立横浜表其外会社ヲ見回リ可申事

大阪為替会社規則(42)

第六ヶ條　為替会社通商会社両組の義は互に相助合候て事業を成し候義に付一家の如く睦合ひ実効相顕候様可致因ては両会社の諸帳面は社中の者は勿論両会社頭取は相互に随意に見改るの権あるへき事。

第十三ヶ條　為替会社組合の義は十人づヽ持切月番中貸出し金の義は返済まで其月番かゞりの事。但非番の内貳人づヽ順を立時々会社を見廻可申事。

大阪通商会社規則(43)

第五ヶ條　通商会社と為替会社とは相互に融通して商業の弁利を得れは，同社同様の心得を以無隔意睦合可申，就ては不正不明の取扱無之事を證する為，其社中の者は勿論両社惣頭取并に頭取は互に両社中諸帳面を随意に見改るの権あるべき事。

これらの規則にみるように，通商会社・為替会社では未だ特に監査専門機関といえるほどのものは形成されておらず，また，「監査」ないし「検査」という語も用いられていないとはいえ，菅野和太郎氏が，為替会社においては「監

督機関として非番の者が二人宛順次に会社を監査することになって居り」[44],また,大阪通商会社も同じく「会社の監督機関として,非番の者が二人宛順次に会社を見廻ることになって居」[45]たと述べられているように,為替会社と通商会社において既に会計監査的側面と業務監査的側面の両者について,既に会計監査と業務監査を必要とする認識が生じていたといえる。

ところで,通商会社と為替会社の会社形態については,本章注（34）にみるように,フランスの会社形態が影響を与えているのではないかと示唆されているが,これを会計監査問題に限ってみてみると,上掲の為替会社規則第六箇條の規定にみられるように,会計監査ないし帳簿閲覧の権利を「社中ノ者」つまり株主に認める点において前述のフランス法と同様の思考を有していると言える。しかし,通商会社・為替会社のそれは株主一般に対する直接開示であるのに対し,フランス法のそれは株主の代表者である監査役に対するもので,株主一般に対しては間接開示であるという相違がある（これは通商会社・為替会社の株主数が少ないことによる差であると思われる）。しかも,通商会社・為替会社の株主の監査権限はそれに止まっており,会計監査の結果如何によって代表取締役ないし取締役に相当する総頭取ないし頭取並の解任あるいは会社の解散等を議決することは株主総会に相当する「社中一同評議」の会の権限として規定されていない点においても異なっている。それは,通商会社・為替会社の総頭取,頭取並,為替方が官命により任命されたことに関連すると考えられるが,この点では,これらの会社は特許会社的色彩を帯びているといえる。

他方,業務監査の問題についてみると,フランス法では監査役にその権限が与えられているが,通商会社・為替会社では,上掲の第十三箇条但し書きにみるように,総頭取と頭取並の内で非番の者が二名ずつ交替制で担当することとされているという相違がある。この点では,むしろ,アメリカの当時の銀行における検査役に類似するといえる。

さらに,通商会社・為替会社は,さきの為替会社規則第六箇条に「一家ノ如ク」とうたわれているように,「両社は,外形上に於ては二つの会社であったが,其ノ内面に於ては殆んど一会社の如く……相互に睦合ふべきことが規定

されて居り，且つ両会社の（社中ノ者は勿論のこと—引用者挿入）総頭取及び頭取並は，相互に両会社中の諸帳面を随意に検査することが出来た」[46]という際だった特徴を有しているが，これは既述のフランス法やアメリカの銀行の実践にはみられないことであり，この点については今後なお十分な究明をしなければならないが，その背景にはおそらく神田孝平訳『泰西商会法則』によって紹介されたオランダ商法の監査規定[47]や，あるいは三井家，住友家等の江戸期以来の多角的経営を行った商家の慣習が存しているのではないかと思われる。

このように，通商会社・為替会社における監査制度は，当該会社制度自体の性質と同じく，この面においても「本邦固有ノ慣習ニ欧米ノ新元素ヲ加味セシモノ」[48]であったのではないかと推測されるのである。

5　国立銀行における監査制度

(1)　国立銀行条例における監査制度

国立銀行条例（明治5年11月15日太政官布告第349号）は，「貨幣流通ノ宜ヲ得運用交換之際ニ梗阻ノ弊ナカラシムルハ物産蕃殖之根軸ニシテ富国之基礎ニ候処従来御国内ニ於テモ為替両替等ヲ業トイタシ欧亜各国ニ通称スル『バンク』之業体ニ等シキモノモ有之トイヘトモ其方法ノ精確ナラサルト施為之陋拙ナルヨリ充分人民之便益ヲ得ルニ至ラサルニ付此度政府之公債証書ヲ抵当トシテ正金引換ノ紙幣発行ノ銀行創立ノ方法ヲ制定シ普ク頒布セシメ候」[49]として制定・公布された。その母法は1863年に制定され，翌1864年に改正されたアメリカの「改正全国通貨法」である[50]。

さて，国立銀行条例における監査制度であるが，これは実は同条例の本則中に直接に規定されておらず，法的には行政指導にすぎないとはいえ，事実上はその「施行細則トモイフヘキ国立銀行成規」[51]中にみられるのである。

しかし，順序として，国立銀行成規における監査制度ないし監査機関の根拠法となる国立銀行条例の条文からみていくこととする。

国立銀行条例

第4条　銀行起業ノ順序及役員上任ノ制限ヲ明ニス
　第3節　此頭取取締役等ハ銀行ノ業ヲ始ムルニ当リ支配人会計役書記役其他ノ役員ヲ定メ諸役々ノ勤向ヲ取極メ約束ヲ掲ケ罰例ヲ設ケ便宜褒貶進退等諸般ノ条件ヲ換載シタル申合規則ヲ取設ク可シ[52]

　この条を受けて，国立銀行成規（明治5年8月5日紙幣頭公告）は，その「申合セ規則ノ事」の項において，申合規則一般の文例を示しているが，それによれば，次のような検査規定を置くことが範示されている。

何州何郡何々ノ何々国立銀行申合規則

検査ノ事
　第20条　取締役ハ三ケ月毎ニ其内ヨリ一人ヲ選挙シテ検査役タラシムヘシ此検査役ハ当銀行ノ有高ヲ計算シ勘定ノ差引ヲ改メ諸帳面ノ締高等ノ正直ナルヤ否ヲ検査シ又当銀行商業ノ実際慥ニ立行クヘキヤ否ヲ検査シ其顛末ヲ集会ノ節取締役一同ニ報告スヘシ[53]

　さらに同成規は，この申合規則第20条の文例に続けて，「国立銀行ノ頭取支配人取締役等一同ノ心得トシテ申諭ス諸件」を述べ，その一項として「商業取扱ノ事」を挙げ，次のように諭している。

商業取扱ノ事

　国立銀行ノ商業ヲ取扱ニハ丁寧ト遅滞ナキトノ両条ヲ大眼目トスヘシ帳面類ハ毎日差引ヲ附ケ有高ト帳面高トニ相違アル可ラス銀行ノ検査役ハ常ニ此処ニ注目シテ検査シ其状実ヲ取締役一同ニ報告シ其顛末ヲ記録ニ載セ置ヘシ[54]

　これらに見られるように，国立銀行条例に基づいて設立される国立銀行には，当該国立銀行の申合規則によって検査役を設置するべきことが奨励された

のであるが、その検査役は 3 ケ月毎の交替制で取締役（株主であることを要する）中より選任され、会計監査のみならず業務監査をも実施し、その監査結果を取締役一同に報告することとされている。この監査制度は、その内容と規定の置かれた法的レベルの両点で、まさにアメリカの制度にならったものといえる。

(2) 諸国立銀行における監査制度

こうした国立銀行条例ないし国立銀行成規によって指示された監査制度が、明治 9 (1876) 年の第一次改正前の同条例に準拠して設立された国立銀行（計 4 行）においてどのように実践されたのかをみるために、東京第一（開業免状下付月日、明治 6 年 7 月 20 日、開業日、同日―以下、この順[55]）、横浜第二（明治 7 年 7 月 18 日、同 7 年 8 月 15 日）、新潟第四（明治 6 年 12 月 24 日、同 7 年 3 月 1 日）、大阪第五（明治 6 年 9 月 8 日、同 6 年 12 月 10 日）の各国立銀行について、それぞれの申合規則にみられる検査役制度をみていくこととする。

まず、第一国立銀行申合規則（明治 6 年 7 月制定。但し、同 6 年 6 月 11 日株主初集会＝創立総会で承認）をみると、その第 20 条は、次のように規定している。

第一国立銀行申合規則

第 20 条　取締役ハ三ケ月毎ニ其内ヨリ一人ヲ選挙シテ検査役タラシムヘシ
　　　　此検査役ハ当銀行ノ有高ヲ計算シ勘定ノ差引ヲ改メ諸帳面ノ締高等ノ正直ナルヤ否ヲ検査シ又当銀行商業ノ実際慥ニ立行クヘキヤ否ヲ検査シ其顛末ヲ集会ノ節取締役一同ニ報告スヘシ[56]

この文言は、国立銀行成規に範示された文言と全く同一である。もっとも、実際の運用は次にみる申合規則増補によって変更され得る余地を創り出している。

第一国立銀行申合規則増補

第 17 条　取締役ノ内為替掛一人検査掛一人ヲ六ケ月ノ交代ニテ充ツヘキ筈ナレトモ当分ノ内ハ其助勤又ハ代任等ヲ命スルコトアルヘシ[57]

この申合規則増補第17条における「当分ノ内ハ其助勤又ハ代任等ヲ命スルコトアルヘシ」とする措置は「国立銀行創立スル上ハ取締役等ノ衆議ニテ其社中申合セ規則ヲ取定ムヘシ尤モ社中ノミノ申合セニテ公然タル法則ト見做ヘキニ非サレハ之ヲ紙幣頭ニ差出スニ及ハス故ニ条中ノ増減モ衆議ニ任セテ差支ナシ」[58]とする国立銀行成規の指示によって，監査能力を有する者を検査役の助勤又は代任として当てようとする配慮から行われた措置であろうと憶測される（もっとも，同行は代任を置かず，取締役齋藤純造を初代の検査役として選任している[59]。助勤を実際に設けたかどうかは不明である）。

さらに重要なこととして，同行申合規則増補第42条～51条は「銀行事務総監役」を置き，その職務，権限を規定している。これは，同行株主初集会における株主・渋沢栄一の提案によるものである[60]が，「いま設立される国立銀行にしても，（大株主である—引用者挿入）三井・小野両組がどれだけこれに自己の命運を託していたかはなお疑問」視され，「自他混淆し又は争利奪益の弊」が生じかねないために，これを監督して同行の経営を順調ならしめる必要から設けられた。その設置目的と性質は，次の2箇条に規定されている[61]。

第一国立銀行申合規則増補

第42条　当銀行ノ諸役員等各相調和シテ諸般ノ事務ヲ整理シ，以テ銀行充分ノ成業ヲ遂ル事ヲ要スル為メ，当分ノ内，銀行事務総監役一名ヲ，重立タル株主中ヨリ任撰シ，頭取取締役支配人ノ処務ヲ補助検案シ，銀行一切ノ事務立則ト現務トニ拘ハラス，都テ之ヲ管理シ，相当ノ考案ヲ立テ，頭取其他ノ役員ニ告諭亦ハ指令スル事ヲ司掌セシムヘシ

第43条　右総監役ハ，常ニ公平適正ノ定案ヲ持シ頭取，取締役，支配人其他ノ役員ニ至ルマテ，其奉務ノ実況ヲ監視シ，モシ条例成規又は定款申合規則同増補等ノ条款ニ悖戻スルカ，又ハ其他ノ約束類ヲ践行セサル事アレハ，誰彼ヲ論セス，充分ニ之ヲ糺正懲戒スルヲ得ヘシ

これらの規定にみるように，総監役は大きな権限をもつが，それは監査役的

性質のものというよりも,「事実上の頭取」[62]として経営指揮にあたるものであった。しかし,具体的に渋沢栄一が総監役に就任するにあたっては,第一国立銀行頭取取締役との間に総監役の権限と義務を規定した契約書を交わしているように[63],総監役の地位は第一国立銀行と渋沢栄一との契約によるものであり,取締役の中から選任されたわけではなかったから,総監役は「株主にたいして直接責任をおうものではなかった。また…それは明治政府の国立銀行にたいする監督権と直接つながるものでもなかったようである」[64]とされ,過渡的臨時的な管理機関とみるべきものであった。

さらに,同行は,その支店に勘定改方を置くことを申合規則増補第9条に定め,実際に大阪支店に置いている[65]が,これは支店の「支配人ノ事務ヲ補助シ及出店ノ諸事務役員ノ勤惰等ヲ按察セシム」[66]（第9条）る者であり,部分的には業務監査に従事した者のようである。

次に,第二国立銀行は横浜の為替会社が転換したものであるが,その申合規則第20条は第一国立銀行申合規則第20条と全文同文（従って,国立銀行成規のそれとも同文）であり[67],また,その申合規則増補第9条は第一国立銀行申合規則第17条と枝葉の字句に若干の違いがあるが,全文同文といっても差し支えがない[68]。そのために引用を省略するが,この第二国立銀行においても,国立銀行条例ないし国立銀行成規の監査制度がそのまま実践に移されている（なお「横浜第二国立銀行株主初集会之節決議件々」[69]中に記載の役員名中に検査役が2名挙げられているが,同行申合規則及び同増補は検査役を1名としており,また為替掛を1名とするにもかかわらず,役員中に為替掛が挙げられていないので,検査役2名の内,1名は為替掛の誤りかと思われる）。

第四国立銀行の申合規則は,『第四銀行百年史』（昭和49年刊）にも収録されていないので不明であるが,同『第四銀行百年史』56頁記載の（注1）によれば,「当行の『申合規則』は第一国立銀行とほとんど同一である。『申合規則増補』も非常に似かよっているが,当行の実状にあわせ,やや簡略化されている。」とされ,同頁記載の役員の職務分担表においても「取締役（検査役兼公務掛記録方）本間新作」と記されているから,人員が少ないための兼務があるも

のの，ほぼ第一国立銀行の体制と同じであったと思われる。

　第五国立銀行の申合規則も入手していないが，明治6年7月25日開催の同行「株主初集会義定書写」によれば，検査掛1名が取締役の中から選任され[70]，従って，同行役人名称簿（明治7年7月27日付）にも当該検査掛の氏名が挙げられている[71]ので，当行もおそらく第一国立銀行のそれを，従って，国立銀行成規の範例を踏襲したものと推測される。

　なお，第三国立銀行は，大阪において設立が計画されたが，株主間の利害が衝突したために設立されるに至らなかった。

　かくて，国立銀行条例の第一次改正（明治9年）前に設立された国立銀行は結局以上の4行に止まったが，これらの国立銀行4行における検査役制度は，上にみたように，国立銀行成規に範示された検査役制度に従っており，さらに具体的な規定の在り方も，第一国立銀行のそれの如く，申合規則と申合規則増補によって，実際の運営に支障が生じないように処置していることが知られたのである。

6　三井銀行設立時の監査制度

　三井銀行（開業許可，明治9（1876）年5月23日，開業日，同年7月1日[72]）は，わが国最初の私立銀行である。すなわち，国立銀行条例の改正（太政官布告第106号）が明治9年8月1日に布告され，これによって「第二十二条第三節（いわゆる「銀行私唱禁止令」―引用者注）ノ明文削除セラレ一般会社モ亦銀行ノ名称ヲ付スルヲ得ルニ至リシカハ此ニ於テ三井組ハ直ニ三井銀行ト改名シ私立銀行ノ営業ヲ開始セリ実ニ私立会社ニシテ公然銀行ト号シタル嚆矢トス」[73]と記されているように，「私盟会社」[74]として最初に発足した銀行である。但し，その組織はフランスの株式会社にあたる無名会社（société anonyme）に範をとり[75]，「保証有限社」[76]（株主の有限責任制の会社の謂）として東京府に設立申請されたが，大蔵省の東京府に対する指令（明治9年3月31日）に基づき，結局，無限責任制に改めることで実質的に認可された（明治9

年5月23日）経緯がある[77]。

さて，この三井銀行における設立時の監査制度を，同行成規及び申合規則から摘出すれば，次のようである。

三井銀行成規[78]

第十六条　監事

　　第一節　本店及ヒ各分店出張所諸役員ノ勤惰邪正ヲ監察シ又此銀行ノ営業永続隆盛ヲ得ヘキヤ否ヲ考案シ総長或ハ社中ニ報告ス

　　第二節　事務ノ当否ヲ論弁シ勉メテ成規ニ悖ラシムルヲ要ス

　　第三節　金銀出納ノ計算及ヒ各般ノ事務登録ノ簿冊計表等悉ク詳密検覆シテ必遺漏アルヘカラス其差違ナキ者ハ一々検印スヘシ

　　第四節　凡監事ハ株主一同ヨリ此銀行一切ノ事務検査ノ委託ヲ受ケタル者トス，故ニ毎ニ成規ヲ遵守シ之ニ違フコトアレハ総長ノ令ト雖トモ抗論スルコトヲ得，又其己行ノ事ト雖トモ改正ヲ求ムルノ権ヲ有ス，唯自ラ事ヲ行フノ権ヲ有セス

第十七条　以上総長副長監事三役ヲ大元締ト称シ此銀行ノ重役トス（以下省略，なお省略部分に「監事補助」が規定されている。）

第二十八条　内用課

　　第四節　一切ノ帳簿ヲ検シ其計算書式等ヲ検覆スルヲ検案係ト称ス，元締ハ之ヲ監督スルコトヲ掌ル

第三十五条　内用課

　　第二節　金銭出納ノ検査ヲ行フニハ必監事ト共ニスヘシ検査畢レハ検印ヲ押スヘシ

　　第三節　課中各掛ヨリ差出ス日表ハ元帳ト引合セ検査畢レハ検印シテ監事ニ呈スヘシ

第三十七条　検案係

　　第一節　毎日元帳ヲ検シテ諸般ノ出納ヲ合算シ総計日表ヲ製シ元締ノ検印ヲ経テ監事ニ呈スヘシ

第四十七条　分店定制
　　　　　理務課　検案掛

三井銀行申合規則(79)
第二条　銀行役員選挙ノ法ヲ明ニス
　第一則　此銀行ノ役員ト称スルハ各株主ノ中ヨリ左ノ如ク撰ムヘシ
　　　　総長　壱人
　　　　副長　弐人
　　　　監事　三人
　　　　右三役ヲ大元締ト称スヘシ（以下省略）
第三条　諸役員職務上ノ権限ヲ明ニス
　第二則　監事役ハ毎ニ株主一同ノ代理人タルノ心得ヲ以テ此銀行ノ有金ヲ計算シ勘定ノ差引ヲ改メ諸帳面ノ記載正実ナルヤ否ヲ検査シ又此銀行ノ営業実況ノ得失ト役員ノ勤惰トヲ検査スヘシ故ニ上任ノ時ニハ株主一同ヨリ此事ヲ委任スル旨ノ委任状ヲ与フヘシ

　これらの規定にみるように，三井銀行ではフランスの株式会社における監査役に相当する監事を置き，また，これとは別に内部監査部門としての内用課検案係（支店には理務課検案掛）を設けている。そして，監事の職位は大元締として高く位置付けられ，かつ総長・副長の経営執行機関とは区分され，会計監査と業務監査の両者を行うとともに，株主一同の委任を受けた代理人として総長の経営指揮内容についても是正を求めうる独立した権限を付与されていた。しかも，フランス法で留意した解釈と同じく，「自ラ事ヲ行フノ権ヲ有セス」（成規第十六条第四節）として監査の性格をも正しく理解している。また，会計監査を主に担当する検案係と監事との連携も考慮され，監査機構的にかなり進展した段階にあるといえる。

46 第2部　株式会社制度草創期の自律的監査制度の展開

7　む　す　び

　かくて，『立會略則』における内部監査的色彩をもつ監査機構は，フランスの監査役制とアメリカの取締役検査役制もしくはコントローラー制の萌芽形態である会計部門の長としての"General Auditor"ないし"Auditor"制とを折衷し，これにさらにわが国の事情を加味して集成したものではないかと推測される。

　このような状況の中で『立會略則』において加味されたといわれるわが国の事情を探るならば，例えば，既に紹介した江戸時代の住友家の諸家法書に規定される会計帳簿の記入とその検査[80]，あるいは三井両替店における寛政年間の会計報告書の「監査」[81]が，いずれも使用人によって行われていた事実を指摘することが出来る。しかし，こうした事情がわが国において一般的にみられたものかどうかはなお今後究明すべき課題として残されている[82][83]。

（1）　土屋喬雄「『官版　會社辨』解題」（日本銀行調査局編『日本金融史資料　明治・大正編』第5巻，昭和31年，に収録），5頁。
（2）　土屋喬雄「『官版　立會略則』解題」上掲書，25頁による。
（3）　この二書は，土屋喬雄「『官版　會社辨』解題」（前掲書，4頁）において引用されている『大蔵省沿革志』本省の部，四年六月の条に「此二書ヲ合刻シテ之ヲ頒布ス可シ」と示されているように，明治4（1871）年6月に合刻された上，改めて大蔵省から刊行されている。また，その合刻頒布の理由については，同『大蔵省沿革志』に「蓋シ商業ハ漸次ニ中外ノ例法ヲ参酌シテ適宜ノ制度ヲ創設スル事政府目下ノ急務ニ属スルモ立會結社ノ事業ニ至テハ官府必シモ方法ヲ立定シテ一般ニ指諭ス可キ者ニ非ス只タ當サニ上文ノ二書ノ如キ普通ノ書籍ヲ刊布シ以テ人民ヲシテ自カラ立會結社ノ大益ヲ理會セシムヘキナリ」とされている（吉田準三『日本の会社制度発達史の研究』流通経済大学出版会，1998年，3頁記載による）。
（4）　本章では株式会社における監査役監査，取締役（ないし取締役会）自身の業務監視としての監査及びその補助としての内部監査人監査の各制度を総括して，株式会社における自律的監査制度と称している。このような採り上げ方には，いわゆる外部監査と内部監査とを混交するものであるとの誹りもあろうかと思う。しかし，ここにあげた監査制度の下での監査活動のいずれもが，株式会社企業が自己の経営の健全性を保つための自律的努力として行う活動であること，また，いわゆる所有と経営（ないし支配）の分離という現象が顕著化していない時代あるいは企業にあっては外部監査と

内部監査も未分化の状態にあると考えられるからである。これにより，わが国株式会社企業における自律的監査制度の源流とその導入時の初期形態を探ることによって，わが国企業における自律的監査制度が如何にして形成されてきたのかの一斑を探ることとしたい。
(5) 福地源一郎訳『會社辨』（日本銀行調査局編，前掲書に収録），6頁。
(6) 福地源一郎訳『會社辨』（上掲書），6頁。
(7) 渋沢栄一述『官版　立會略則』（前掲書），27頁。
(8) 土屋喬雄「『官版　會社辨』解題」（前掲書，3頁）において引用する『大蔵省沿革志』本省の部，四年六月の条。
(9) なお，この二書のほかに，幕末から明治初年にかけて著された会社知識に関する主な啓蒙書としては次のものがある（東洋経済新報社編纂『会社銀行八十年史』昭和30年刊，4頁による）。
　　　慶応2（1866）年　福沢諭吉纂輯『西洋事情』
　　　慶応3（1867）年　神田孝平訳（英イリス原著）『経済小学』
　　　明治元（1868）年　加藤祐一著『交易心得草前篇』
　　　明治2（1869）年　神田孝平訳『泰西商会法則』
　　　明治3（1870）年　加藤祐一著『交易心得草後篇』
　　　明治5（1872）年　加藤祐一著『會社辨講釈』
　　　明治6（1873）年　加藤祐一著『銀行規略』
(10) 福地源一郎訳『官版　會社辨』（前掲書），17頁。
(11) 渋沢栄一述，前掲書，33頁。
(12) 渋沢栄一述，前掲書，35頁。
(13) 渋沢栄一述，前掲書，34〜35頁。
(14) 渋沢栄一述，前掲書，35頁。
(15) 渋沢栄一述，前掲書，32頁に，「差配人取扱人等の撰挙は其会の大小に応し相当の身元ありて多数の金を出し多くの株数を所持するものに限るへきなり但し書記方以下の者は此例にあらす」として，株主たることを要するのは差配人（今日の代表取締役に相当）と取扱人（今日の取締役に相当）に限定し，他の掛員は株主たることを必ずしも要しないとしている。
(16) 渋沢栄一述，前掲書，32頁。
(17) 渋沢栄一述，前掲書，34頁。
(18) Steele, Allan Trezevant, *A History of Auditing in the United States, 1914 to 1957*, 1960, p.120.
(19) 渋沢栄一述，前掲書，35頁。
(20) 渋沢栄一述，前掲書，34頁。
(21) 渋沢栄一述，前掲書，35頁。
(22) もっとも，本文において「きわめて現代的な」というのは経営組織の在り方に関し

ていえるのみであって,『官版 立會略則』が説く会社,ことに株式会社の概念については,(イ)会社と同業組合の混同がみられること,(ロ)株式の自由譲渡制に触れていないこと,(ハ)株主が「自身の望によりて其組合を断はらんと欲する時,当然の理あらば一統商議の上之を許す」と述べていること,(ニ)株主の有限責任制(但し,絶対的に必要とされる特性ではない)に触れていないこと,の諸点を捉えて,未だ十分には理解されていないと評されている(菅野和太郎『日本会社企業発生史の研究』再版,経済評論社,昭和41年,56-57頁)。これらの諸点に加えてさらに(ホ)株主総会の認識がないことも,未成熟な点として指摘することができる。

(23)　アメリカにおける内部監査制度の史的展開過程については,津田秀雄「わが国株式会社制度草創期の自律的監査制度—その源流と初期形態」(文部省・昭和59年度特定研究報告書『団体法理の現代的課題と展望』和歌山大学経済学部,昭和60年3月所収)13-15頁を参照。

(24)　出資金の藩庁・士民別の内訳については,「藩庁は元金として金16,628両2分・永10文8分4厘を支出し,別に政府より借用せる金札の内25万9,463両余(注記略—引用者)を加えたり,士民の出資は所謂差加金にして,金14,717両・永41文7分・金札3,830両(注記略—引用者)あり,官民の出資総額29万4,717両・永52文5分4厘となる。」と記されている(渋沢青淵祈念財団竜門社編纂『渋澤栄一傳記資料』(第二巻),渋沢栄一伝記資料刊行会,昭和30年,108頁)。(なお,金額は引用者においてアラビア数字による表記に変更している)。

(25)　渋沢青淵祈念財団竜門社編纂,上掲書,95頁。
(26)　渋沢青淵祈念財団竜門社編纂,前掲書,107頁。
(27)　中野　明『岩崎弥太郎「三菱」の企業論　ニッポン株式会社の原点』朝日新聞出版,2010年,193頁。
(28)　渋沢青淵祈念財団竜門社編纂,前掲書,108頁。
(29)　渋沢青淵祈念財団竜門社編纂,前掲書,95頁,99頁及び107頁。
(30)　渋沢青淵祈念財団竜門社編纂,前掲書,95頁。
(31)　渋沢青淵祈念財団竜門社編纂,前掲書,183頁。
(32)　土屋喬雄『渋沢栄一』新装版(人物叢書197),吉川弘文館,平成元年,136頁も「監督」と解して,引用個所を現代語訳している。
(33)　渋沢青淵祈念財団竜門社編纂,前掲書,96-97頁。同旨,土屋喬雄『渋沢栄一』(上掲書),111頁,146頁。また,フランスの管理役ないし監査役制度については,内田千秋「フランスにおける会計監査役の任務と民事責任(1)」『早稲田法学』80/4,103頁を参照。
(34)　菅野和太郎,前掲書,110頁。なお,菅野はこの通商会社・為替会社の両会社を以てわが国の株式会社の嚆矢としているが,さらに,設立されずに終わったとはいえ,慶応3年6月に設立が計画された鹿児島藩の「薩州商会」が株式会社組織によって設立されようとしたことをも同時に指摘している。この計画は,鹿児島藩の新納久修,

五代友厚の両人が「白国ブラッセルに於て仏人 Connte de Monte Blanc と会商して，商社設立に関する契約を慶応元年八月十六日の日附で結んだ」(菅野和太郎，前掲書，70頁)ことが，その発端とされている。薩州商社設立計画自体は，「モン・ブランに対する不信用に基きて，結局曩の契約は破棄され，商社の設立も有耶無耶になってしまった。併し乍ら五代の計画せし商社が，明治二年の通商・為替の両会社の設立に際して大に参酌されしことは申す迄もなく，殊に両会社の設立に当って，五代は会計官の判事として大に活躍したのである」(菅野和太郎，前掲書，71頁)とされ，わが国の株式会社企業発生へのフランスの影響が示唆されている。なお，株式会社の概念的理解に関する幕末期の情況について，高村直助『会社の誕生』吉川弘文館，1996年，を参照。
(35) 『明治財政史』(大蔵省内，明治財政史編纂会編纂) 第12巻，明治財政史発行所，昭和2年，332頁。
(36) 上掲『明治財政史』第12巻，333頁。
(37) 前掲『明治財政史』第12巻，308頁。
(38) 前掲『明治財政史』第12巻，334頁。
(39) 前掲『明治財政史』第12巻，334頁。
(40) 為替会社規則と通商会社規則とについて，吉野作造(編集担当代表者)『明治文化全集』第22巻(日本評論社，昭和4年)に附された『官版　商社規則』に関する「解題」において，同解題執筆者の尾佐竹　猛氏は，「為替会社規則と通商会社規則とを総称して商社規則と呼んだので，我国に於ける会社法又は銀行法の始めである。為替会社といふのは，……銀行の意味で，此頃は会社の語の中に銀行をも包含せしめたのである。」(同書「解題」38頁)と述べている。なお，各規則の字体は改めている。
(41) 『明治財政史』第12巻，335-340頁。なお，同書は，この規則は，「東京」と冠していないものの，東京為替会社規則であるとしている。これについては次注を参照。
(42) 吉野作造(編集担当代表者)，『明治文化全集』第22巻，日本評論社，昭和4年，483-484頁(『官版　商社規則』の内に収録)。なお，『明治財政史』第12巻，345-346頁は，「東京為替会社規則と大阪為替会社規則は同様の内容を有しており」と述べているが，この点について，吉野作造(編集担当代表者)，上掲書に附された「解題」(前掲)は，「此規則には大阪と冠したものと，これを除いたものとある。これは大阪為替会社規則，東京為替会社規則と別々に呼んで居つたのを後に同一称呼としたからである。」(前掲「解題」38頁)と説いている。
(43) 吉野作造(編集担当代表者)，前掲書，479頁(『官版　商社規則』の内に収録)
(44) 菅野和太郎，前掲書，173頁。
(45) 菅野和太郎，前掲書，156頁。
(46) 菅野和太郎，前掲書，166頁。
(47) 神田孝平訳『泰西　商会法則』(吉野作造(編集担当代表者)，前掲書，474-478頁に収録)の第39項に「立合人の役目只支配人の仕事を監察する斗りにて職業の指図

も為すべき定なれば仲間中より惣代役を選挙するか又は節約中に別段人員を定めて支配人の勘定を改め任を責めしむべし。」(同上書, 474頁) とするオランダ商法 (おそらく第52条) の訳がある。この邦訳は, その邦訳当時,「慣習法によってのみ相互に規律し合つていた新興日本の商業者に対して, 後に旧及び新商法典の産まれ出づる迄の間, 如何ばかりこれらの条文が参考になつたかは, 蓋し察するに難くないであらう。」(吉野作造 (編集担当代表者), 前掲書, 「解題」37頁。) と評価されている。

(48) 『明治財政史』(大蔵省内, 明治財政史編纂会編纂) 第13巻, 明治財政史発行所, 昭和2年, 1頁。
(49) 上掲『明治財政史』第13巻, 31頁。
(50) この国立銀行条例とアメリカの1864年改正「全国通貨法」との細密な比較法的考察が小山賢一, 前掲書, 235-253頁において行われている。
(51) 前掲『明治財政史』第13巻, 3頁。
(52) 前掲『明治財政史』第13巻, 36頁。
(53) 前掲『明治財政史』第13巻, 94-95頁。
(54) 前掲『明治財政史』第13巻, 96頁。
(55) 各銀行の開業免状下付月日ないし設立年月日と開業日は,『日本金融史資料　明治大正編』第3巻所載の土屋喬雄「『銀行全書』解題」, 14頁及び前掲『明治財政史』第13巻「銀行課第一次報告」による。
(56) 『第一銀行史』上巻, 昭和38年, 107頁及び上掲『日本金融史資料　明治大正編』第3巻, 35頁所載による。
(57) 上掲『第一銀行史』上巻, 115頁及び前掲『日本金融史資料　明治大正編』第3巻, 38頁所載による。
(58) 前掲『明治財政史』第13巻, 89頁。
(59) 前掲『日本金融史資料　明治大正編』第3巻, 31頁。
(60) 前掲『第一銀行史』上巻, 91-92頁参照。
(61) 前掲『第一銀行史』上巻, 118頁及び前掲『日本金融史資料　明治大正編』第3巻, 40頁所載による。
(62) 前掲『第一銀行史』上巻, 120頁。また, 同旨であるが,『第一銀行五十年小史』(大正15年刊) 136頁にも,「頭取・副頭取を二名づゝとなしたるは三井・小野両組の権衡上特に政府の許諾を得たるものなりしも, 此等の役員は現務に当ることなく, 総監役が事実上の頭取なりし」とある。
(63) 契約書の内容については, 前掲『第一銀行史』上巻, 121-123頁参照。
(64) 加藤俊彦・大内　力編著『国立銀行の研究』到草書房, 1963年, 30頁 (注7)。
(65) 前掲『日本金融史資料　明治大正編』第3巻, 32頁。
(66) 前掲『日本金融史資料　明治大正編』第3巻, 37頁所載による。
(67) 前掲『日本金融史資料　明治大正編』第3巻, 298頁所載の第二国立銀行申合規則第20条の条文を参照。

(68) 前掲『日本金融史資料　明治大正編』第3巻，300頁所載の第二国立銀行申合規則増補第9条の条文を参照。
(69) 前掲『日本金融史資料　明治大正編』第3巻，305頁。
(70) 前掲『日本金融史資料　明治大正編』第3巻，140頁。
(71) 前掲『日本金融史資料　明治大正編』第3巻，157-158頁参照。
(72) 日本経営史研究所編集『三井両替店』三井銀行発行，昭和58年，478頁。
(73) 前掲『明治財政史』第12巻，525頁。
(74) 「三井銀行創立証書」第8条に用いる用語（三井文庫『三井事業史　資料篇三』，1974年，15頁）。
(75) 「三井銀行創立願書」として提出された「三井銀行創立之大意」参照（三井文庫，上掲書，4頁及び697頁参照）。
(76) 「三井銀行創立証書」前文（三井文庫，前掲書，5頁）。
(77) 日本経営史研究所編集，前掲書，478頁及び三井銀行調査部『物語三井両替店』東洋経済新報社，昭和59年，245頁参照。
(78) 前掲『日本金融史資料　明治大正編』第3巻，493-545頁所載による。
(79) 三井文庫，前掲書，16-25頁及び前掲『日本金融史資料　明治大正編』第3巻，486-493頁所載による。
(80) 本書第3章および第7章参照。
(81) 本書第2章，第5章および第6章参照。
(82) 公会計の領域では，明治2年5月8日に設置された監督司について，「これすなわち今日の会計検査院の始まりで，……徳川幕府の勘定吟味役の制度に例をとったことは明らかで当時の職務内容を見ても……その職務は徳川幕府のそれに比して，ほとんど変わるところがない。」（中瀬勝太郎『徳川幕府の会計検査制度』築地書館，1990年10月，204-206頁。）と指摘されている。明治期の企業監査制度の構築に際しても同様に江戸幕府の勘定吟味役制度に係る知識・経験が織り込まれているのではないかと思われるが，詳細は不明である。勘定吟味役制度に関しては，中瀬勝太郎氏の上掲書の他に次の拙稿を参照されたい。津田秀雄「江戸幕府勘定吟味役制度の展開」『経済理論』（和歌山大学）第234号（1990年3月）。
(83) なお，わが国における株式会社の機関構造（特に取締役の選任方法，権限など）に係る商法規制の淵源に関しては，「わが国の商法は明治17（1884）年のロェスレル草案を起源とする」（高橋英治『ドイツと日本における株式会社法の改革』㈱商事法務，2007年，259頁）ことに異論はないと見られるが，このロェスレル草案に見られる法規制がさらにドイツ普通商法典（1861年）に遡って系譜付けることができるかについては議論が分かれている。一つは，ロェスレル草案に見られる株式会社の機関構造とドイツ普通商法典に規定される株式会社の機関構造には選任方法などで異なるところがあるとして，ロェスレル草案（ないしわが国の商法）は「ドイツ法とは異なるわが国独自の株式会社の機関構造を採用したとする説」（高橋英治，前掲書，260頁）

である。この見解に対して，高橋英治教授は，当該ロェスレル草案に盛り込まれた株式会社の機関構成について，もしも草案の規制内容がドイツ普通商法典のそれと異なる場合には，草案起草者であるロェスレルは草案理由書にその旨と理由を記載することを常としたにもかかわらず，機関構造に関する記載がないために，取締役の選任方法に関して，まず定款の規定に従い，定款に規定がないときは株主総会の普通決議で選任するという「当時のドイツ普通商法典下の法解釈に従って起草したということが推測できる」(高橋英治，前掲書，260-261頁) と主張され，関連付けされている。

第 4 章　維新期における三井家事業の再編と内部監査体制

1　は じ め に

　三井家は，明治維新後，明治 4 (1871) 年 6 月の造幣寮新貨幣為換方拝命と同時に「東京其外之地に於て真成之銀行成立候様心掛，尽力可致候事」[1]と命じられたことを契機として，その本拠を京都から東京に移し，紆余曲折を経つつ三井家の事業を次第に銀行業中心の体制に変容させていく。その際の事業内容自体の再編成の問題とその再編成過程のなかで育まれた「主従持合ノ身代」というコーポレート・ガバナンスに関わる理念の具体化の問題が，この時期の店制組織，役職制度その他について多くの中間的な改革の過程を生み，これに絡んで江戸期以来，三井家において実践されてきた内部監査の体制も短期間のうちに目まぐるしく変更されていった。
　その動きは基本的には，第 1 章で述べたように，三井家では江戸末期に既に経営者型内部監査を生み出す萌芽期ないし過渡期に達していたが，明治維新を迎えていよいよその方向性を強め，完全な経営者型内部監査体制の確立を目指して変容していく過程であった。しかし，その過程は順調に経過したわけではなく，しかも最終的には，他方の復古的な動きである所有者支配の復元・強化を目指す動きによって妨げられ，分権的とはいえ所有者型内部監査に止められる過程であった。
　本章は，こうしたオーナー経営者統制から経営者型内部監査への移行期に位置するものとして，明治維新期の三井家における事業内容の変革と新旧の企業

所有理念の相克の中で，わが国の江戸期以来の組織体の内部に近代的な経営者型内部監査体制を生み出すべく胎動しつつあった内部監査活動のありように焦点をあて，わが国における内部監査発達の一齣を明らかにしようとする[2]。

2 維新直後の店制改革と撰事・改役の設置

維新直後の三井家の事業は，徳川幕府の要請により慶応2 (1866) 年10月に開設され，幕府倒壊後も明治政府の官金出納・為替事務とその運用にあたった三井・東京御用所と，明治4年6月の造幣地金回収，新貨幣発行，新旧貨幣の交換に関わる造幣寮新貨幣為換方拝命並びにその翌月に願い出た大蔵省・開拓使両兌換証券発行業務の受託（但し，許可は同年10月）を受けて，同年8月に大坂・三井両替店内に大蔵省御用新貨幣鋳造取扱所が新設され，その後，東京，西京，横浜，神戸，函館に営業店を設置した為換座三井組を中心に展開されたが，さらに商用の延べ為替業務を行うために各地に設置された為替会社にも資本参加することで，次第に近代的な銀行業に家業の重点を移す方針が取られた[3]。

こうした基幹事業の転換を目指すなかで経営管理体制の再編成が推進され，その過程で大元方と営業店の経営組織上の相互関係も変化せざるを得なかった。まず維新から間もない明治3年6月に営業部門の組織替えが行われ，江戸期を通じてみられた本店一巻，両替店一巻，大元方直轄の松坂店という組織編成を廃止し，呉服店筋（本店を改称），両替店筋，御用所筋，東京糸店（輸出生糸の取扱い，明治2年末に本店一巻から分離し，連店に昇格していた），松坂店の編成に改め，新規事業ともいうべき御用所の業務を一部門として加えると共に，全営業店に独立採算制を導入して業績管理責任を明確化する一方で[4]，役職体系ないし人的組織の側面からは，明治4年9月に，前述の新貨幣為換方御用を担当する為替座の開設とこれを指揮・監督する東京大元方の創設を控えて「名目役改正規則」を作成し，これにより単に役名の改称に止まらず，大元方と営業店の役員を区分し，かつ営業店の最高役席を四儀とし，大元方にはこ

れより上席(三儀以上)の役員を置くことで,人的統制面で大元方を営業店よりも優位に置き,大元方による全店に対する人事権を確立する組織改革を行い,江戸期以来の経営管理体制を大きく変更した(5)。

この時に定められた役職体系は表4-1のようである。

表4-1 明治4年9月「名目役改正規則」による役職体系

是迄役名		大元〆	元〆	加判名代	元方掛名代	勘定名代	名代	後見
等　　級		一儀	二儀	三ッ儀	四儀	五儀	六儀	七儀	八儀	九儀
大 元 方	総轄	(1)取締	補役	(2)大元締	(3)執事	括事	撰事	正事	(4)助役	(5)加役
各営業店					元締	元方掛	改役	会計役	後見	初役

注: (1)~(5)について,次の貼紙があるとされている。(1)管轄,(2)執事,(3)大元締,(4)調役,(5)助役
(出典:『三井事業史』資料編二,313頁所載の表を一部修正。)

これらの新規の役職のなかで業務の監督ないし管理の職務を担当したのは撰事と改役であったと思われる。すなわち,「名目役改正規則」が定める「役名心得方」によれば,撰事と改役の職務は次のように規定されていたからである(6)。

(撰事の職務)
「大元方規則并諸勘定出入時々相改心得置,其外宅々台所向も見廻り,不都合無之様心掛ケ,諸事執事・括事江相談之上取計可申事」(「撰事心得方」より)

(改役の職務)
「其預り店太切ニ相心得可申儀者勿論,家内一致商用相励候様,下々之者江厚教導ヲ加江,治り方気を付,万事相改可申候」(「改役心得方」より)

もっとも,ここに定められた撰事と改役は,上の職務規程にみられるように,両者とも性格的には監督に近く,明確な監査機関とは言えない段階であ

り，また，その活動内容も批判的活動よりも指導的活動に重きがおかれていることに留意すべきであろう。この時点では，監査的な活動が志向されつつも近代的な監査の概念はなお意識されていない未成熟な状況にあったと言える。

3 東京大元方の設置と撰事・改役による管理体制の継続

さらに三井家とその事業に関する最高意思決定機関である大元方制度自体のあり方についても改革が行われた。当時は京都にあった大元方が最高意思決定機関であったが，これとは別に明治4年10月に東京大元方が，翌5年1月に東京大元方役場が設けられた。

これらの組織は当初は新規事業である「為換座の事業を統轄，推進することを主要な任務として」[7]設けられたものであるが，一方で，江戸期以来の祖業である呉服業（越後屋呉服店）といまひとつの主業であった両替店の経営がともに業績不振に陥り，他方で，為換座とその後を継いだ三井組御用所の事業が伸展し，次第に三井家の中心事業となるにつれて，最高意思決定も東京大元方において行われるようになっていった。呉服業の経営不振は，幕末の横浜等の開港により生糸の輸出が進展した反面，国内的には生糸の価格騰貴と払底が生じたことにより，越後屋呉服店のみならず国内絹織物業一般が打撃を受けたことによるものであったが，他方の両替店の経営不振もまた，こうした呉服店への資金的支援並びに幕末期に多額の幕府御用金の負担と新政府軍用金の拠出を余儀なくさせられた大元方に対する資金供与によって資金の固定化を来たし，本来の両替店経営のために運用しうる資金に支障を来したためであった。

これらの事態を打開するために，呉服店を明治5年3月に三越家として分離するとともに[8]，三井両替店の組織については，東京両替店を明治5年11月に，京都両替店を明治6年4月に，大坂両替店を同年8月に，それぞれの地の為換座三井組営業店に統合して，金融業務の一元化を進めていった[9]（但し，両替店業務は継続された）。

このような店制改革の進展と並んで，明治5年4月に再び役職体系の改革が

実施されたが，管理業務の担当者に依然として撰事と改役があてられ，管理体制については変更が加えられなかった。

表4-2 明治5年4月「役替規則」による役職体系

等　　級	一儀	二儀	三ッ儀	四儀	五儀	六儀	七　儀	八儀	九儀	十儀
大 元 方	総轄	管轄	執　事	後見	括事	撰事	正　事	調役	助役	書記
各営業店					元締	改役	会計役	初役	支配	組頭

（出典：『三井事業史』資料編二（前掲），320頁所載の表を一部修正（なお，各営業店には上記に続いて，十一儀の「連役」，十二儀の「平頭」，十三儀の「平」が規定されている）

但し，この時点で分離された三越家においては，分離に先立って明治5年2月に作成された三越家の「元方規則」において「三都店々二季目録，元方役之者微細ニ相改調印可致事」[10]と定め，同じく同年同月作成の「商店元方規則」においても「店々目録勘定之節，元方役之者立会相改致調印，東京元方江相納可申事」[11]と定めており，この点では江戸期以来の監査方式が踏襲され，復古的な改革がみられた。

4　東京大元方の機構改革と検査役の設置

しかし，為換座三井組の取扱業務は，これを新設の第一国立銀行（明治6年7月20日発足）に移管させるとする政府の方針と指示により，その発足を前にした明治6年2月に為換座の名義を廃止したので，結局，三井家の事業は従来の三井両替店，三井御用所（東京，横浜），為換座三井組の組織を再編して明治6年4月に新たに設置された三井組御用所を中心として運営されることになったが[12]，その統轄機関としては，前述のように為換座の事業を統轄するために設置されていた東京大元方が，為換座廃止後，その組織を再編して東京，大坂，西京，横浜，神戸の各地に置かれた三井組御用所と府県為替方として機能していた諸府県三井出張店を統轄する機関として配された。さらに，江戸期以来三井家の事業の統轄機関とされていた（西京）大元方が明治6年5月に出張

所に降格されたことにより東西並立状態が解消するとともに，東京大元方は名実ともに「新しい事業体制に転換しつつある三井全体の統轄機関（三井組大元方）となった」[13]。

これと同時に東京大元方の機構改革が行われ，大元方管轄役，同副管轄役，同役場懸を設けて同苗を任じ，これらに惣検査役を，また，大元方惣取締に貸付方検査役を，大元方取締に店々帳元検査役を兼務させる処置が採られ，さらに各地の御用所には金庫検査役（または金庫取締役）を兼務する元締懸と帳合方取締を置き，検査業務を本来の職務に付随して取り扱わせるとともに[14]，その際の検査業務取扱要領となる次のような「検査役規則」[15]を通達した。

　検査役規則
　　一　一般諸向取扱廉々并金庫等之事
　　一　正不正扱向之事
　　一　勝手依怙之事
　　一　申渡規則替之事
　　右夫々厳重ニ検査いたし,不正之義有之者,早速総轄江遂相談所置致シ可申候事

これらの処置は，大蔵省預り金の取扱業務を第一国立銀行に移譲したことにより，三井家の事業に占める各府県の公金出納取扱業務のウェイトが増大したことに伴い，その御用取扱を積極的に出願し，各地に出張店を開設していったが，その際，当該府県の行政機構や経済情勢に通暁した人材を得るために「土地の有力商人を選び，協同の組合をつく」[16]るという方法を採用せざるを得なかったが，その反面として，「出張店においては官公預り金の放漫な運用によって弊害の生じる可能性」[17]を危惧させたので，これに対処するために「その出張店を管轄する大都市の母店から三井組の手代を派遣し，もって連絡と監督にあたらせる」[18]ことが必要とされたためであると思われる。

為換座三井組の組織を再編した後の三井組御用所の業務は「御用金銀其他利足付預金并洋金銀売買之懸引限り」[19]とされ，御用所としては利足付貸付金の

取扱いは厳禁されていたが，実際には「貸付方」が各地の御用所・出張店に付設され，総体としての三井組御用所は事実上の銀行類似業務を営み，貸付業務をも行っていたので，放漫な貸付が行われないように監督する必要があったのであり，この監督のために金庫検査役（または金庫取締役）と帳合方取締を置いたと思われる[20]。その設置の背景には，かつて幕末期に江戸本店・横浜店において「正規の営業のほかに，手代の独断的な営業が行なわれ……内部統制の弛緩」[21]から生じた莫大な公金浮き貸しとその回収滞り（塞貸し）によって苦境に立たされた経緯も念頭にあったと想像される[22]。

このような経緯からにせよ，ここに兼務によるとはいえ，また，業務一般について監査を行う惣検査役と，現金管理（金庫管理）や帳合等の部分的な個別の業務についての監査を行う検査役に分かれていたとはいえ，検査役という監査機関が初めて設置されたのである。

5　「主従持合ノ身代」の理念の台頭と監査機関の常設化

明治6年5月の機構改革で上述のように各種の組織レベルの検査役が設置されたが，これらはいずれも専任の監査機関ではなく，本来の職務に加えて臨時に兼務させたものであった。この検査役を職制上の役職として常置し，また，撰事の中から「改方」を置くものとし，帳簿監査にあたる職制の存在を規則上も明確にする改正が明治7年8月に行われる。これは，これより前の同年5月に駿河町の呉服店跡に新築した洋館の落成・開業を機に，三井組御用所の事実上の業務内容を反映させた「為換バンク　三井組」の看板をかかげるという事態の進展があったための改正であった[23]。

この明治7年8月に改正された大元方規則第10条は，

「各店々ノ事務ハ，其元締ニ委任スト雖トモ，時々大元方ヨリ役員ヲ派出シ検査スベシ」[24]

と規定し，これを担当する役員として常置の検事を置いた。その職務については，大元方規則に付随する大元方章程において，

「店々万般ノ事務ニ関シ，人員ノ勤惰邪正ヨリ，金額簿帳ノ増減精粗ニ至ルマテ綿密ニ検査シ，且役員規則ヲ遵守セルヤ否ヤヲ検案シ，実地目撃ノ顛末，一々総括ヘ通申スルヲ任トス」[25]

と定めた。さらに，この任にあたるのは，

「通常三井氏同苗ノ内ヨリ撰テ其職ニ当ヘシト云トモ，同苗ノ中ニ於テ，モシ其人ニ乏キトキハ，手代ノ中ヨリ撰擢シテ，其職ヲ執ラシムヘシ」

として，同苗に適任者がいない場合には例外的に使用人から選任されることがありうることを規定する[26]。

この大元方章程の規定は，上記の大元方規則第1条において，「三井組ノ家産ハ三井組ノ有ニシテ三井氏ノ有ニ非ズ，自今分界ヲ明ニシ敢エテ私ス可カラス」[27]と宣言された「主従持合ノ身代」の理念が，なお遠慮がちにではあるが，監査体制のあり方に反映され，発露されたものであると言えるであろう。

ここで宣言された「主従持合ノ身代」の理念は素朴ながらも家政と企業の分離を意識したものであり，それがさらに明治9年の「三井銀行盟約書」のなかに「抑三井組之営業たる，旧幕府以降数百年相続せりといへとも，其今日之声誉を得，今日之体裁を為したるハ御一新以後にして」[28]と明記されたように，三井組の現有資産は江戸期から引き継がれたものではなく，明治維新以後に手代の努力で形成された資産であり，そのようにして形成されたかぎりは，三井組の資産は「三井家一族のみの所有ではなく，同苗と惣手代とで構成される三井組それ自体の共有物」[29]であるとする認識へと展開されていったのである。

しかし，この段階では検事は同苗から選任することを原則に置いている点で，なお完全にはオーナー経営者統制から脱却しておらず，次の分権的内部監査の段階に至る過渡的な形態が示された段階であると考えるべきであろう。

6 「主従持合ノ身代」の理念の高揚と検事・改役の設置

「主従持合ノ身代」の理念は，江戸期の大元方制度を踏襲して三井家の同苗中心に構成されていた東京大元方のあり方をも変革するに至る。すなわち，明

治8年3月の「為換バンク 三井組」を「三井バンク」に改称した時期を捉えて,「是迄三井組大元方ヨリ申渡有之候規則一般相廃シ,更ニ三井バンク大元締役場ヨリ規則申渡候間,此段一統相心得可申」(30)とする通達がなされ,これによって,宝永7 (1710) 年の設置以来,大元方が担ってきた営業部門への指揮・監督を行う統轄機関としての役割が営業部門である三井バンクに移され,大元方の役割は「三井家同族に関する事務処理と不動産管理」(31)に縮小されることとなった。

その機構改革は「是迄之三井氏と三井バンクと判然一区別相立」(32)て,三井家と三井家の事業を分離させるという重要な意義を有するものであったが,これらの理念の事実上の処置は,明治9年7月1日の私盟会社三井銀行(33)の発足時にも引き継がれ,「従業員株主制」として名実ともに顕現されるに至った(34)。

この組織改革の方向をさらに人事面においても推進したのが,三井銀行発足後の明治9年8月19日付で通達された「大元方改正規則」,「大元方役員並役料役名改正定」,「大元方規程」及び「大元方成規并ニ事務章程」の諸規則であった。

これらの規則では,大元方の役員は総轄,検事,検事補,改役,改役補とされ,その任にあたる者について,

「三井銀行ノ役員中ヨリ選擇シ兼務専掌セシムル」(「大元方成規并ニ事務章程」第1条第1則)

と規定し,これによって人事面からも営業部門の優位性をうたったのである(35)。

この「大元方成規并ニ事務章程」が定める監査体制は検事と改役の制である。

そこで定められた検事と改役の職務は,それぞれ次のようであった(36)。

(検事の職務について)

「大元方并ニ元方・帳元両役場ノ役員ノ勤惰邪正ヲ監察シ,金銭出納ノ算勘ヲ改

メ……」(「大元方成規并ニ事務章程」第2条第4則第1節)

「又各店ニアル動産不動産ノ所有物ヲ検査シ毎月其取調ヲ為シ…」(同，第2条第4則第2節)

(改役の職務について)

「日々元方役場及帳元役場ニ於テ取扱ヒタル事務ヲ調査シ，勘定ノ差引等ヲ改メ……」(同，第2条第6則第1節)

「常ニ各役場取扱ノ事務ノ当否ヲ考案シ，之カ更正ヲ為スヘキハ検事ニ申シ或ハ総轄ニ具申シ，諸事其宜シキニ至ラシムヘシ」(同，第2条第6則第2節)

これらに規定される職能からみて，検事と改役は，今日の監査役と内部監査人のそれに類似する職能を持つといえよう。

7 「主従持合ノ身代」の理念の否定と管理役・改役の設置

明治11年7月の改革は「主従持合ノ身代」の理念を否定し，再び「三井家同族の主導性を回復して三井組の資産を改めて三井家一族の共有物としようとする」[37]復古的方針の下での改革であった。その方針による改革は，まず三井銀行盟約書にうたわれた所有形態に関して「三井組大元方之資財ハ三井氏一族ノ共有物」[38]とする規定への改訂として現れ，次いで「大元方規程」(明治9年8月制定)における大元方主要役員とその選任に関する規定の改訂として現れた。すなわち，この「大元方規程」の改訂により置かれた大元方の主要役員は，総轄役(従前通り)，副総轄役(新設)，管理役(従前の検事を改称)，副管理役(従前の検事補を改称)，改役(従前通り)であったが，これらの「役員ノ内，副管理役迄ハ三井氏同苗中ノ者へ大元方ヨリ之レヲ命スル」[39]こととされ，同苗がその任にあたることが明記されたのである。

ここで，従前の検事を改称して設置されたとされる管理役の職掌は，「若シ総轄・副総轄事故アリテ東京ニ在勤セサルトキハ一切ノ事務ヲ代理シ，都テ不都合ヲ生セサル様取扱ヲナスヘシ」[40]とされており，従前の検事の職掌とは大

幅に異なっているので，単なる職名の変更ではなく，実質的には検事を廃止し，新たに置いた役職であると言うべきであろう（なお，従前の改役補は廃止された）。従って，従前通りとされた改役のみが監査機関としての地位を保ち，継続されたといえる。

しかし，その人事面については「此役員中改役ハ追テ大元方ノ事務ノミヲ専務セシムル者ヲ置クトキハ，五等以上相当ナルモノヲ選テ之レニ任スヘシト雖モ，当分銀行ノ役員中ヨリ選任シテ事務ヲ兼ネ取扱ハスヘシ」[41]と改められ，やはり同苗がその任に当たることが原則とされ，従前の選任方法は当分の間の暫定措置と位置づけられたが，実際には，この暫定措置とされた「銀行ノ役員中ヨリ選任シテ事務ヲ兼ネ取扱ハス」体制がなお継続されたので，実態的には変化がなかったといえる[42]。

8 事業統制目的と内部監査活動

こうした事態を旧に復させ，名実共に三井組大元方の資産と管理・支配権を三井家同苗の手に取り戻すために，明治19年10月に再度の家政改革が提案され，「祖先之遺訓ヲ旨トシ時勢適当之規則」[43]として，江戸期以来の実質的な家訓書である「宗竺遺書」に代わる「三井家定則（草案）」が提示された[44]。

この「三井家定則（草案）」は近代的な監査概念を初めて認識したものとして注目すべき文書である。すなわち，「三井家定則（草案）」は，その第20条において，

> 「検査ハ常式・臨時ノ二法トシ，常式検査ハ毎月初ノ金曜日ヲ以テス，臨時検査ハ期節ヲ不定特ニ検査スルモノトシ，同苗重役立合所有物及現金并ニ諸帳簿ヲ通査スヘシ　但常式并臨時検査トモ規則ヲ定ム」[45]

と定め，同苗重役による月1回の定期監査と必要に応じての臨時監査の実施を規定している。これにより初めて明確な監査規定が，草案としてではあるが，提示されたと言える。

この監査規定（草案）の萌芽は，三井同苗が明治19年5月に家政改革の方

途に関して披露した意見を記録した「家長方御見込書」に見出される。そこには，同苗の意見として，三井高弘は「三井銀行本支店ノ業務ニ従事為ハ勿論，支店ニ派出スル時ハ，該員ノ業務，主任者ノ品行良否ヲ視察スルコト肝要タリ」[46]と述べ，また，三井高保は「（同苗は）銀行ノ役配ニヨリ各所ニ在勤又ハ巡回ヲナシ，各員ノ勤惰邪正ヲ監督スヘシ」[47]と述べるとともに，「事務検査定則」を加えた「大元方成規目録」の編輯の必要を主張し[48]，さらに三井高景は「財産ノ繁殖ヲ計リ候義肝要ノ義ニ付，銀行ノ営業ニ注目シ，同心協力シテ監査不怠様致度候事」[49]と意見陳述していることが記録されている。これらの意見からうかがわれるように，これらの意見の基礎には，同苗による事業統制を行うためには同苗による監査の実施が有効かつ適当であるとする認識があったことがうかがわれる。

　もっとも，「三井家定則（草案）」第20条に示される監査は，形態的には，会計監査的な色彩が濃い監査形態であるのに対して，上記各意見において同苗が必要視している監査は業務監査的な形態の監査である点で異なる。このギャップが生じた真の理由は不明であるが，おそらくは，上記の各意見に指摘されているような事項は，同苗による直接的な経営管理によって行われるべきものとされたのではないかと憶測される。

　しかし，この「三井家定則（草案）」は規則案まで作成されながらも，「主従持合ノ身代」の理念を護持しようとする力と三井同苗による支配を回復しようとする力の2つの力のせめぎ合いの中で[50]，最終的な確定をみるまでには至らず，文字通り「草案」のままで終わった[51]。とはいえ，「三井家定則（草案）」は，これにより明治19年の時点で既に監査概念が形成されていたことを知ることが出来る貴重な監査史料であるといえる。

9　むすび

　これまでにみてきたように，明治維新直後の三井家においては，祖業であるとはいえ業績不振の呉服店を分離し，江戸期以来のいまひとつの両替店をも幕

府公金の取り扱いを機縁にして設置されていた御用所に吸収して三井組とし，これを軸に近代的な銀行業へと基幹業務を転換させていく過程にあった。その過程は，経営管理の観点からは，三井同苗の家政と三井組という企業の分離を行いつつ，企業を統括し，家政と企業を接合するための組織として大元方制度を改編していく過程であったが，それはまた，三井同苗が企業所有者としての立場から，企業経営を支配していくために内部監査機能を生み出し成長させていく過程であったといえよう。

　この三井組における内部監査体制は，まず明治4年9月の「名目役改正規則」により営業店に設置された「撰事」と「改役」として生成したが，この段階では未だ監督ないし管理との明確な分離はみられなかった。しかも，この「撰事」と「改役」の任にあたるのは従業員であり，三井同苗ではなかったから，これをオーナー経営者統制とみることは出来ない。三井同苗は営業店を監督・管理する大元方において，営業店の最高役席者よりも上席とされる役職に就くものとされているので，この時点では，なおもオーナー経営者である三井同苗の直接の監督・管理が行われていたとみるべきであろう。

　監督業務と監査業務の分離（ないし後者の前者からの派生）は，第一国立銀行の発足にともない明治6年5月に実施された東京大元方の機構改革による「検査役」の設置によって行われた。しかし，この「検査役」は他に通常業務を有する者に臨時的に監査権限を与えるもので，監査業務を専門に担当する者ではなかったし，常設の監査機関でもなかった。

　監査機関の常設化は，明治7年8月改正の「大元方規則」で設置された「検事」によってであるが，この時点では「検事」は三井同苗から選任することを原則としていたから，この「検事」はオーナー経営者統制の一形態である所有者型集権的内部監査の段階にあったと言える。

　集権的内部監査の段階から分権的内部監査の段階へ移行したのは[52]，三井銀行の発足を機縁として高揚期を迎えた折りからの「主従持合ノ身代」の理念の下に実行された明治9年8月の大元方の機構改革であった。この改革によって「検事」と「改役」は，三井銀行の役員の中から選任することとされたので

ある。

　もっとも，この事態は三井同苗側の支配権回復を目指す動きによって，順調に経営者型内部監査を生み出すところまでは進展せずに，逆に，例えば明治11年7月の改革や明治19年10月の「三井家定則（草案）」にみられたように，否定的反応にさらされ，ついに明治23・24年の多角的事業体としての支配機構を整えるための改革[53]（具体的には三井家憲の制定）によって否定されるに至る。

　従って，本章の課題を完結させるためには，「主従持合ノ身代」の理念がどのようにして否定され，そのことが三井組ないし三井家の事業と内部監査体制にどのように影響したかについて歴史的に考察し，解明しなければならないが，この問題に一応の決着をもたらした明治23・24年の改革は財閥化への道程を歩み始める発端となる改革であり，それ以降の三井家における内部監査の体制ないし機能の展開過程は財閥における統括手段としての内部監査のありようの問題となり，本章で取り扱った巨大とはいえ銀行業のみを基幹事業に据えた時期のそれとは大きく異なる様相を呈することとなるので[54]，章を改めて考察することとする。

　しかし，本章の行論により，明治維新から明治20年代初めまでの20年余の短期間のことであるとはいえ，銀行業を基幹事業とした三井組大元方における内部監査体制に関して，少なくとも，その歴史的展開過程が論理的展開過程に合致していることが明らかにされ得たと考えている。

（1）　安岡重明『三井財閥史　近世・明治編』教育社，1979年，111頁（原出典は『三井奉公履歴』三井元方，明治29年）。
（2）　本章で「三井組大元方」としているのは，本文中でも触れているように，西京（京都）にあった大元方と一時期は並立した東京大元方の後身で，為換座三井組，三井組御用所，為換バンク三井組，三井バンク，三井銀行へと変転した三井家の基幹事業を統括し，さらに，本章の注（54）で指摘するように，傍系の三井呉服店（三越）や三井物産会社についても事実上の統括をした三井組大元方を指す。
（3）　三井文庫『三井事業史』資料篇三，1974年，695-697頁。
（4）　三井文庫『三井事業史』資料篇二，1977年，305頁。松尾博志『近代三井をつくっ

た男　企業革命家・中上川彦次郎』PHP研究所，昭和59年，31頁。
(5)　三井文庫，前掲書，資料篇二，312-316頁。
(6)　三井文庫，前掲書，資料篇二，314-316頁。
(7)　三井文庫，前掲書，資料篇二，673頁。
(8)　呉服店の三越家への分離・譲渡がなされたのは，明治5年2月の「商店元方規則」によってであるが，実際の譲渡約定書は明治6年5月6日に作成された。この間の事情を，明治3年6月の「改正規則書」は冒頭で次のように述べている。
　　「一昨年来乍恐朝政御一新ニ付，諸国一般種々御改革被為仰出，追々御布告之御趣一同承知之事ニ候，就右者三都呉服店筋始，糸店・間之町店とも売高大減少ニおよひ，其上諸式未曾之高値ニ付，雑用負ニ而季々勘定難相立，尤両替店筋ニおゐても右御変革ニ付而者，前々貸方取組先々返済方相滞，実以不容易形勢ニ立至リ候ニ付，宅々店々迚も時節ニ随ひ大改革相建不申而者所詮相続難及，心痛千万此事ニ候（以下，略）」（三井文庫，前掲書，資料篇二，300頁）。
(9)　賀川隆行『近世三井経営史の研究』吉川弘文館，昭和60年，259頁。日本経営史研究所『三井両替店』株式会社三井銀行，昭和58年，403-407頁及び434頁。
(10)　三井文庫，前掲書，資料篇二，486頁。
(11)　三井文庫，前掲書，資料篇二，488頁。
(12)　日本経営史研究所，前掲篇，450頁。
(13)　三井文庫，前掲書，資料篇二，673頁。賀川隆行，前掲書，229頁及び259頁。なお，三井組の実体は，「改革の進行にともなって，為換座・両替店などの三井の営業店は合併・統合され，東京，大阪，西京，神戸，横浜の御用所（為換座の名称廃止以後各店の名称を御用所と改めた）のもとに各地の出張店を配置する構成をとった。三井組はこれらを総称するものであ」った（三井文庫，前掲書，資料編三，696頁）。すなわち，「幕末期に設置された御用所（東京・横浜）のように一部の営業店に対してではなく，それは改革後の三井営業店の全般に対する名称であった。東京・大坂・西京・横浜・神戸におかれ，東京御用所・大坂御用所等々と所在地名を冠して呼ばれた」（日本経営史研究所，前掲書，450頁）。
(14)　これらの役職は，三井文庫，前掲書，資料篇二，327-330頁に記載の「申渡」及び日本経営史研究所，前掲書，452-456頁に記載の「三井組御用所の新重役」一覧による。
(15)　三井文庫，前掲書，資料篇二，330頁
(16)　日本経営史研究所，前掲書，464頁。
(17)　日本経営史研究所，前掲書，465頁。
(18)　日本経営史研究所，前掲書，464-465頁。
(19)　日本経営史研究所，前掲書，450頁。
(20)　この当時，他の組織体において「検査役」またはこれに類する呼称をもつ役職を設置した例としては，国立銀行条例（明治5年11月15日太政官布告第349号）第20

条に「検査役」の設置と職務に関する規定が置かれており（明治財政史編纂会『明治財政史』第12巻，昭和2年，94-95頁），また，この規定を受けて設置された創設時の第一国立銀行における「取締役検査掛」を挙げることが出来る（『第一銀行史』上巻，昭和38年，107頁及び日本銀行調査局編『日本金融史資料』明治大正編第3巻，35頁）。しかし，三井組における「検査役」が，この国立銀行条例の規定を斟酌して設置されたのかどうかは不分明である。

(21) 日本経営史研究所，前掲書，374頁。
(22) 横浜店は安政6（1859）年6月に江戸本店（呉服店）の出店として開設され，外国人相手の呉服・木綿物販売と外国方御金御用達・神奈川為替御用達を務めた。しかし，呉服・木綿物販売は業績不振のために文久2（1862）年に打ち切り，以後は幕府御用の公金取扱業務だけを取り扱っていた。しかし，その取扱従業員はもともと呉服店の店員であったために，それは「何分にも業体違ひ」（三井文庫，前掲書，資料編二，120頁）で，「不慣れな業務であり，……たとえば幕府公金は江戸本店・横浜店のいずれの取扱いにすべきかあいまいなまま，どちらの帳簿にも未記入であったという。また運用も手代まかせに行われる有様であった」（日本経営史研究所，前掲書，373頁）。このような不十分な管理・統制状況の中で手代による莫大な額にのぼる公金の浮貸しとその焦げ付きが発覚した。

これが江戸・横浜滞金問題であるが，この問題に関して監査が実施され，次のような監査報告が行われた。「…諸帳合向追々取調仕候所，廉々御預り金乃内彼是不都合成塞高在之，且洋銀之内から広太之不足相顕，何とも当惑只々奉恐縮候，其余本店仕入金等差支，其時々相談之上内々ニ而融通立用ニ相成居候も在之，夫是工丈ニ而者莫太之塞高在之，土貢可申上様モ無御座重々奉恐入候，偖亦横浜表御開店已来彼是不都合之儀主中様方達御聴，厳重御察当被仰出，就而者向後代り壱人ツ，出張，帳合向万端金銀出入等厳重相改候候様兼而被仰せ渡御座候ニ付，時々出張相改可申之所，当地御用筋追々廉多ニ相成，精々厚懸引仕居候得共，何分難行届奉恐入候，此度御立分レニ付帳合向取調仕候所，莫太之塞高相顕如何共可申上様も無御座，只々仰天十方暮罷在候，右ニ付再応打寄評談之上，彼地江度々出張帳合向悉相改候所，何分不都合廉而已ニ而，全私共不調法，平生改方気配不行届故右体不都合筋出来，何共可申上様無御座深ク奉恐入候」（三井文庫，前掲書，資料篇二，119-120頁）。

また，この善後策として，慶応2年10月に外国方御金御用達の業務を本店から分離して，別に設置する御用所に移管する措置がとられ，明治2年10月に弁済の方法が定められた（日本経営史研究所，前掲書，376頁）。さらに明治3年6月には「改正規則書」において，「既に横浜店ニ而前車之辺も有之候」（三井文庫，前掲書，資料編二，305頁）と江戸・横浜滞金問題を例示した上で，一般的に各営業店で発生した損失の処理方法を指示し，「店々取締向，或は其時々改正之仕法，其店限重役共申合無抜目心配可致事」（三井文庫，前掲書，資料篇二，305頁）と定めた。

(23) 「為換バンク　三井組」と称したのは，この当時，国立銀行条例第22条第3節にい

第4章　維新期における三井家事業の再編と内部監査体制　69

う，いわゆる銀行私唱禁止令によって，国立銀行以外は「銀行」と称することが禁止されていたためであるが，新貨幣為換方の任命（明治4年6月）以来抱き続けた三井家単独の「真成之銀行」を持つという願いを実現すべく歩を進めたのである。この銀行設立の願いは明治4年7月に大蔵省に提出した「新貨幣銀行願書」に「このたび同苗中申合せ，東京府下および各開港場において銀行開展つかまつり，おいおい欧羅巴および米利堅等成熟の良法を斟酌致し（…中略…）いささか流通（金融）の便利を資け候ようつかまつりたき志願に御座候」（三井銀行調査部『物語三井両替店』，230頁）と記載していることからも知られる。

(24)　三井文庫，前掲書，資料篇二，358頁。
(25)　三井文庫，前掲書，資料篇二，358頁。
(26)　三井文庫，前掲書，資料篇二，358頁。
(27)　三井文庫，前掲書，資料篇二，356-357頁。
(28)　三井文庫，前掲書，資料篇三，65頁。
(29)　三井文庫，前掲書，資料篇三，706頁。
(30)　日本経営史研究所，前掲書，474頁。
(31)　三井文庫，前掲書，資料篇三，701頁。
(32)　日本経営史研究所，前掲書，474頁。
(33)　明治8年7月7日付けで東京府に提出した「三井銀行創立願書」では，フランスの無名会社（societe anonyme）の組織にならって有限責任制を採用していたが，大蔵省の指示により無限責任制に変更したとされる（三井文庫，前掲書，資料編三，4頁及び697頁。日本経営史研究所，前掲書，478頁。安岡重明，前掲書，131頁）。従って，ここにいう「私盟会社」は無限責任制の株式会社を意味するが，その用語は「三井銀行創立証書」第8条で，「此証書ハ，一般ノ私盟会社法ニ依リ，社中一同ノ利益ヲ謀ルタメニ取極メタリ」（三井文庫，前掲書，資料篇三，15頁）と用いられている。
(34)　創立時の三井銀行の資本金200万円（1株100円，20,000株）のうち，三井同苗と使用人が各50万円を，残額の100万円を三井組大元方が出資した（松尾博志，前掲書，31頁及び35-36頁参照）。
(35)　三井文庫，前掲書，資料篇三，74頁。
(36)　三井文庫，前掲書，資料篇三，75頁。
(37)　三井文庫，前掲書，資料篇三，706頁。
(38)　三井文庫，前掲書，資料篇三，109頁。
(39)　三井文庫，前掲書，資料篇三，111頁。
(40)　三井文庫，前掲書，資料篇三，114頁。
(41)　三井文庫，前掲書，資料篇三，111頁。
(42)　創立直後の三井銀行の内部監査体制については，津田秀雄「わが国株式会社草創期の自律的監査制度」（昭和59年度文部省特定研究『団体法理の現代的課題と展望』和

歌山大学経済学部，1985年，所収）で述べているので，参照されたい。
- (43) 三井文庫，前掲書，資料篇三，712頁。
- (44) 三井文庫，前掲書，資料篇三，138-146頁。
- (45) 三井文庫，前掲書，資料篇三，144頁。
- (46) 三井文庫，前掲書，資料篇三，132頁。
- (47) 三井文庫，前掲書，資料篇三，133頁。
- (48) 三井文庫，前掲書，資料篇三，134頁。
- (49) 三井文庫，前掲書，資料篇三，135頁。
- (50) 例えば，明治18年6月に，三井高福は大元方改正の意見として「一 改役之儀者従前之通大元〆役，元〆役ト可致，以下之手代是迄之通役目附可申／一 元方家法之向者一旦旧法之通相建，其上相談，更ニ改正可致事」（三井文庫『三井事業史』資料篇三，117頁）と述べており，これに対して当時の大元方改役は，前者については「御賢慮之通ニ而御差支在之間敷奉存候事」と述べ，後者については「元方御家法之御旧法ヲ当今之改役ニハ詳細相心得候もの無御座候ニ付，乍恐御賢慮之廉々相伺候上御請仕度候事」（三井文庫，前掲書，資料篇三，118頁）と意見陳述している。
- (51) 三井文庫，前掲書，資料編三，711頁。
- (52) 集権的内部監査と分権的内部監査の概念は，Rieker, Helmut, *"Interne Überwachung im Mittelbetrieb"*, Dissertation, 1982によっている。なお，拙稿「中小会社における内部監査」（可児島俊雄・友杉芳正・津田秀雄『経営業務監査』同文舘出版，昭和63年，所収）をも参照されたい。
- (53) 三井文庫，前掲書，資料編三，714頁。
- (54) もっとも，三井家ないし三井組大元方が三越呉服店及び三井物産会社を潜在的に所有し，支配・監督したことについては次の各資料により明らかである。まず，三越に関しては，『三越一件』（年月不詳）と表記する文書において「明治5年，三井元之助の親戚をもって三越則兵衛と称し，同年さらに則右衛門へ三越を譲り渡した。大小の事務について三越はすべて大元方の監督・指揮を受ける。大元方は監督するが，負債については責任を負わない。」と述べ（安岡重明，前掲書，120頁），また，三井物産会社に関しては，『三井物産会社創立ニ付同族ト物産会社々主トノ約定書』において，「第六条 社中日々金銭出納ノ諸勘定ヲ明瞭ニシ，月末ノ統計表ヲ製シ，之ヲ我儕ニ差シ出スヘシ，尤モ両季ノ勘定目録ヲ為シ，必ス此目録書ヲ差シ出スヘシ，但一族中ニ在東セル者ナケレハ，之ヲ京都ニ送ルカ或ハ其所在ニ送致ヲナスヘシ」，「第七条 会社ニ於テ各地ニ出張所ヲ設クルコトハ勿論，商務ヲ担任スルモノ其他傭人等ノ黜
陟（ちょく），人員ノ増減或ハ各地ニ出張スル等ノ事柄ハ必ス之ヲ通達スヘシ」と定めていた（三井文庫，前掲書，資料篇三，91頁）。

第3部　明治期企業における内部監査体制

第5章　明治期三井家の内部監査制度の変遷

1　はじめに

　明治初期の三井家では，幕末・維新期の経営困難な時期を乗り切ったのは使用人の努力によるところが大であるとして「主従持合ノ身代」の経営理念が持たれていたが[1]，この経営理念を改め，事業の支配権を再び三井家一族（三井同苗）の手に取り戻そうとする動きが明治11（1878）年7月の「盟約書之内改正箇条書」や「大元方規程改正書」として，さらに明治19（1886）年10月の「三井家定則（草案）」の提示となって現れた。

　この「三井家定則（草案）」の提示に至るまでの三井家における内部監査体制の変遷については既にこれまでの章において述べたところであるので改めて繰り返さないこととし，「三井家定則（草案）」に含まれる「三井家申合家則」第20条の監査規定に関連する資料の紹介と検討を行った後，明治末期に至る財閥形成への道程においてみられた内部監査体制を窺うこととし，これによりわが国企業における近代内部監査生成史の一齣を明らかにしたい。

2　集権的内部監査体制への指向

　「三井家定則（草案）」は上述のように三井同苗の復権を目指すという方針のもとに提示されたものであるが，「主従持合ノ身代」の理念を維持しょうとする重役（使用人）側の動きと三井同苗による支配を回復しようとする動きに挟

まれて草案のままに終わり，したがって，現実には実践されたものでなかったとはいえ，そこに含まれる監査規定の検討を通じて，この当時，内部監査に関する理解がどのように進展していたかを窺い知ることができる。

まず，三井家における内部監査の実施を規定した基本規程として「三井家定則（草案）」に含まれる「三井家申合家則」第20条があげられる。同条は次のように監査のあり方を規定する。

三井家申合家則[2]

第20条　検査ハ常式臨時ノ二法トシ，常式検査ハ毎月初ノ金曜日ヲ以テス，臨時検査ハ期節ヲ不定特ニ検査スルモノトシ，同苗重役立合所有物及現金并ニ諸帳簿等ヲ通査スヘシ
但常式并臨時検査トモ特に規則ヲ定ム

このように，ここでは同苗と重役による月1回の定期検査と必要に応じての臨時検査とを規定している。これにより案としてではあるが，つまり現実にはおそらく実行されなかったと思われるのであるが，内部監査の実施が明確な監査規定によって示されたのである。

もっとも，その活動は，「三井家定則（草案）」に示される基本姿勢である財産保全目的を持った帳簿監査的な色彩が濃く見られるものの[3]，これにより内部監査活動が認知され，爾来，事業統制手段のひとつとして内部監査機能が用いられていく出発点ともなった規定であった。この「三井家定則（草案）」の監査規定を受けて，事業部門である三井組の運営規則である「三井組成規」第5章「検査定則」は次の各条から構成されている。史料的意味を有するものとして，冗長になるが，第5章の全条（第79条～第90条）を示すこととする。

検　査　定　則[4]

第79条　検査ハ各課係及各出張所ニ於テ取扱ヒタル諸設ノ事務ヲ調査スルモノトス

第80条　検査ハ常式臨時ノ二法トシ，常式検査ハ毎月初ノ金曜日ヲ以テシ，臨時検査ハ期節ヲ定メス特ニ検査スルモノトス
第81条　常式検査ハ総轄主務者并主事立合検査法ニ依リ點査ヲ為スモノトス
第82条　臨時検査ハ総轄議事并大元方役立合遺漏ナク點査スルモノトス
第83条　検査法ノ順叙ヲ左ニ略定ス
　一　地券諸公債証書諸株式券及貸附証書等ヲ各記入帳ト點査ヲ為スヘシ
　一　金銭ハ当座預ケ金元帳ニ依リ通帳及小切手原符ヲ以テ點査ヲ為スヘシ
　一　諸帳簿類ハ日々記入法ノ邪正ヲ検シ且日記帳及総勘定元帳ニ依リ各補助簿ト點査ヲ為スヘシ
第84条　前条ノ順叙ヲ以テ検査ヲ為スト雖モ常式検査ニ限リ確正ト見認ルトキハ各補助簿ノ點査ヲ為ササルコトモ有ヘシ
第85条　毎六月十二月末日ノ諸勘定ハ本法ノ検査ヲ為スヘシ
第86条　諸帳簿ノ記入方ニ於テ旴作ノ記入ト見認ムルトキハ其理由ヲ審糾シ不正ナルニ於テハ速ニ改良ヲ令セシ上負責ノ処分ヲ為スヘシ
第87条　各出張検査ハ期節ヲ定メス議事主事ノ内ヲ以テ派出検査役ヲ令スルモノトス
　但都合ニ依リ上書記ヲ以テ代理検査ヲ令スルコトモ有ヘシ
第88条　派出検査役ハ出張所事務ノ良否ヲ視察シ諸帳簿及現金等ヲ調査スヘシ
第89条　派出検査役ハ視察上改良ノ考案アレハ意見書ヲ以テ伺フヘシ決シテ専断ノ所置ヲ為スヘカラス
第90条　然ト雖トモ猶豫ナリ難キ事件発見シタルトキハ仮ニ所置ヲナシ置キ速ニ伺ヲ為スヘシ

　このように，「三井組成規」第5章「検査定則」は「三井家定則（草案）」の中の「三井家申合家則」第20条の規定を受けて，具体的な監査実施方法について規定しているが，そこにみられる特徴として，財産保全の観点から検査を実施するものとし，月1回の常式検査と必要に応じての臨時検査を区分するものの，実施方法に関しては両者において帳簿記録の正確性について點査，すな

わち精査によるとしていること，それにより摘発された正確でない記帳については直ちに是正を命ずるべきものとしているが，各課係及各出張所に出向いての監査（出張検査）の場合には，帳簿監査のみならず事務の良否に関することも取り上げ，その結果，改善を要すると判断された場合には改善案を記載した意見書を提出させ，派出検査役による専断の処置を禁じていることである。この時点では内部牽制を織り込んだ内部統制組織が形成されていないことから，なお點査によることが指示されているが，この点を除くと，今日の監査概念に通じる理解が既になされていることが窺える。

しかし，監査人として誰が措定されているかをみると，上記の条文にみるように，常式検査については総轄，大元方主務者及び主事が，臨時検査については総轄，議事及び大元方役が行うものとされ，また，出張検査の際の派出検査役には議事と主事（但し，都合により上書記）の内から選任された者が任にあたるとされている。これらの監査人とされる者のうち，総轄と議事は三井同苗が就任する役職とされ，さらに大元方主務者は議事の中から選任され，大元方の事務長となる者である。主事は大元方役とも称され，大元方事務次長として大元方の事務に専任する最上位の使用人であり，上書記は13等に等級付けされる使用人のうち，1等～4等の使用人である。したがって，常式検査，臨時検査，出張検査のいずれの検査形態の場合にあっても，所有経営者である地位を回復した三井同苗もしくはこれに近い最高幹部使用人が監査人に含まれることとなっている規則案であることから，この「三井家定則（草案）」やその下での「三井組成規」にみられる内部監査は，「各事業部門相互の関連を強めつつこれを全体として三井資本の立場によって経営しようとする，いわば求心的運動であった。」[5]といわれる経営動向を反映して，集権的内部監査を指向したものであるといえる[6]。しかし，この段階では，監査の都度，所有経営者とこれを補佐する最高幹部使用人が監査人として活動し，従って，監査機関は常設機関とされてはいなかったことから，なおオーナー経営者統制の段階にあったと見られる。

3　三井家監査役会の設置

　三井家の各事業部門は，旧商法の明治 26 年 7 月からの一部施行に伴って再編され，「直営の四つの家業を合名会社とすることによって，出資の契約により近代的な商法の規定にのっとった企業形態とした」[7]が，それとともに「三井家の総有財産の所有の仕方と同族結合のあり方」[8]に関わる統轄機関としての三井組の改組問題をも解決する必要があった。

　その対応策の一環として，上記四社を統轄するために，明治 27 年 10 月 8 日に三井家同族会に直属して各社の決算書の監査を行う「三井家監査役」が新設され，その職務権限等を定めた「三井家監査役規則」が制定された。また，同日，その任にあたる監査役会長を含む 5 名の監査役が任命され[9]，その事務機構として翌 10 月 9 日に「三井家監査役場」が開設された[10]。さらに同年 12 月 22 日に監査実施上の細目を定める「三井家監査役規則細則」[11]」が承認された。

三井家監査役規則[12]

　第一条　三井家監査役ハ三井家同族会ノ決議ヲ以テ之ヲ選定ス

　第二条　三井家監査役ハ，三井元方及ビ三井各商店ニ於テ施行スル業務ヲ監査シ，其業務施行ノ同族会ノ認可ヲ受ケタル定款，諸規則并ニ同族会ノ決議ニ適合スルヤ否ヤ，又同族会ノ認可ヲ経ベキ事項ニシテ其手続ヲ為サヽルモノアルヤ否ヤヲ査察シ，之ヲ同族会ニ報告スベシ

　第三条　三井家監査役ハ，三井家同族会ニ於テ同族各家ノ歳費ノ計算ノ調査ヲ為スノ必要アリト認ムル場合ニハ，其指図ヲ受ケ之ヲ施行スヘシ

　第四条　三井家監査役ニ於テ第二条，第三条ノ取調ヲ為スニツキ，財産目録，貸借対照表，其他諸帳簿，計算書類ノ閲覧ヲ要スルカ又ハ其差出方ヲ求ムルトキハ，同族各家，三井元方及三井各商店ニ於テハ之ヲ拒ムコトヲ得ズ

　第五条　三井家監査役ハ，少クモ毎半季一回，三井元方及三井各商店ノ業務ヲ調査シ，之ヲ三井同族会ニ報告スベシ

第六条　三井元方及ビ三井各商店ヨリ三井同族会ニ差出シタル毎半季ノ計算書類，財産目録等ハ，同族会ヨリ監査役ニ付シテ之ヲ調査セシメ，然ル後之ヲ同族会ノ議ニ付スベシ
第七条　三井家監査役ハ五名以下トシ，内一名ヲ会長トスベシ
第八条　三井家監査役ニハ一ヶ年千五百円以上参千円以下ノ年俸ヲ支給スベシ
第九条　此規則ハ三井家憲実施ノ時ヲ以テ廃止スルモノトス

　この監査役会の設置以後にも，統轄組織の整備のために明治29年9月に評議機関としての三井商店理事会（明治33年に三井商店重役会と改称）が設置され，また，これと同時に三井元方重役会内規が改訂されている。前者の三井商店理事会は「直系四合名会社ならびに工業部・地所部の業務施行について協議決定する機関」[13]として，後者の三井元方重役会は「三井家同族の共有財産の管理運用をはかる三井元方の業務執行ならびに同族各家の家政の監督を主務とする」[14]機関として設置されたのである。そして，三井家監査役は，上記の三井家監査役規則第2条に示されるように，事業と家政の両者にわたる監査機関とされた。これらの一連の組織改革により，三井家の事業及び家政に係る統轄組織は，明治29年の時点では，図5-1のようになったと考えられる。

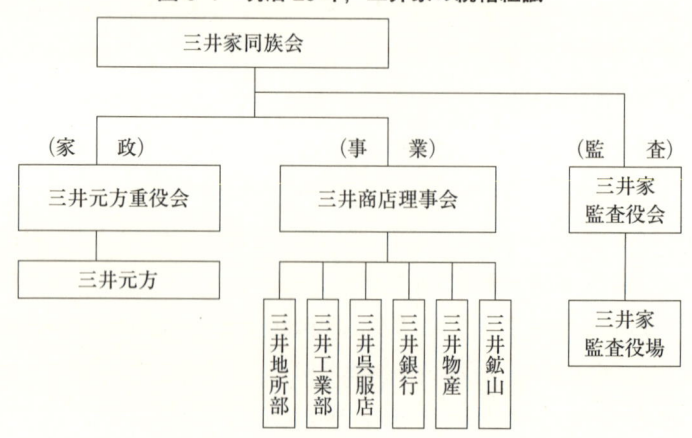

図5-1　明治29年，三井家の統轄組織

このように三井家監査役という名称が用いられているが，これは商法上の監査役とは無関係に，事業集団全体にわたる，しかも所有経営者の家政面にも及ぶ内部監査であった。発展段階的には，この時に選任された監査役4名（監査役会長を除く）は使用人から選任されているとはいえ，監査実施にあたって指揮を取る監査役会長が同苗の中から選任されていることから，なお，「主従持合ノ身代」の理念が残存しているとはいえ，この時点でオーナー経営者統制による集権的内部監査の段階に移行しようとする動向がみられるといえる。もっとも，その実際の活動内容は，「三井各社が同族会へ提出した各季の決算書類の監査のほか，三井銀行本・支店の毎月の月表や商況表，三井物産合名会社各店の業務要領報告書など，かなりの量にのぼる書類の審査を行っているが，三井家監査役独自の調査機能は持たなかったように思われる。」[15]とされるように，主として決算書監査に注力したようで[16]，三井家監査役規則に定められた事項の一部のみを果たすに止まったようである[17]。

ともあれ，こうした一連の措置は次のロエスレルの提案が基礎になっているとされる。すなわち，ロエスレルは，「三井組ノ事務タル，財産ヲ所有シテ之ヲ同族各家ニ貸付クルニ在レバ，其性質固ヨリ民事ニ属シ，之ヲ民事会社法人組織ト為スコトヲ得ベシ，但シ同族会議ヲ三井組ノ内ニ置キ，此会議ガ直接ニ三井銀行・三井物産会社等所謂商事会社ノ事業ヲ監査シ若クハ其行事ヲ可否裁制スルノ権限ヲ有スルトキハ，三井組ハ同族各家ニ財産ヲ貸附クルノ外ニ更ニ商事会社ヲ直轄スルノ職務ヲ帯フル者ニシテ，或ハ商事会社ニ類似スルノ嫌ナキニ非ズ，故ニ三井組ヲ純粋ノ民事会社ト為スニハ，同族会議ヲ三井組ト引キ離シテ体面上割然別物ト為シ，此会議ヲシテ他ノ三井各商店ヲ支配スルト同様ニ三井組ヲ支配セシムルニ若カズ……」[18]と述べているが，この引用文の末尾で示唆されている方策が現実化されているといえる。この点から，「このロイスレル（ロエスレルの謂—引用者）の見解は，三井家政改革を進めるうえで，大きな影響を与えたように思われる。」[19]と評価されており，三井家監査役の設置にもおそらくロイスレルの見解による影響があるであろうと思われる。

この三井家監査役の制度は，「明治31年の各合名会社契約改訂の結果各社に

監査役が置かれたことによって」[20]，明治31年12月21日に廃止された[21]。

　この三井家監査役制の廃止の契機となった「各合名会社契約改訂」とは，明治31年11月に各合名会社の社員その他の変更を行う契約改訂を行ったことを指している。すなわち，明治26年7月の各合名会社の発足時には，過渡的な出資形態として[22]，三井同苗11家のそれぞれはいずれか1社のみの社員となっていたが，これを，総有財産制の実態に即して，三井同苗11家が合名会社のいずれにも社員として参加することに改めたのである。これと同時に，工業部と地所部は廃止され，傘下の会社や事業部門の管理は各合名会社に移管されたので，三井家の直接の事業は4合名会社となり，そして三井同苗11家のすべてが合名会社4社の社員となることで，三井同苗のいずれもが三井家の事業部門の全部に関与することとなった。したがって，三井家監査役という集団的枠組みからの監査を実施する必要がなくなったと判断され，このために三井家監査役は廃止されたようにみえる。

　しかし，三井家監査役の人的構成から廃止理由を考えてみると，監査役会長として同苗が任に当たるほかは，最高幹部とはいえ使用人が監査役となっている。この人的構成の点では，三井家監査役制は前節で述べた「三井家定則（草案）」にみられた内部監査制度と類似しており，そこには「主従持合の身代」の考えが残存しているといえる。とすれば，この「主従持合の身代」の思考を排して，三井同苗の主導権を回復しようとする動きが動機となって，三井家監査役制は廃止されたとみることもできるであろう。

4　検査部の設置

　三井同苗ノ主導権を明確に回復させたのは明治33年7月の三井家憲の制定・施行である。三井家憲の施行にあたって，三井元方は同族会事務局に改組され，その下に，三井同苗による営業店視察の事務を司るために検査部が置かれた。この三井同苗による営業店視察は三井家憲第16条で三井同苗の義務として，「同族が業務の実際をみずから体得する」[23]ために定められたものであ

る。この同苗による各営業店視察を補佐するために検査部は同族会議長の直属とされ，その指揮の下に置かれた。さきの三井家監査役制では使用人が監査役に就任していたが，ここではそうした監査役は置かれず，同族による営業店視察を補佐するための事務機構として検査部が位置付けられている点が大きな相違点である。従って，この「視察」は，その名目での内部監査の実施であるとみれば，この内部監査形態はまさにオーナー経営者統制による集権的内部監査であるといえる。

営業店視察規則（抄）[24]

第一条　三井家同族各家ハ，三井家憲第拾六条ノ規定ニ依リ各営業店業務ノ実況ヲ順次視察スルモノトシ，其順番ハ同族会議長ノ予メ定ムル処ニヨル（以下，朱書がなされているが省略）

第二条～第四条　（略）

第五条　視察当番ノ同族ハ互ニ協定シ同族会議長ノ許可ヲ経テ其視察区域ヲ分担スルコトヲ得，但同族ハ其自ラ業務担当社員タル会社ノ視察ニ付テハ，之ヲ他ノ同族ニ譲ルベキモノトス

第六条　同族会事務局ニ検査部ヲ置キ，同族ノ視察ニ関スル事務ヲ司ラシム

第七条　検査部ニハ部長一名及検査部員若干名ヲ置ク

第八条　検査部長ニハ同族会理事ヲ以テ之ニ充ツ，部長ハ同族会議長ノ命ヲ承ケ同族ノ視察ヲ補佐スベシ

第九条　検査部員ハ，部長ノ指揮ニ従ヒ視察ニ関スル調査及庶務ニ従事スベシ

第十条　同族会議長ハ，同族会ノ決議ヲ経テ，各営業店ノ役員ヲシテ検査部員ヲ兼務セシムルコトヲ得，但此場合ニ於テハ特ニ手当ヲ給スルコトヲ得

第十一条　同族ノ視察スベキ事項ノ概目左ノ如シ

　一　各営業店ノ報告書，財産目録，貸借対照表，損益計算書其他必要ナル書類ヲ審査スルコト

　二　各営業店ノ帳簿及証憑書類等ニ付実地検査ヲ為シ，併セテ現品保管ノ法方及現存高等ノ正否ヲ確ムルコト

三　各営業店ノ業務執行ノ法方ガ定款其他諸規則「等」ニ違反スルコトナキ
　　　　ヤ否ヲ監視シ，併セテ其規則等ノ実際ニ適スルヤ否ヲ審査スルコト
　　　四　各営業店役員ノ行状，能否及執務ノ状況ヲ監視スルコト
　　　五　各営業店役員ノ賞罰及進退ニ付，当該責任者ノ処置当ヲ得タルヤ否ヲ監
　　　　視スルコト
　　　六　其他，同族会若クハ同族会議長ニ於テ必要ト認ムルコト
　第十二条　同族ハ視察ノ報告書ヲ調製シ，之ヲ同族会ニ提出スベシ，若シ視察ノ
　　　　際不都合ナル事実ヲ発見シタルトキハ，速ニ同族会ノ開会ヲ請求スベシ
　第十三条　（略）
　第十四条　同族会議長ハ，検査部長若クハ検査部員ニ命シテ，同族ニ随行シテ其
　　　　視察ヲ補佐シ，之ニ立会ハシメルコトヲ得
　第十五条　同族会議長ハ，検査部ヲシテ此規則ノ定ムル所ニ従ヒ，同族ノ視察ヲ
　　　　補佐スルノ任務ヲ尽サシムル為メ必要ト認ムルトキハ，各営業店ニ対シ営
　　　　業報告書，財産目録，貸借対照表，損益計算書，統計書類其他必要ナル書
　　　　類ノ提出ヲ命スルコトヲ得
　第十六条～第十七条　（略）
　第十八条　此規則ニ於テ，各営業店ト称スルハ，本店，支店，出張所及営業用倉
　　　　庫等ヲ包括スルモノトス
　第十九条　此規則ヲ施行スル為メ必要ナル細則ハ同族会議長之ヲ定ム

　検査部の管掌事務として，上に付随する「三井家同族会事務局検査部事務細則」は，次の諸事項を規定している。

三井家同族会事務局検査部事務細則[25]
　一　各営業店ノ財産目録，貸借対照表及損益計算書等ノ調査ヲ為スコト
　二　毎ニ広ク内外ノ諸報告等ニ依リ最新ノ経済事情，特ニ三井家ノ業務ニ関係ヲ
　　　及ホスヘキ事実ヲ研究シ及将来ノ趨向等ニ関スル注意ヲ講スルコト
　三　臨機便宜ノ法方ニ依リ三井家ト利害関係ヲ有スル当事者ノ信用程度ヲ考査ス

ルコト
　四　毎ニ使用人ノ行状等ヲ注目シ，賞揚スヘキ行為若シクハ非行等ニ関シ調査真
　　偽ヲ為スコト，并ハセテ三井家ノ世間ニ於ケル批評等ニ留意スルコト
　五　同族ノ実地検査ニ立会ヒ補助スルコト，検査ノ手続ハ別ニ之ヲ定ム
　六　毎ニ各営業店ノ定款，諸規則及慣例等ヲ熟知シ，業務ノ執行ガ之ニ違反スル
　　コトナキヤ否，及其規則等ノ適否並ニ営業上ノ法律関係ヲ考査スルコト
　七　同族ノ視察報告書調製ニ関スルコト
　八　其他臨時ニ同族会議長若クハ三井家顧問ヨリ命セラレタルコト

　このように「営業店視察規則」や，これに付随する「三井家同族会事務局検査部事務細則」をみると，検査部の活動は，その設置目的とされた同族による営業店視察の補助に止まず，三井の事業全般に関わる種々の調査活動に従事したようであるが，実際の活動状況は関連資料がないために不明とされている[26]。

5　管理部監査課の設置

　三井家の事業を全体的観点からコントロールするために，明治33年7月制定の三井家憲第7章に規定される機関として従来の三井商店理事会を改組した三井営業店重役会が設けられていたが，この機関は「当初の期待どおりに機能せず，むしろ『各主任ノ社務ニ従事スルノ故ヲ以テ動モスレハ主掌ノ事ニ偏』し，各店割拠して統一と連絡を欠く傾向を生じた」[27]ために，三井家の事業全体の観点からの統轄を強調する新たな統轄機関として，明治35年4月に三井同族会事務局管理部が新設された（なお，三井営業店重役会の廃止は三井家憲の改定を要するため，この時点では残置された）。
　その際，「『営業店視察規則』は『管理部規則』の第16～21条に組み入れられ，また同族会事務局に設けられていた検査部の機能は，管理部に吸収されてより一層強化された。」[28]と述べられているように，新設された管理部の主要

な管掌業務は，同族による営業店視察の補佐と管理部独自の各営業店の業務実態の調査とされた[29]。

明治37年12月20日に三井家憲の改定がなされ（翌38年1月1日から実施），その第7章が削除されたことにより，事業部門を統轄する三井営業店重役会と同族共有財産の管理等の家政部門を統轄する同族会事務局評議会の両者を廃止して，それらの機能を管理部に統合し，それぞれを資産部と内事部とする組識改革が行われた。

これにより，屋上屋を重ねた統轄組識が整理され，三井家の事業と家政の両面にわたる統轄機能が管理部に集中させられることとなったが，この事務を処理する同族会事務局の内部組織として，資産部に営業課，監査課，庶務課の3課が設けられ，内事部には従来通りに秘書掛，内事掛，会計掛の3掛が置かれた[30]。このうち，監査課が分掌する事務は，次のように定められた。

管理部庶務仮規則[31]
　第二条　各課分掌ノ事務ノ概要左ノ如シ
　　　営業課　　（略）
　　　監査課　　管理部規則第四条第五号記載ノ事項
　　　　　　　　管理部規則第五条記載ノ事項
　　　　　　　　管理部管掌事務内規第一条第四号，第五号，第八号，第廿一号，第廿三号，第廿四号，第廿五号，第廿六号及第廿七号記載ノ事項
　　　　　　　　其他監査ニ関スル事項
　　　庶務課　　（略）

この監査課分掌事務に関連する規定の内容は，次の通りである[32]。

・管理部規則第四条第五号
　　三井家ト密接ナル関係ヲ有スル営利会社ノ営業ノ監督，其株式，社債等ノ管理及ヒ処分等ニ関スル議案ノ調製及発案

・管理部規則第五条

　　管理部長ハ，同族会議長ノ命ヲ受ケテ臨時各営業店，支店若クハ第四条第五号ニ記載セル関係営利会社等ニ出張シ，又ハ理事若クハ書記ヲ出張セシメ必要ナル調査ヲ為スコトヲ得

・管理部管掌事務内規第一条

　　四　各営業店ノ利益配当及損益決算ニ関スル調査及ヒ発案

　　五　各営業店ノ重大ナル訴訟ニ関スル調査及ヒ発案

　　八　三井家ト密接ナル関係ヲ有スル営利会社ノ営業ノ監督，其株式・社債等ノ管理及ヒ処分等ニ関スル議案ノ調査及ヒ発案

　　二十一　各営業店及ヒ各支店調査報告書ニ関スル調査及ヒ発案

　　二十三　各営業店ノ報告書，財産目録，貸借対照表，損益計算書其他必要ナル書類ニ関スル調査及ヒ発案

　　二十四　各営業店ノ帳簿及ヒ証憑書類ニ就キ実地検査ヲ為シ，併セテ現品保管ノ方法及ヒ現存高等ニ関スル調査及ヒ発案

　　二十五　各営業店ノ業務ノ適否并ニ業務執行ノ方法カ定款其他諸規則等ニ違反スルコトナキヤ又其規則等ハ実際ニ適スルヤ否ニ関スル調査及ヒ発案

　　二十六　各営業店員誠実ニ勤務スルヤ又ハ他ノ信用ヲ欠キ或ハ批評ヲ受クルノ行為ナキヤ否，総テ其品行能否及ヒ執務ノ状況ニ関スル調査及ヒ発案

　　二十七　各営業店員ノ賞罰及ヒ進退ニ就キ当該責任者ノ処置当ヲ得タルヤ否ニ関スル調査及ヒ発案

　これにより，企業集団全体としての観点からの会計監査と規則や人事考課の適否にまで及ぶ広範な業務監査を管掌していたことが分かる。

6　三井合名会社調査課の設置と機能的限界

　明治42年10月11日に三井鉱山合名会社の商号を変更し，持株会社として各事業の統轄にあたる三井合名会社が発足した。これは傘下の事業会社の規模

が大きくなり、三井家の総有資産が巨額に達したにもかかわらず、その所有の主体としての三井家同族会は法人格を有さず、法的には所有の主体となり得ないというあいまいな状態にあったのを、実態に即した形態にするためであった[33]。

その際に、「管理部規則及同管掌事務内規ハ爾今之ヲ廃止スルコト」(「実効上ノ心得」其四[34])とされ、従来は三井家同族会管理部が担っていた三井家の諸事業に対する統轄機能は三井合名会社に引き継がれることとなった(但し、三井家の家政については、依然として三井家同族会が協議・決定の機関として存続させられた)[35]。これに伴い、管理部監査課も廃止され、これに変わる組織として、三井合名会社に調査課が設置された。この調査課の所管業務は、「関係会社ノ監理」に関する第五条と第六条も合わせて示すと、次のようであった。

三井合名会社営業規則[36]

第五条　業務執行社員ハ社員、参事、理事又ハ其他ノ使用人ヲシテ当会社ガ株主タル諸会社ノ取締役又ハ監査役ニ就職セシムルコトヲ得

第六条　前条ニ依リ取締役又ハ監査役トナリタル者ハ、業務執行社員ノ訓示スル所ニ遵テ其職務ニ従事シ、当該会社ノ業務執行上重要ナル案件ニ就テハ業務執行社員ノ指図ヲ乞フヘシ

第十九条　調査課ハ、常ニ当会社ガ株主タル諸会社ノ実況ヲ監察スルノ参考トナルヘキ材料ヲ集収シテ業務執行社員ニ提供シ、其他業務執行社員ノ命スル所ニ従ヒ諸般ノ調査ヲ為スヘシ

第二十条　当会社ノ監査役ニ於テ必要ト認ムルトキハ、直接ニ調査課長ニ命シテ当会社ノ業務ニ関スル調査ヲ為サシムルコトヲ得

　　　本条ノ場合ニ於テハ、業務執行社員ハ必要ナル材料ヲ提供スヘシ、但其調査及報告ノ進行ニ容喙スルコトヲ得ス

このように調査課において、「常ニ当会社ガ株主タル諸会社ノ実況ヲ監察スルノ参考トナルヘキ材料ヲ集収」することとされたが、それは文字通りに「関

係会社ノ監理」のために必要な資料収集の域に止まるもので，監査機能を帯びていないことから，この機能をどのように会社機構中に取り入れるかが問題とされた．

なお，この監査機構の在り方に関連してみておくと，持株会社としての三井合名会社の発足とともに，傘下の三井物産と三井銀行は株式会社に組織変更され，それぞれの定款中に監査役の職務に関する次の規定をもつに至った[37]．

三井合名会社定款[38]
第19条 社員中ヨリ監査役弐名ヲ社員総会ニ於テ互選シ，会社ノ業務及財産ノ状況ヲ監査セシム

三井物産株式会社定款[39]
第24条 監査役ハ会社ノ業務及財産ノ状況ヲ監査スヘシ

株式会社三井銀行定款[40]
第23条 監査役ハ会社ノ業務及財産ノ状況ヲ監査スヘシ

7　三井合名会社監査部の設置

こうした監査機能の会社機構への織込みの問題ばかりを念頭に置いていたのではないが，これをも含めて，三井合名会社が傘下事業会社に対する統轄機能を如何に高めていくかが問題とされ，三井合名会社設立後の明治43年から44年にかけて，これに応える提言や調査報告書が提出された．

その一つは，三井の顧問弁護士である原嘉道が明治43年12月に提出した「会社財産調査機関設置ニ関スル卑見」である．これは，「欧米の『公許計算士』の制度を紹介し，これと同様の人材を三井合名会社内に設置せよという主張だった．すなわち，『一般的公許計算士ノ代リニ三井合名会社計算士ナル者ヲ養成シ，之ヲ三井合名会社ニ隷属スル総テノ会社ノ財産ノ状況ヲ調査証明セシムルコト』であり，この『計算士』によって傘下諸事業の実質的な監督にあたらせるという意見である．」[41]

この原嘉道の提言が，これより前の明治42年11月に公表されていた農商務省商務局「公許会計士制度調査書」をどの程度参考にしたものかは明かではないが，同調査書は「近時破綻ノ厄運ヲ招ケル会社ニ就キテ其此ニ至レル所以ノ源頭ヲ探クルニ会計監査ノ任ニアル所謂会社監査役ナルモノガ職責ヲ盡サザリシニ基因スルモノ多キガ如シ」[42]と述べ，監査の重要性を強調している。

また，原嘉道の提言よりも前の明治43年4月から11月にかけて，三井合名会社社長・三井八郎右衛門，同参事・団琢磨等が組織運営の方法を探るために欧米視察に出かけ，翌44年1月29日に「会社組織ニ関スル観察」を提出している。その中の「合名会社ノ組織運用ニ関スル意見」の部において，「諸会社ノ計算監査及営業状態ノ調査」を行う監査部の設置の必要に触れ，次のように監査の意義と効用を述べている。

「合名会社内ニ監査部ト称スル如キモノヲ直隷セシメ，関係諸会社トノ連絡ヲ結ヒ円満ニ毎期決算ノ監査ヲナスト共ニ時々報告ヲ求メテ会社現在ノ状態ヲ調査セシムルトキハ，会社計算ノ正確ヲ期スルト同時ニ常ニ業務進行ノ大体ヲ明ニシ，監理上便利アルト同時ニ各会社重役ノ注意ヲ促シ業務ノ発展上益スル所大ナルヘシ」[43]

これらの提案を受けて，三井合名会社内に「統一監査部制審査委員会」が設けられ，明治44年8月の「復申書」（「監査部職務大綱」，「監査部之組織」，「監査部ノ事務執行要領」の3部15項目から成る[44]）の提出を経て，翌年の明治45年「三井合名会社監査部規則」が制定されるに至った。

三井合名会社監査部規則[45]

第一条　当会社及関係会社ノ監査事務ヲ統一シ，並ニ関係会社ノ業務執行ノ状況ヲ監察スル為メ監査部ヲ置ク

第二条　監査部ハ当会社ノ監査役及営業規則第五条ニ依リ，関係会社ノ監査役ニ在任スル者ヲ以テ之ヲ組織ス

第三条　当会社ノ監査役ハ定款ノ規定ニ従ヒ当会社ノ監査ヲ為スニ付，直接ニ監査部事務員ヲ使用スルコトヲ得

第四条　関係会社ノ監査ニ関スル一般方針ハ，監査部会ニ於テ評議シ業務執行社員ノ認可ヲ経テ之ヲ決定スヘシ

第五条　関係会社ノ監査役タル部員ハ前条ニ依リ決定シタル方針ニ依リ，法令及定款ノ規定ニ従ヒ各会社ノ業務及財産ノ状況ヲ監査シ其結果ハ直接ニ業務執行社員ニ報告スヘシ

第六条　業務執行社員ハ関係会社ノ監査役タル部員ヲシテ前条監査事務ノ外，尚ホ各会社ノ業務執行ノ状況ヲ調査セシムルコトアルヘシ

　　　　前項調査ノ結果ハ其部員ヨリ直接ニ之ヲ業務執行社員ニ報告スヘシ

第七条　監査部ハ業務執行社員ノ命ヲ受ケ部員ヲシテ関係会社監査役ノ嘱託ニ係ル其会社ノ業務及財産ノ状況ノ調査並ニ計算ノ検査ヲ為サシムヘシ

第八条　監査部ハ業務執行社員ノ命ヲ受ケ其部員タル関係会社監査役ノ執務ヲ助クヘシ

第九条　監査部ハ常ニ当会社山林課並ニ関係会社ノ業務ニ注意シ其状況ヲ明ニスヘキ諸般ノ材料ヲ蒐集スヘシ

第十条　監査部ニ部長一名ヲ置キ業務執行社員之ヲ命ス

第十一条　監査部長ハ部内ノ事務ヲ統轄ス

第十二条　監査部ニ事務員若干名ヲ置ク

第十三条　監査部ノ分課，部会其他執行ニ関スル細則ハ，監査部長之ヲ定メ業務執行社員ノ認可ヲ受クヘシ

第十四条　監査部ハ其部員タル関係会社ノ監査役ヲ通シテ各会社ノ調査機関ト親密ナル連絡ヲ保持シ円満敏活ニ其事務ヲ挙クルニ努ムヘシ

第十五条　前条ノ各監査役ハ其会社ヨリ提示ヲ受ケタル書類ヲ監査部ニ提供シテ調査ノ便宜ヲ図ルヘシ

第十六条　監査部ニ於テ調査シタル事項ハ之ヲ業務執行社員ニ報告スヘシ

第十七条　調査書類ハ参考図書ト共ニ之ヲ整理保存スヘシ

この監査部の設置により，三井合名会社の支配下の企業に対する統轄機能を担うものとしての監査機構が定まり，その後，この体制が昭和15年の三井総

88 第 3 部　明治期企業における内部監査体制

元方の設置（三井合名会社の廃止）に至るまで続いた。

8　三井物産会社における明治期の本店機構と内部監査体制

「三井物産会社」は，業務を停止していた「先収会社」（明治 7 年 1 月設立，当初は岡田組と称した）の経営を三井家が引き受けて，明治 9 年 7 月に設立された私盟会社で，これに「三井国産方」の業務を吸収して，後に三井家の事業の中枢を占めるに至った貿易商社である。この間，明治 26 年 7 月，「三井物産合名会社」とし，さらに明治 42 年 11 月に「三井物産株式会社」を設立している。図 5-2 と図 5-3 は，これらに前後する時期の本店機構であるが，いずれの時期にあっても「監査方」が他の部門に属さない独立部門として他の部門と並列して設置されている。

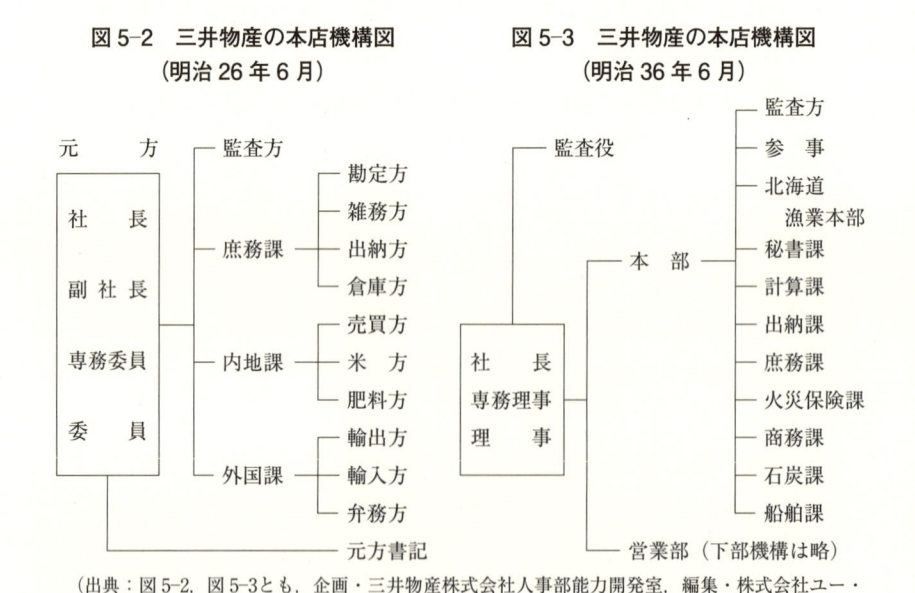

図 5-2　三井物産の本店機構図
（明治 26 年 6 月）

```
元　　方 ─┬─ 監査方
          │
┌──────┐ ├─ 庶務課 ─┬─ 勘定方
│社　　長│ │           ├─ 雑務方
│副 社 長│ │           ├─ 出納方
│専務委員│ │           └─ 倉庫方
│委　　員│ │
└──────┘ ├─ 内地課 ─┬─ 売買方
          │           ├─ 米　方
          │           └─ 肥料方
          │
          ├─ 外国課 ─┬─ 輸出方
          │           ├─ 輸入方
          │           └─ 弁務方
          │
          └─ 元方書記
```

図 5-3　三井物産の本店機構図
（明治 36 年 6 月）

```
      ┌─ 監査役
      │                  ┌─ 監査方
      │                  ├─ 参　事
      │                  ├─ 北海道
      │                  │     漁業本部
      ├─ 本　部 ────────┼─ 秘書課
┌──────┐│                  ├─ 計算課
│社　長││                  ├─ 出納課
│専務理事│                ├─ 庶務課
│理　事││                  ├─ 火災保険課
└──────┘│                  ├─ 商務課
      │                  ├─ 石炭課
      │                  └─ 船舶課
      │
      └─ 営業部（下部機構は略）
```

（出典：図 5-2，図 5-3 とも，企画・三井物産株式会社人事部能力開発室，編集・株式会社ユー・ビー・ユー，"Mitsui & Co., LTD. ―Young persons' guide to the Sogo Shosha―", p.8.）

9 む　す　び

　本章では，明治期の三井家において，監査機能が支配下の事業・会社を統轄するものとして重視され，機構的に整備されていく史的過程を辿ってきたのである。本章で取り上げた時期には，江戸末期に芽生えた「主従持合ノ身代」の経営理念を後退させて，オーナー経営者統制としての三井同苗11家の主導権を回復しようとする動きが存し，これが監査機構の在り方にも反映して，監督から分権的内部監査に向かおうとする一方の流れが，三井同苗の指揮の下での集権的内部監査の体制を構築しようとする他方の力と鬩ぎあって，結局，財閥化を志向する大きな流れの中で後者の集権的内部監査の体制が整備されていった過程がみられた。

　そのようにして集権的内部監査の形態に向かったとはいえ，経営の近代化を図るなかで，三井家では明治期の相当に早い時期から，統轄手段としての監査機能の重要性に着目し，欧米視察によって得られた知識・経験を参考にしつつ，江戸期以来の独自の経験を醗酵させて，監査機構の整備に心掛けてきたことが知られるのである。

（1）　この経営理念を表すものとして，例えば，明治7（1874）年8月改正の大元方規則第1条は「三井組ノ家産ハ三井組ノ有ニシテ三井氏ノ有ニ非ズ，自今分界ヲ立ニシテ敢エテ私ス可カラス」と規定している（三井文庫『三井事業史』資料篇二，356-357頁）。
（2）　「三井家申合家則」の各条文は三井文庫所蔵資料［請求番号1171（1）］による。三井文庫，前掲書，資料篇三，144頁。なお，引用文は現代字体に改めている——以下，同じ。
（3）　「三井家申合家則」第2条には，三井家の家財を一類「永遠不動三井家世襲ノ資」，二類「不動世襲共同ノ財産」，三類「同苗各家世襲ノ財産」の三種に区分する付箋が附され，これらの財産の処分を制限する規定が，以下の第10条までの各条に置かれている（三井文庫，前掲書，資料篇三，139-142頁）。この財産の保全を優先する思考が内部監査の目的にも反映していると思われる。
（4）　「三井組成規」の条文は三井文庫所蔵資料［請求番号1171（1）と続2277（1の7）］による。なお，請求番号1171（1）の資料は「東京大元方」の罫紙に，続2277（1の7）の資料は「西京大元方」の罫紙に記載されている。

（5）岩崎宏之「三井財閥における『統轄機関』の系譜」（和歌森太郎先生還暦記念論文集編集委員会編『明治国家の展開と民衆生活』弘文堂，昭和50年，所収）227頁。

（6）集権的内部監査の概念は，Rieker, Helmut, *"Interne Überwachung im Mittelbetrieb"*, Dissertation, 1982による。なお，拙稿「中小会社における内部監査」（可児島俊雄・友杉芳正・津田秀雄『経営業務監査』同文館，昭和63年，所収）において，集権的内部監査と分権的内部監査の概念について説述しているので参照されたい。

（7）安岡重明『日本財閥経営史 三井財閥』日本経済新聞社，昭和57年，141頁。明治26年7月に，合名会社三井銀行，三井鉱山合名会社，三井物産合名会社が発足し，明治26年9月に三越呉服店が改組・改称されて合名会社三井呉服店とされた。

（8）安岡重明『三井財閥史（近世・明治編）』教育社，177頁。

（9）三井文庫，前掲書，資料篇三，292-293頁。但し，三井家同族会決議録には「同族会議長提出，三井家監査役規則及ビ地所部工業部新設案ハ修正ノ上可決ス」とあるが，前掲書，資料篇三，の解題者は三井家監査役規則については修正はなかったものと考えられるとしている（三井文庫，前掲書，資料篇三，741頁）。なお，三井家同族会は三井家の家政，営業，人事に関する最高機関として明治26年10月に設置された機関で，この設置により三井家仮評議会と三井組大元方寄会は廃止されている。また，この措置に関連して，翌11月に三井組は三井元方と改称され，三井家同族会に附属する事務機関とされている（松尾博志『近代三井をつくった男 企業革命家・中上川彦次郎』PHP研究所，昭和59年，197頁）。

（10）三井文庫，前掲書，資料篇三，741頁。

（11）三井文庫，前掲書，資料篇三，296頁。

（12）三井文庫，前掲書，資料篇三，328頁。

（13）三井文庫，前掲書，資料篇三，744頁。

（14）三井文庫，前掲書，資料篇三，744頁。

（15）三井文庫，前掲書，資料篇三，741頁。

（16）松尾博志，前掲書，200頁参照。

（17）明治28年1月23日の三井家同族会議事摘要（第拾号，十壱回）には，三井家監査役の活動状況をうかがわせるものとして，「三井鉱山合名会社々長ヨリ提出ノ廿七年下季決算ハ，未タ監査役ノ調査ヲ経サルモノナルニヨリ，右調査ニ付シタル上，監査役会ニ於テ異議ナキトキハ直チニ認可スヘキニ決ス」と記載されている（三井文庫，前掲書，資料篇三，297頁）。その他，三井家同族会議事摘要には，明治29年7月15日に監査役会長の人事案件（三井文庫，前掲書，資料篇三，309頁）が，また，同年8月31日に監査役の人事案件（三井文庫，前掲書，資料篇三，310-311頁）が，各々記録されている。

（18）岩崎宏之，前掲論文，233頁における引用による。なお，岩崎宏之氏の原出典は，「三井文庫所蔵資料，井上交付書類第11冊」とされている。

（19）岩崎宏之，前掲論文，234頁。

(20) 三井文庫，前掲書，資料篇三，741頁。
(21) 三井文庫，前掲書，資料篇三，318頁。
(22) 岩崎宏之，前掲論文，232頁参照。
(23) 三井文庫，前掲書，資料篇三，751頁。
(24) 三井文庫，前掲書，資料篇三，384-386頁。制定時期はおそらく明治33年中であると推定されている（三井文庫，前掲書，資料篇三，751頁）。
(25) 三井文庫，前掲書，資料篇三，751-752頁。
(26) 三井文庫，前掲書，資料篇三，752頁。
(27) 三井文庫，前掲書，資料篇三，750頁。
(28) 三井文庫，前掲書，資料篇三，754頁。
(29) 「営業店視察規則による同族の営業店視察が実際に行われたかどうかは明らかではない。むしろ管理部の設立後はじめてこれが具体化したとみてよいであろう。」（三井文庫，前掲書，資料篇三，754頁）とされ，実際に実施する際の留意事項が明治35年5月に発表された「営業店視察ニ関スル管理部会長ノ注意書」（三井文庫，前掲書，資料篇三，393-397頁）において詳細に提示されている。これに基いて実際に実施された視察の例を示すものとして，明治35年9月の日付による詳細な「三井銀行視察報告書」が三井文庫，前掲書，資料篇三，415-430頁に掲載されている。この三井銀行以外に，明治35年中に，三井物産，三井呉服店，三井鉱山及び九州地方各事業所についても同族による視察が実施されたとされる（三井文庫，前掲書，資料篇三，759頁）。
(30) 安岡重明，前掲書，214頁。
(31) 三井文庫，前掲書，資料篇三，413頁。
(32) 管理部規則については，三井文庫，前掲書，資料篇三，407-409頁，管理部管掌事務内規については，三井文庫，前掲書，資料篇三，410-412頁記載による。
(33) 安岡重明編，前掲書，183頁参照。この他に，春日豊氏は，業務の拡大が管理部の理解・裁定しうる限界を超えたこと，同時に各営業店の資産の巨大化に伴う危険負担の増大に対する対策が必要となったこと，各営業店の純益金が増大したことで，無限責任であることによる課税額が看過できないほどに増大したことを改組理由にあげている（春日豊「三井合名会社の成立過程―財閥独占体成立過程の実証分析」『三井文庫論叢』第13号，1979年，159-161頁）。
(34) 三井文庫，前掲書，資料篇三，598頁。
(35) 安岡重明編，前掲書，184頁参照。
(36) 三井文庫，前掲書，資料篇三，601頁。
(37) この時点よりも前の明治37年12月6日に合名会社三井呉服店は解散され，株式会社三越呉服店として独立させられていた。
(38) 三井文庫，前掲書，資料篇三，610頁。
(39) 三井文庫，前掲書，資料篇三，614頁。

(40) 三井文庫，前掲書，資料篇三，604-605頁。
(41) 春日　豊，前掲論文，178頁記載による。
(42) 農商務省商務局『公許会計士制度調査書』明治42年11月，35頁（国会図書館所蔵，なお，『公認会計士制度二十五年史　別巻』10-11頁に収録）。『公許会計士制度調査書』に触れた文献として次のものがある。原　征士『わが国職業的監査人制度発達史』白桃書房，1989年，41頁。百合野正博「『公許会計士制度調査書』の今日的意義」『同志社商学』第48巻第4・5・6号，1997年，116-158頁。百合野正博『日本の会計士監査』森山書店，1999年，第5章「明治の末に公表された『公許会計士制度調査書』は当時の会計士監査に対するニーズに関して何を教えてくれるか」，119-161頁。
(43) 春日　豊，前掲論文，181-182頁記載による。なお，この視察時に，「業務監査ニ関スル意見如何」との質問を行い，ハンブルグの金融業者マックス・ウァーバーク（ウォルヴォルク）からは「監査人ハ一人ト限ラス十分ノ書記ヲ使役シテ行フヘシ，独逸ニハ監査会社ナル者起リ詳細ノ監査ヲ行フコトトナレリ，三井ニハ幸ニ合名会社アレハ其内ニ一部局ヲ作リ自己ノ勢力ニ属スル会社ノ監査ヲ行ハシムルコト適宜ノ処置ナリトス」との回答を得，また，ロンドンのパース銀行のシャンドからは「自ら検査役を設けている。」との回答を得たと伝えられている（春日　豊，前掲論文，186-187頁記載による）。
(44) 春日　豊，前掲論文，188頁参照。なお，同論文の188-189頁に「復申書」のうち，「監査部之組織」の全文が掲載されている。
(45) 本規則は，春日　豊，前掲論文，182-183頁記載による。

第6章　明治期住友家における内部監査制度の変遷

1　明治期住友家の経営の概況

　明治維新前後の苦難期を乗り越えた住友家は，ようやく安定に向かった明治15（1882）年1月に「従来の諸規則を拾集増補し，家長の裁定を経て新たに」[1]家法を定めた。

　それは，別子銅山経営における「マニファクチャーから機械制経営への転換」[2]という「経営の近代化の開始に伴って展開された（雇員の一引用者挿入）新しい等級制に住友の家制度を有機的に結合させ」[3]たものであり，「封建時代以来住友家が継承してきた封建的・家族制度的諸規則を今日の時勢と人情に合わせて」[4]近代化したものであった。

　その後もしばしば「別子銅山経営の発展に寄与すべく等級制及び『家』制度に関する諸規則の挿入及び改正を行なってきたが」[5]，ようやく「日本資本主義がその原始的蓄積過程を終り，産業革命に突入せんとする」[6]時期の明治24（1891）年11月1日に至って，「そうした等級制度及び『家』制度の改正条項をまとめ，『且今日の時勢の変遷と事業の進歩に随って我家法の増補，削正』を行なった」[7]新家法が改正実施された。

　「之には家憲と家法とが分かれた」[8]のであるが，この分離は，住友家の事業が商家同族団的経営から近代的企業へと移行する準備段階を終えたことを象徴するといえよう。すなわち，住友家では明治6（1873）年に既に住友本家の居宅と事業店部が空間的に分離され[9]，以後，積極的に近代的な経営管理体

制の導入が図られたのである。

2 「大阪本店職制・規則・店方規則」にみる内部監査制度

　明治初期の住友家において近代的な経営管理体制・手法を導入しようとした例として，例えば，明治11（1878）年9月には「各課諸帳簿洋式に改正」を令達し[10]，「各課ノ帳簿漸次西洋簿記法ニ傚ヒ弁理致度，因テ従来習慣ノ二ツ折長帳並大和帳ト唱ヘ候分悉皆廃シ，径紙人ノ帳簿ニ本年十二月限リ改正致度候間，各研究シテ其罫画ヘ一二三ノ数字ヲ記載シ明瞭ナル帳簿ノ雛形ヲ製シ本月三十日限各課ヨリ支配方ヘ御差出可有之候事」[11]として，複式簿記の採用を命じ，明治12（1879）年2月には，「大阪本店職制・規則・店方規則」と「豫州別子鉱山職制・規則」を制定して，職制の明確化・近代化を図っていることが挙げられる[12]。さらに明治15（1882）年11月には「別子鉱山経費予算条例」が制定され，これにより萌芽的ながらも一種の予算統制による管理が実施されたのである[13]。

　これらの規程中，監査に関連する規程として，大阪本店の重任局の職務を規定した「規則」の第6条が注目される。いま，その条文を第5条と併せて掲げると次のようである[14]。

規　則
重任局（家長及ヒ総理代人支配方同補助ノ詰所ヲ云フ）
第五条　雇人ノ勤惰ヲ監査シ進退黜陟及ヒ賞罰等其宜キヲ失セザル可シ
第六条　諸課ノ帳簿ヲ精密ニ監査シテ検印ヲ押スヘシ。且会計方出納簿ニ至テハ日々午後（日ノ長短ニテ時間ノ成則アリ）検査捺印シ而後退出スル者トス月末毎ニハ必会計ノ総勘定ヲ為サシメ其他抵当並ニ所有ノ物品ニ於テモ一ヶ月ヲ纏メ調査ヲ遂グベシ

　この規定では，経営執行部としての重任局が直接に従業員の勤務態度等を監督し，会計の検査を毎日検査捺印し，総勘定の検査と資産の調査を毎月末に行

うことを定めている。

3 「予州別子鉱山職制」にみる内部監査制度

　また,「予州別子鉱山職制」における鋪方（採鉱）の職掌を規定した条項である第7条にも監査規定がみられる。当該第7条は次のように規定する[15]（なお，この規定に言う「重任局」は，本店のそれとは別に別子鉱山に設置されたもので，別子鉱山の支配人及び支配人補助の詰所をいい，別子鉱山に関する一切の事業を総轄していた[16]）。

> 第七条　諸帳簿ハ明瞭ニ記載シ日々課長之レヲ検査シ重任局巡回スレハ検査ヲ受クヘシ。且月末毎ニ精算シ一覧表ヲ製シ諸帳簿ヲ併セテ重任局ニ出シ一々調査ヲ受クヘシ

　この第7条の規定では，各部門に置かれた帳簿係（図6-1参照）に対して明瞭な帳簿記入を行うことと課長による日々の検査を，また，重任局巡回の都度及び月末毎に帳簿及び月次精算一覧表の重任局による検査を受けることを命じているものの，常勤にせよ，非常勤にせよ，監査人を置くという思考は未だ現れてはおらず，この点では先にみた江戸時代における江戸中橋店と浅草店の両支配人が相互に相互の帳簿精算に立ち会い，帳簿の正確を期するという思考とあまりかけ離れたものではない。

　しかし，記帳者以外の者を立ち会わせ，あるいは調査義務を課して帳簿の正確性を確保しようとした経営上の伝統的な態度が，明治17（1884）年にヘルマン・ロエスルによって政府進達され，その後の審議を経て明治23（1890）年に制定・公布された旧商法に盛り込まれていた監査役監査の思考を住友家に素直に受け入れさせる素地を用意させたのであろうと思われる。もっとも，当時の住友家の諸事業はすべて会社組織ではなく，住友家の家業ないし個人事業として営まれており，旧商法が実施されたとしても，監査役監査に関する規定の

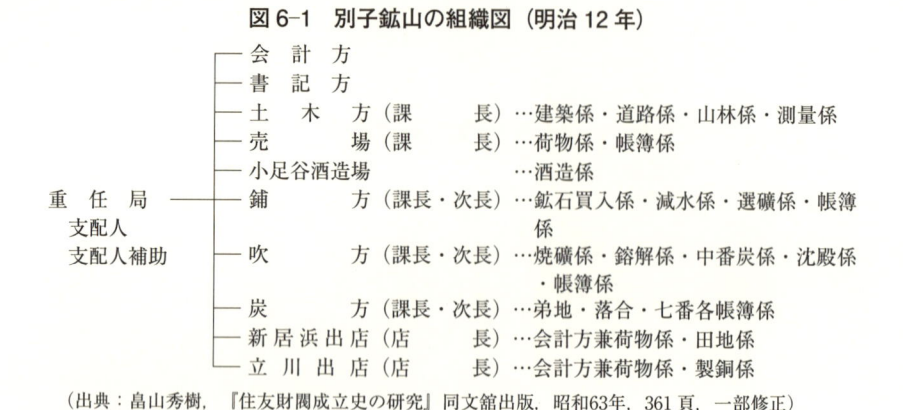

図6-1 別子鉱山の組織図（明治12年）

```
                  ┌─ 会  計  方
                  ├─ 書  記  方
                  ├─ 土  木  方（課    長）…建築係・道路係・山林係・測量係
                  ├─ 売     場（課    長）…荷物係・帳簿係
                  ├─ 小足谷酒造場           …酒造係
重 任 局 ─────┤
 支配人           ├─ 鋪     方（課長・次長）…鉱石買入係・減水係・選礦係・帳簿
 支配人補助       │                              係
                  ├─ 吹     方（課長・次長）…焼礦係・鎔解係・中番炭係・沈殿係
                  │                          ・帳簿係
                  ├─ 炭     方（課長・次長）…弟地・落合・七番各帳簿係
                  ├─ 新居浜出店（店    長）…会計方兼荷物係・田地係
                  └─ 立 川 出 店（店    長）…会計方兼荷物係・製銅係
```

（出典：畠山秀樹，『住友財閥成立史の研究』同文舘出版，昭和63年，361頁，一部修正）

適用は受けなかったのであるが，そこに含まれている監査思考を採り入れ，自家の事業組織中に織り込むことが合理的であると判断された結果ではないかと考えられるのである。

4 「監査規則」及び「監査細則」にみる内部監査制度

このような推測の当否はともかくとして，住友家において，明治維新以来，経営管理・組織の近代化に努めてきたことの最終段階として，経営規模の拡大もあずかって，直接的な監督に代わる内部監査を実施する必要があると判断されるに至り，ようやくにして明治23（1890）年11月17日通達の「監査規則」とこれに付随する「監査細則」において内部監査制度が規定されるに至る。

この監査規則と監査細則によって，監査員及び監査補助員の制度化がなされ，それらの者の資格，権限，職責等が規定され，さらに被監査側の監査協力義務が具体的に規定された。もっとも，監査対象については，帳簿監査に止まらず，帳簿記録の基底にある実態にまで及ぶものとし，それらについても「査閲監視ヲ為ス」とされた点において，いわゆる検視的監査に類型化される監査目的が示されている。しかし，監査員に関しては，必要に応じて「何レノ詰合員タルヲ問ハズ特ニ……辞令書ヲ以テ之ヲ命」ぜられた者を監査員とするとの

> 一　今般監査規則設定明治二四年度ヨリ施行候条此段相達候事
> 　　　　　　　　　明治廿三年十一月十七日
> 　　　　　　　　　　　　　　　　　　　住友重任局　㊞
> 　監　査　規　則
> 一　監査ハ各店（鉱山及諸事業所共含已下皆同シ）各課ノ金銭収支物品出納現在存物及事務事業ノ査閲監視ヲ為スモノトス
> 一　監査ハ定時臨時ノ二ツトス
> 一　定時監査ハ毎年十二月十五日迄ニ臨時監査ハ予メ其ノ期ヲ定メス臨時監査ヲ為スモノトス
> 一　監査ハ何レノ詰合員タルヲ問ハス特ニ家長若クハ惣理代人ヨリ等内四等已上ノ者ヱ辞令書ヲ以テ之ヲ命シ監査セシム
> 一　監査ヲ命セラレタル者ハ何レノ場所ニ於テモ其監査上ニ就テハ家長若クハ惣理代人ノ権ニ亜ク
> 一　時トシテ監査員ニ監査補助ヲ随行セシムルコトアリ　但　監査補助ハ等内七等已上ノ者ヲ以特ニ之ヲ命ス
> 一　監査補助員ハ監査員ノ指揮ヲ受ケ帳簿ノ精算其他細密ノ調査ヲ為スモノトス故ニ監査上ニ就テハ監査員ノ権ニ亜ク

> 　監　査　細　則
> 一　監査ヲ受クル各店各課ハ諸帳簿悉皆監査員及監査補助員ノ監査ニ供スルハ勿論事務事業ニ付テノ統計及残品有物表ハ監査員ノ到着ヲ待テ差出スヘシ
> 一　其他監査上ニ関スル調書等ハ監査員及監査補助員ノ要（求—引用者挿入）ニ応シ差出スヘシ
> 一　監査員ハ各店各課ノ諸帳簿及事務事業ニ付監査セシ事柄ニ付テハ一々押印ヲ成シ置クヘシ
> 一　監査員ハ監査セシ事柄ヲ一々記載シ金銭収支其他事務上事業上ノ統計表等ヲ添ヘ復命状ヲ作リ家長若クハ惣理人ヘ差出スヘシ

規定が置かれて，この点からいえば，監査活動と監督活動を区別しているといえる。

このように監督と監査が制度的に区別されたとはいえ，監査員に現実に任命されたのは，理事と副支配人であったことからいえば，運用面ではなお監督の段階にあったというべき状況にあった⁽¹⁷⁾。

5 「監査規程」の「住友家法」への編入と定時監査制度の創設

　明治23（1891）年11月通達の監査規則と監査細則は，翌明治24（1891）年11月1日に，若干の文言整理がなされた上で，そのほぼ全文が「住友家法」第1編第9章「監査規程」に編入された。その内容は，次のようであった⁽¹⁸⁾。

明治24年11月1日改正
家法第1編第9章　監査規程
第1条　監査ハ各店各部ノ金銭ノ収支物品ノ出納現在有物及事務事業ノ査閲監視ヲナスモノトス
第2条　監査ヲ分チ定時臨時ノ二種トス
第3条　定時監査ハ毎年11月1日ヨリ12月15日迄ニ臨時監査ハ予メ其ノ期ヲ定メ之ヲ執行スルモノトス
第4条　監査ハ何レノ詰合員タルヲ問ハス特ニ家長若クハ惣理人ヨリ等内五等以上ノ者ヘ辞令書ヲ以テ之ヲ命ス
第5条　監査ヲ命セラレタル者ハ何レノ場所ニ於イテモ其ノ監査上ニ就イテハ家長若クハ惣理人ノ権ニ亜ク
第6条　時トシテ監査員ニ監査補助員ヲ随行セシムルコトアルヘシ但シ監査補助員ハ等内七等以上ノ者ヲ以テ特ニ之ヲ命ス
第7条　監査補助員ハ監査員ノ指揮ヲ受ケ帳簿ノ精算其他細密ノ調査ヲ為スモノトス故ニ監査上ニ就テハ監査員ノ権ニ亜ク
第8条　監査ヲ受クル各店各部ハ諸帳簿悉皆監査員及ヒ監査補助員ノ監査ニ供スルハ勿論事務事業ニ係ル前年度ノ統計及ヒ残品有物表ハ監査員ノ到着ヲ待テ差出スヘシ
第9条　監査上ニ関スル調書等ハ監査員及ヒ監査補助員ノ要求ニ応シ差出スヘシ
第10条　監査員ハ各店各部ノ諸帳簿及ヒ事務事業ニ付監査ヲ了シタルトキハ

一々押印ヲ為スヘシ
第11条　監査員ハ監査セシ事柄ヲ一々記載シ金銭収支其他事務上事業上ノ統計表ヲ添ヘ復命書ヲ作リ家長若クハ総理人ヘ差出スヘシ

　この規程により「監査員」及び「監査補助員」の制度化が行われ，それらの者の資格，権限及び職責並びに監査対象の明確化が図られ，被監査側の協力義務が具体的に規定された。その監査は従前から行われていた「帳簿の精算」のみならず，金銭の収支，物品の受払・手許在高などについても実施されたのであるが，「査閲監視ヲナス」点において所謂検視的監査に類型化されうる監査であった[19]。

図6-2　住友本店組織図（監査員制度の採用）
（明治24年11月1日）

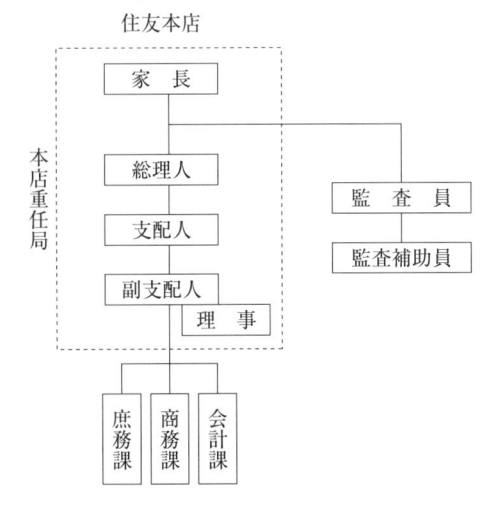

　さらに，その監査は「定時臨時ノ二種」に分かたれていたが，「監査員」はその職務に常時従事する常置の専門担当者ではなく，「何レノ詰合員タルヲ問ハス特ニ……辞令書ヲ以テ之ヲ命」ぜられた者であり，おそらく本来の職務をもちつつ，監査員に任命された都度，本来の職務と臨時の任務として担当を命

じられた監査職務とを兼務する形で「監査員」としての任務を果たしたのであろうと推測される。

またさらに，この明治24年の監査規程では「監査員」として任命されることがある従業員（雇員）を等内5等以上の者とし，その及びうる監査の範囲については「各店各部ノ金銭ノ収支物品ノ出納現在有物及事務事業」と規程している。この規程を承けて，監査員は理事または副支配人の中から，各店・各部別に現実に任命されたとされ，また，検査復命書も各店・各部の主管者宛に提出したと伝えられている[20]。

6　監査員の種別化

明治29（1896）年10月1日に規程が改正され，「本家並ニ本店ノ会計監査ハ理事以上其他ハ何レノ詰合員タルヲ問ハス特ニ家長ヨリ等内5等以上ノ者ニ之ヲ命ス」（改正後規程の第3条）こととした。

この改正と同時に重役の制も変更され，「従来家長，総理人，支配人，副支配人，理事を以て構成した重任局を廃し，総理人の称を総理事とし，総理事と理事若干名を重役とし，支配人，副支配人をその下に置いて重役に列することがあると定めた」[21]のであるが，ここにおいて注目すべきことは，「本家並ニ本店ノ会計監査」に従事する「理事（総理事を含む）たる監査員」とそれ以外の「監査員」の二種に「監査員」が分化したことである。そして，「理事たる監査員」に実際に任ぜられたのは総理事であったと推測される。

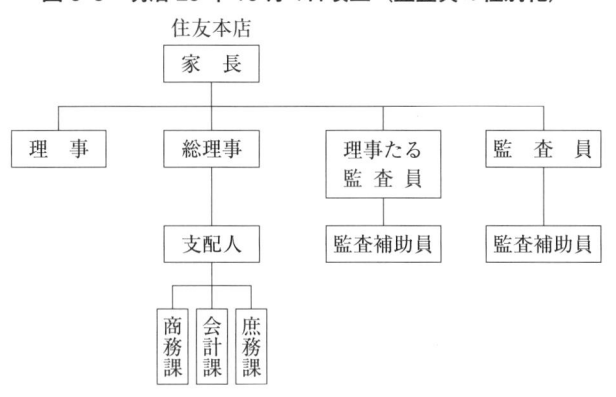

図 6-3 明治 29 年 10 月 1 日改正（監査員の種別化）

```
                      住友本店
                      家　　長
    ┌──────────┬──────────┬──────────┐
  理　事    総理事    理事たる   監　査　員
              │      監　査　員
            支配人        │          │
        ┌────┐    監査補助員   監査補助員
        │商会庶│
        │務計務│
        │課課課│
        └────┘
```

7　専務監査員制度の導入と監査課の設置

　明治 29 年当時の本店の組織は，明治 15 年に制定された家法（事務章程）に記載された「商務課，会計課，庶務課」の三課編成が継承されていたが，これを明治 32（1899）年 7 月 13 日に，上記三課に加えて新たに「監査課」を設置することに改めるとともに，同時に，監査規程第 3 条をも「本家並ニ本店ノ会計監査ハ理事以上其他ハ何レノ詰合員タルヲ問ハス特ニ家長ヨリ等内五等以上ノ者ニ之ヲ命ス　但専務監査員ヲ常置スルコトアルヘシ　又専務監査員ニハ特ニ家長ヨリ本家並本店ノ会計監査ヲ命スルコトアルヘシ」（第 3 条）と改めた[22]。

　ここに，但書によるとはいえ，監査業務を専門的に担当する「専務監査員」制度が導入されたのであるが，その設置は任意とされたために現実に「専務監査員」が設置されたのは翌年（明治 33 年）1 月 5 日であった[23]。しかも，ここに設置された「専務監査員」（ないし従来からの「監査員」）と「監査課」との間の関係ないし後者の指揮系統の如何（後者の指揮者は専務監査員か支配人か）は必ずしも明確化されなかった。それは，専務監査員に任命された藤尾録郎は，これより前の明治 32 年 7 月に監査課主任を命ぜられていたが[24]，その職との兼任のまま専務監査員に任ぜられたからであり，その間の調整は大正 3 年

12月1日の監査規程の改正を待たなければならなかった。

とはいえ,専務監査員の設置により,ここに監査業務の独立・経常化がみられるに至ったことに注目しなければならないであろう。それは,明治20年以降活発に展開された住友家の事業の拡大・多角化政策の推進の結果,経営規模が拡大し,この事態に対応するために,常時・専門的に監査業務に従事する部門ないし機関の設置を必要とする段階に至ったことを示すものである。

すなわち,住友家の事業は,従前からの別子を中心とした鉱山業の拡充・合理化に加えて,明治26-27年の炭鉱業への進出,明治23-25年にかけて強化された並合業の近代化的意味をもつ明治28年の銀行業及び明治32年の倉庫業の開始,明治30年の日本製銅株式会社の買収による伸銅場の設置(金属加工業への進出),明治34年の日本鋳鋼所の買収による製鋼業への進出等,その拡大・多角化が急速に進められてきていたのである。

図6-4　明治32年7月13日改正(監査課と専務監査員の設置)

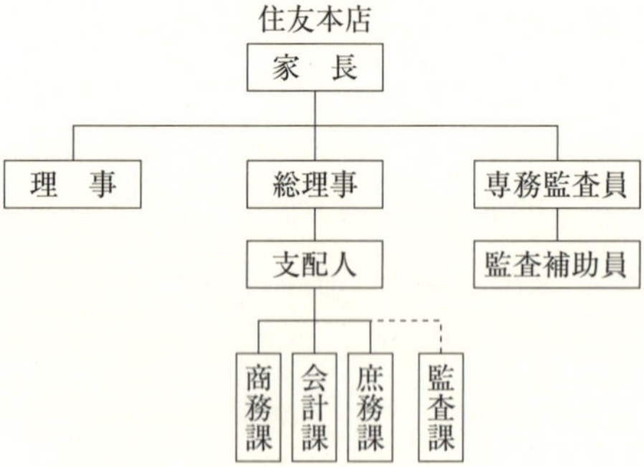

住友本店
家長
　├─理事
　├─総理事──支配人──┬─商務課
　│　　　　　　　　　　├─会計課
　│　　　　　　　　　　├─庶務課
　│　　　　　　　　　　└─監査課
　└─専務監査員──監査補助員

8　定時監査から随時監査への移行

しかも,こうした経営規模の拡大は,明治24年の改正時の家法(監査規程)に規定され継承されていた全事務事業に対する「毎年11月1日より12月15日迄」の短期間の間に集中的に実施することとされていた「定時監査」の執行をも困難ならしめたであろうことが容易に想像され,おそらくこの理由によっ

て，明治 33（1900）年 12 月 10 日には「監査ハ各店各部ニ就キ毎年少クトモ一回之ヲ執行ス」（第 2 条）と改められ，また，監査補助員として任命しうる資格を拡張して「等内八等以上ノ者ニ之ヲ命ス」（第 5 条）と改められた[25]。

図 6-5　住友傘下の事業（明治 34 年）

```
                    ┌── 鉱 山 業 … 住友別子鉱業所
                    ├── 銀 行 業 … 住友銀行
                    ├── 倉 庫 業 … 住友倉庫
        住          ├── 貿 易 業 … 住友神戸支店
        友 ─────────┼── 採 炭 業 … 住友若松支店
        本          ├── 伸 銅 業 … 住友伸銅場
        店          ├── 製 糸 業 … 住友製糸場
                    ├── 樟脳精製 … 住友樟脳製造場
                    └── 鋳 鋼 業 … 住友鋳鋼場
```

（出典：畠山秀樹，前掲書，219 頁）

　その後，「住友本店」は，明治 42（1909）年 1 月 7 日に「住友総本店」と改称されたが，その際，組織・職制には変更が加えられず[26]，前記のように，大正 3 年 12 月 1 日改正の監査規程によって「専務監査員」の正規化とその「監査課」との権限調整及び指揮系統の明確化が図られるまで，明治 33 年改正の監査規程に示された監査機構によって監査が執行されたのである。

　上記のような曖昧さを残していたとはいえ，明治末期において展開されていた住友家の内部監査制度は，なおオーナー経営者である家長のための財産保全目的を有し，そのために取引や会計記録における不正・誤謬の摘発という検視的監査の性格を有した点において[27]，今日のそれとは，多分に異なっているが，「内部監査の萌芽形態」[28]といえるところまで成長するに至っていたということが出来る。

　このように住友家において内部監査制度の必要性が早くから理解されていたのは，「確実を旨とし浮利に趨らず」[29]という伝統的な事業精神を一貫して保持しつつ，「経営意思統一のための努力を通じて，トップ・マネジメントの強力なリーダーシップにふさわしい組織内環境をつくり出し」[30]，本家・本店中心の求心的な経営管理を展開したことに，その所以を求めることが出来るであ

ろう。

（1） 「住友春翠」編纂委員会編纂『住友春翠』昭和30年，194頁。
（2） 須賀俊夫「住友家の雇員の等級制と「家」制度について」（宮本又次・作道洋太郎『住友の経営史的研究』実教出版，昭和54年，所収），155-156頁。
（3） 須賀俊夫，同上稿，145頁。
（4） 須賀俊夫，前掲稿，146頁。なお，ここでいう「人情」とは，末家・別家に列せられるさいの保証金の意味をもつ家督金の現金化・退職金化の要望が強まったことを指していると考えられる。こうした意識の変化によって従来の同族結合ないし主従関係による経営基盤が崩れ，雇用関係による近代的な経営管理体制への移行が促されたと見ることが出来る（須賀俊夫，同上稿，137-145頁参照）。
（5） 須賀俊夫，前掲稿，155頁。
（6） 須賀俊夫，前掲稿，156頁。
（7） 須賀俊夫，前掲稿，155頁。なお，引用文中の「且今日の……増補，削正」は須賀俊夫教授が住友家史『垂裕明鑑』巻之三十一から引用されているものである。
（8） 前掲『住友春翠』194頁。
（9） 宮本又次「住友の歴史」（宮本又次編『上方の研究』第5巻，昭和52年，所収），132頁及び139頁参照。但し，大阪市北区富島町の店部を本店と称したのは明治8年末とされている（前掲『住友春翠』192頁，森川英正『財閥の経営史的研究』昭和55年，101頁）。
（10） 畠山秀樹「住友別子銅山の近代化過程」（宮本又次・作道洋太郎，前掲書，所収），164頁。
（11） 畠山秀樹，同上稿，238-239頁の注（15）。
（12） 須賀俊夫，前掲稿，139頁。畠山秀樹，前掲稿，174-175頁。
（13） 畠山秀樹，前掲稿，184-185頁。
（14） 畠山秀樹『住友財閥成立史の研究』同文舘出版，昭和63年，145頁所載による。
（15） 畠山秀樹，前掲稿，174-175頁。
（16） 須賀俊夫，前掲稿，139頁参照。
（17） この当時の住友本家の重任局は，「家長，総理人，支配人，副支配人，理事を以て構成」されていた（前掲『住友春翠』308頁）。
（18） 久保田音二郎，前掲書，19頁に某旧財閥のものとして掲載されている。
（19） 久保田音二郎，前掲書，18頁参照。
（20） 『住友銀行30年小史』111頁。
（21） 前掲『住友春翠』308頁。
（22） 明治32年2月末に日本銀行を退職した理事，局長クラスの者11名の内の大半が，同年3月の河上謹一を始めとして，この年から翌年にかけて住友家に入り，「その結果，住友家事業の組織制度は一歩進」（前掲『住友春翠』351頁）み，住友銀行にお

いても「事務章程，本支店機構改正（33年7月），会計制度改正等の刷新策を次々と打ち出しているのは，河上らの指導によるところが大きい」（森川英正，前掲書，105頁）と記述されているところから推測すれば，明治32年7月13日の両規程の改正には，これらの人々の学識・経験が生かされていると思われる。

(23) 明治33年1月5日，前年2月末に日本銀行計算局長を退職した藤尾録郎は「専務監査員」の辞令を受け，特に重役に列することとされている（前掲『住友春翠』350-351頁及び365-366頁）。これはおそらく藤尾録郎の個人的力量によるものであろうとはいえ，「専務監査員」が重役待遇を受けたことにより，事実として，支配人以下の経営執行部門とは独立した経常的な監査機構がここに現れたといえる。なお，藤尾録郎は明治43年8月に現職のまま病没している（前掲『住友春翠』497頁）。後任者は立てられなかったようである。なお，藤尾録郎について，西川孝治郎『日本簿記史談』同文舘出版，昭和46年，210-211頁に略歴と業績が紹介されている。

(24) 『住友銀行30年小史』111頁。

(25) これより前の明治33年5月21日には，会計規則が改定され，営業年度を従来の11月―翌年10月から，暦年に変更している（『住友軽金属工業年表』昭和49年，4頁）。

(26) 前掲『住友春翠』481頁。

(27) 例えば，明治33年1月26日に専務監査員藤尾録郎から家長住友春翠に行われた神戸支店監査報告に次の記述がある。「本月中に某外国商館へ引渡す特約の型銅の数量が，約十七萬斤不足して違約になりそうであるということであった。これは，前年災害のため溶鉱その他の作業の殆どを新居浜に移した後の諸作業の或る部分の不備と，神戸支店との連絡の手違いのためであった。」（前掲『住友春翠』367頁）。この監査報告に対して住友春翠は次のような指示を書簡により本店支配人に与えている。「神戸八番約束銅之件も買戻之外手段無之と居存，……余り不可抗力云々を楯にせず穏便之方将来得策と存候間，其方計にて可然御取計之程希望候」（前掲『住友春翠』368頁）。

(28) 久保田音二郎，前掲書，18頁参照。

(29) 鈴木馬左也翁伝記編纂会『鈴木馬左也』昭和36年，136頁。

(30) 森川英正，前掲書，155-156頁。

第7章　三菱・海運業主業期の内部監査機構の変遷

1　はじめに

　わが国企業における内部監査制度の生成とその展開の跡について述べた論稿はほとんどみられない。しかし，このことはわが国企業において内部監査の活動が存していなかったことを意味するものではない。例えば，既述のように，明治6年設立の第一国立銀行（日本最初の株式会社組織による銀行――現，みずほフィナンシャルグループの前身の一つ）では，設立当初から取締役の中から選任されてその任にあたる検査掛を設けており[1]，また，三井家では明治9年8月取極の「大元方成規幷ニ事務章程」において大元方役員として検事と改役を置き[2]，明治45年5月には三井合名会社監査部を発足させ[3]，さらに住友家においても明治23年に「監査規則」を制定して[4]，それぞれの事業統括のひとつの手段として内部監査活動を行わせていたのである。

　この三井家や住友家に比べれば事業経歴は浅いとはいえ，むしろそれ故に，三菱財閥もまた上の例にもれず，その発祥間もない比較的早い時期から内部監査機能を果たす部局をその経営組織中に有していた。

　本章は，海運業を主業とした創業時の三菱財閥において，内部監査機構がどのように整備され，展開されていったのかを跡付けることを目的とする。

2 監督課設置前の状況

　三菱財閥の淵源は，慶応2（1866）年2月に土佐藩の藩営事業として，同藩の経済力の増強とそのもとでの軍艦や武器の増強による他藩への発言力の増大を意図して開設された開成館に求められる。この開成館大阪商会（正式には，土佐藩開成館貨殖局大阪出張所）が，明治新政府による藩営事業の禁止に伴って，明治3（1870）年閏10月18日に，実態は依然として藩営事業であるものの，名目上は私商社として土佐藩の財政から分離独立した九十九商会として改組されたときをもって，三菱財閥がその歩みを始めたとされる[5]。

　しかし，九十九商会が名実共に民営化されたのは，明治4年7月の廃藩置県に伴って同年9月15日に同商会が運航していた旧藩船2隻を，同商会を「近い将来に『岩崎一箇之商会』にすると約束のもとに」[6]，払い下げを受けたときである。この払い下げの翌5年1月に九十九商会は三川商会に改組され，さらに翌6年3月に三菱商会と改称された（岩崎弥太郎の当該事業への関与度合ないしその内容に着目してこれらの時点のそれぞれ毎に三菱の発祥を求める各種の説がある[7]）。三菱商会はさらに明治7年4月に本社を大阪から東京に移すとともに三菱蒸気船会社と改称された[8]。

　この時期に至るまでは明確に規定された経営組織はなく，自然発生的に職能分割が行われていたにすぎない状態であったが[9]，佐賀の乱（明治7年2月），征台の役（明治7年7月）の軍需輸送を受命して中央政府と結びつき急速に経営規模を拡大していく過程で「権限の構造が自然発生的に生み出された。1874（明治7）年9月には『管事』，同年10月には『社長』，翌年1月には『本店廻漕事務長』『大阪支店事務長』などという名称が『三菱社誌』の中に初めて現われた。」[10]とされるように，この時期の業務の急激な拡大とともに経営組織の階層化が自然発生的に始まった。

　これらの役職者と同じく，業務の監督ないし監査を担当する専門的部署もおそらくこの時期に自然発生的に生じたのであろう。『三菱社誌』の述べるところによれば，「監督ノ名称ハ『通辞』8年3月1日ノ条ニ三菱商会監督トアル

ヲ最古トシ，監督係ノ名ハ同書ノ4月9日ヲ初出トス」[11]とされ，この時期の人的規模の拡大[12]に伴いこれに対処する業務統制機構の整備に意を用いていることが知られる。

　会計面においても，次の事例にみるように，既に内部牽制の工夫が行われていた。すなわち，「明治7年12月『諸船出入の際における収支決算報告』提出期日を，次の通りと決めている。運賃決算　入港は当日より，出港は水揚終了よりそれぞれ5日限り　雑費決算　同上3日限り　当時各船の高級船員は外国人で，それが運賃明細表を担当し，現金の収入は邦人事務長が担当して，それぞれが直接本社へ提出するようになっていた」[13]のである。

　しかし，このような機構上の工夫に反して，会計記録の内容面においては，「初期の会計記録は，金銭出納が主で，整っていたとはいえない。経費の節約や金銭の取扱いを非常にやかましくいい，報告の提出などを厳重に守らせている割合に，記録そのものはお粗末である」[14]と評されるような状態であった。これは，「元来三菱は弥太郎の個人事業であるから，他人に業務の報告をする必要はなかった。そのうえ当初は規模も小さかったから，会計制度整備の必要もなかった」[15]ためであるが，こうした状態は政府の殖産興業政策の一環としての海運業保護・育成の具体的対象企業として三菱に種々の助成が行われ，その反面としての政府による会計監督が行われるようになって，その変革が大いに促されたのである。

3　監督課の設置

　政府は明治8年5月に内務卿大久保利通から出されていた「商船管掌事務之義ニ付正院へ御伺案」(1. 民営自主，2. 民営助成，3. 官営，の海運三策) を審議して，同年7月10日に同伺案第二案の民営海運会社の保護・助成案を裁可し，次いで具体的に経営助成すべき海運会社として三菱蒸気船会社が推挙された。そのさい，三菱蒸気船会社は経営組織と会計法の整備を行った上，明治8年6月に解散した日本国郵便蒸気船会社の人員を引き取って，これを事実上吸

収合併し[16]、さらに事実上の新設第二会社として商号変更の上、従前の経理と区別した新経理を行うことを求められた[17]。これらを達成し、あるいは受け入れた三菱蒸気船会社に対して明治8年9月15日に内務省は「第一命令書」を交付し、同社を保護会社としたが、その反面として、「会計ハ最モ精確ニシ毎月月報表ヲ差出シ、当寮（内務省駅逓寮—引用者）或ハ其筋ノ検査ヲ受クベシ」（第7条）として政府に会計報告を提出し監査を受けることを義務付けられ、また「各船ノ船体及ヒ機械等之修繕掃除等ハ毫モ怠ルベカラズ当寮或ハ其筋ヨリ時々是ガ検査ヲ為シ、之ニ就テ指令スル事アラハ其命ニ悖ルベカラズ」（第4条）との規定に基づき、社務監視員の常派を受け、さらに「此書ヲ受取タル日ヲ以テ其社改革ノ第一日トナシ、夫ヨリ既往ノ会計ハ別途ニ之ヲ処分スベシ、又将来其社名ヲ以テ他ノ営業ヲ為スベカラズ」（第12条）として先にも触れたようにあたかも新会社設立の如く経理を行うとともに、海運業以外の営業を禁止される等の規制を加えられることとなった[18]。これらの規制の下で、同社は翌月1日に郵便汽船三菱会社と商号を変更して、その業務を開始した[19]。

　これより前の明治8年5月1日に、三菱蒸気船会社は上述の保護・助成会社指定に先立って、これに即応しうる体制を整えるために、従来の自然発生的に形成された組織・制度を集大成し[20]、これを明確に「社則」として体系化した「三菱汽船会社規則」を制定した[21]。この三菱創業以来初めての「社則」において規定された職制が図7-1に示されるが、そこにおける各課は、従前はそれぞれ東京回漕係、会計係、書記係、監督係と称していたものをこの「三菱汽船会社規則」により「課」に改めたものであり[22]、「係」を「課」に改称したことを除けば、機構的には変化がなかったと言えよう。

　しかし、その機構を初めて「社則」という形で秩序的に明示し、監督課を始め各課を「常置ノ一課」[23]として位置づけ分課制を明確化したところに社内機構の整備に進捗が認められる。同様に、各課・各支社・各船に置かれた事務長の職責と権限もまた、当「社則」によって初めて定められたとはいえないと考えられるが、「社則」として明確に規定化したところにやはり積極的意義を見

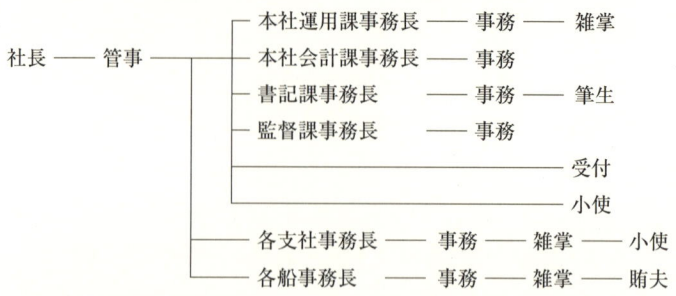

110　第3部　明治期企業における内部監査体制

図7-1　「三菱汽船会社規則」における職制（明治8年5月）

```
                    ┌─ 本社運用課事務長 ── 事務 ── 雑掌
                    ├─ 本社会計課事務長 ── 事務
社長 ── 管事 ───────┼─ 書記課事務長 ──── 事務 ── 筆生
                    ├─ 監督課事務長 ──── 事務
                    │                          ── 受付
                    │                          ── 小使
                    ├─ 各支社事務長 ──── 事務 ── 雑掌 ── 小使
                    └─ 各船事務長 ────── 事務 ── 雑掌 ── 賄夫
```

（出典：高浦忠彦「三菱の『社則』について」『経済系』（関東学院大学），第117集（1978年9月），116頁。但し，原資料は『三菱社誌』第2巻，38-44頁）

出すことが出来る。

　いま監督課事務長の職責を「三菱汽船会社規則　職務章程」によってみれば，「管事以下諸役員一切之所務ヲ監督シ之ヲ社長ニ具状ス　各社並各船ニ於テ外客接対之模様荷物積卸之順序ヲ監督ス」[24]とされ，さらにこの職責を円滑に，従って効果的に遂行させるために，同「職務章程」に続く「総則」第19条において「監督係ノ者各社或ハ各船ニ到リ尋問スルコトアラハ諸帳面ハ不及申諸事明白ニ相答フヘシ決テ隠諱スルコトヲ許サス」[25]と指示している。

　このように「三菱汽船会社規則」における監督課の職務は業務監督を主とするが，その目的達成の手段としては会計監査的手続が採られていたといえる[26]。しかし，この段階ではまだ会計監査自体を目的とするには至っていない。それは「三菱汽船会社規則」の制定時点では十分な会計制度が成熟しておらず，そのために同「規則」は経理規程を欠いていたので，会計監査実施の基礎が整っていなかったからである。

4　検査係の設置と監督課の廃止

　とはいえ，郵便汽船三菱会社となった後は，「第一命令書」により，会計法の簡明化とともに，会計報告を毎期政府に提出し検査を受けることが義務付け

られたために，会計制度の整備とともに会計報告の正確性を確保するための会計監査を社内において実施する必要性が高まった（この時期にこれらが如何にして行われ，政府の要求に対応し得たかが問題であるが，前者の会計制度の整備がこの時期に如何に行われたかについては既に研究[27]が成されているので割愛し，ここでは後者のみを問題とする）。

おそらくこのために「三菱汽船会社規則」における「会計課」は郵便汽船三菱会社では「会計局」に改組され[28]，その際に「検査係」が同局に置かれたと思われる[29]。「三菱汽船会社規則」に示された経営組織は国立銀行条例に規定される国立銀行の経営組織をモデルにしたものと推測されているが[30]，検査掛に擬し得る部署を「三菱汽船会社規則」は欠いていたので，あるいは国立銀行における検査掛の職務は「三菱汽船会社規則」では監督課において管掌することが予定されていたのかもしれないが，前述のように監督課の職務内容は業務監督的事項に比重が置かれており，会計監査を専門的に扱う部署ではなかったので，ここに会計監査を専門的に扱う部署が生じた。その設置の背景には，殖産興業政策上の保護・助成会社に対して「会計上の検査掛を置くことを行政指導していた」[31]政府の意向も加わっていたのではないかと推測される。

ところで，当時の監査概念は今日のように監督概念から明確に分化していたとはいえず，いわんや会計監査と業務監査も未分化の状態にあったので[32]，会計監査を行う検査係の設置は，監督課の業務監督すなわち原初的な業務監査的職責をも新設の検査係に移管したものとおそらく受け取られたのであろうか，検査係設置後の監督課の活動は社則・条規・布達事項等の遵守に関する文字通りの監督ないし取り締まりへとその重点が変化したように思われる[33]。

しかるに，各課・各支社・各船の事務長もまたその所属員が「社則ヲ犯シ又ハ事務ヲ怠惰スル者アラハ社長ニ対シ其責ニ任ス」とされ，監督課のいまひとつの任務とされた「外客接対之模様荷物積卸之順序ヲ監督ス」もまた各支社・各船事務長の任務でもあった[34]から，結局，監督課の独自の任務は各課・各支社・各船の事務長の「所務ヲ監督シ之ヲ具状ス」ることに事実上局限された。

この経営組織上の重複は外国海運会社との運賃切り下げによる競争を続け，苦しい経営状態にあった郵便汽船三菱会社にとって無視し得ないものとなった。明治9年，郵便汽船三菱会社は冗員の節減と社長・管事の減給を行い(35)，政府も「九年二月二十八日に『外国船乗込規則』を発布し」(36)，三菱の企業継続を図らねばならなかったのである。

　この状況下では経営組織の合理化も当然に求められ(37)，その結果，現業部門を現場に近づけて経営効率を高めるために，これを本社から分離し，本社は不完全ながらスタッフ部門のみで構成する処置が明治9年7月26日に採られた。すなわち，上述のような次第でおそらく現業部門同様視され，組織的に重複しているとみられた監督課を廃し，その人事管理機能面を庶務課（同年3月16日に設置されていた(38)）に併合するとともに(39)，運用課を本社から分離して東京支社と改称した。

5　検査局から検査役への展開

　これに対して，会計監査を受け持った検査係は独立性の強化とスタッフ的性格を明確化していく道をたどった。すなわち，検査係は明治11年1月2日社内頒布の「第1回改正三菱会社社則」(「明治十年改正之規則」(40))において存続させられた（図7-2参照）のみならず，同年2月25日に会計局から独立して検査局に格上げされ(41)，さらにその旬日後の同年3月7日に本社諸局課の廃止措置により検査役に改められ，スタッフとしての性格が明確にされた(42)。

　この検査役の職掌は「諸帳簿并諸勘定書ノ検査」で，1名置かれ，補助者として「事務ノ繁閑ニ応シ若干名ノ助役ヲ置クヘシ」とされた(43)（この改正時点での，検査役以外の改正をも含めた経営組織が図7-3に示される）。

　この頃，支社においても「検査係」を設置するものがあったが(44)，大半の支社には設置されていなかったようで，各船・各支社より本社へ差し出す「諸経費勘定書」の添付証憑，記入内容等に不備が多く，「会計方ニ於テ勘定差問……検査ニ差問ヘ」るために，今後このようなことがないように注意する布達

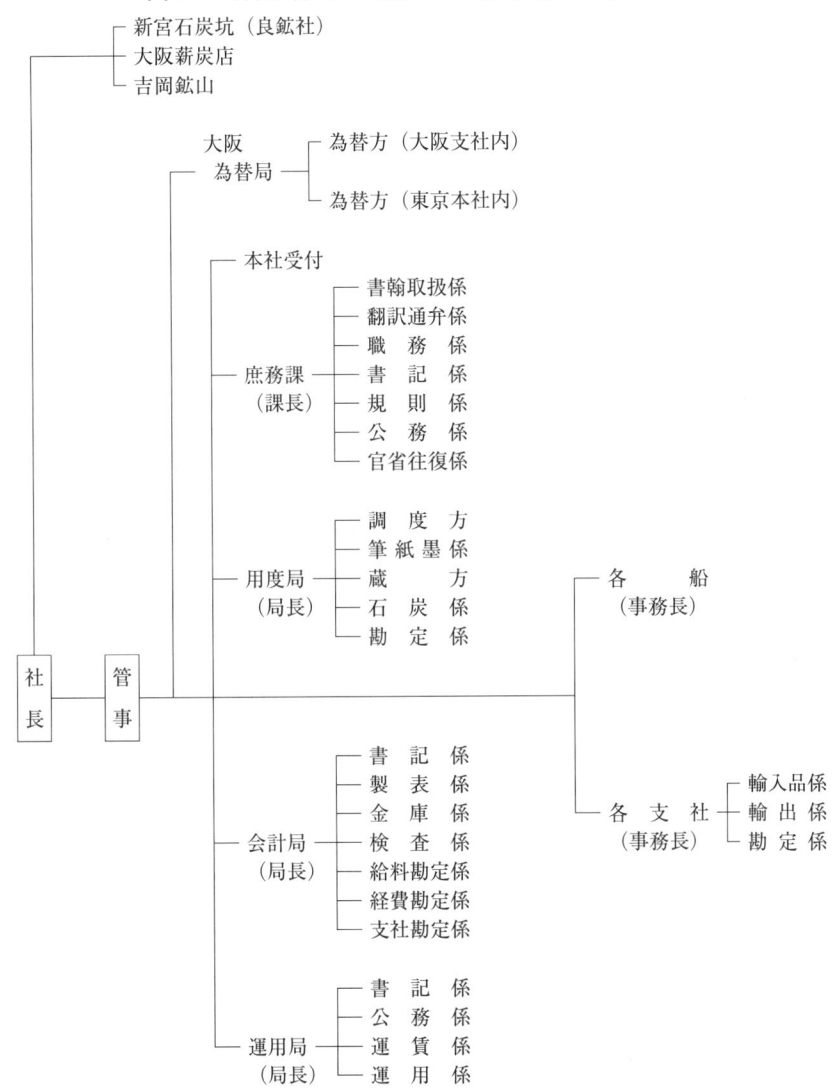

図 7-2　郵便汽船三菱会社経営組織（明治 11 年 1 月）

- 社長
  - 新宮石炭坑（良鉱社）
  - 大阪薪炭店
  - 吉岡鉱山
  - 管事
    - 大阪為替局
      - 為替方（大阪支社内）
      - 為替方（東京本社内）
    - 本社受付
    - 庶務課（課長）
      - 書翰取扱係
      - 翻訳通弁係
      - 職務係
      - 書記係
      - 規則係
      - 公務係
      - 官省往復係
    - 用度局（局長）
      - 調度方
      - 筆紙墨係
      - 蔵方
      - 石炭係
      - 勘定係
    - 会計局（局長）
      - 書記係
      - 製表係
      - 金庫係
      - 検査係
      - 給料勘定係
      - 経費勘定係
      - 支社勘定係
    - 運用局（局長）
      - 書記係
      - 公務係
      - 運賃係
      - 運用係
    - 各船（事務長）
    - 各支社（事務長）
      - 輸入品係
      - 輸出係
      - 勘定係

（出典：長沢康昭「初期三菱の経営組織―海運業を中心にして」『経営史学』第 11 巻第 3 号（1977年），33 頁を一部修正（長沢稿の原資料は『三菱社誌』第 5 巻，18-33 頁，及び，高浦忠彦，前掲稿，116 頁））。

が明治12年3月7日に出されている。各船・各支社を単位として作成され提出される「諸経費勘定書」等は総勘定元帳への記帳の根拠となる会計資料であり、その不備はひいては政府宛に提出する財務諸表の不備につながるために、まず検査役において精算することとされていたが[45]、その不備が多いために精算が円滑に行われ得ないことを訴えているのである。

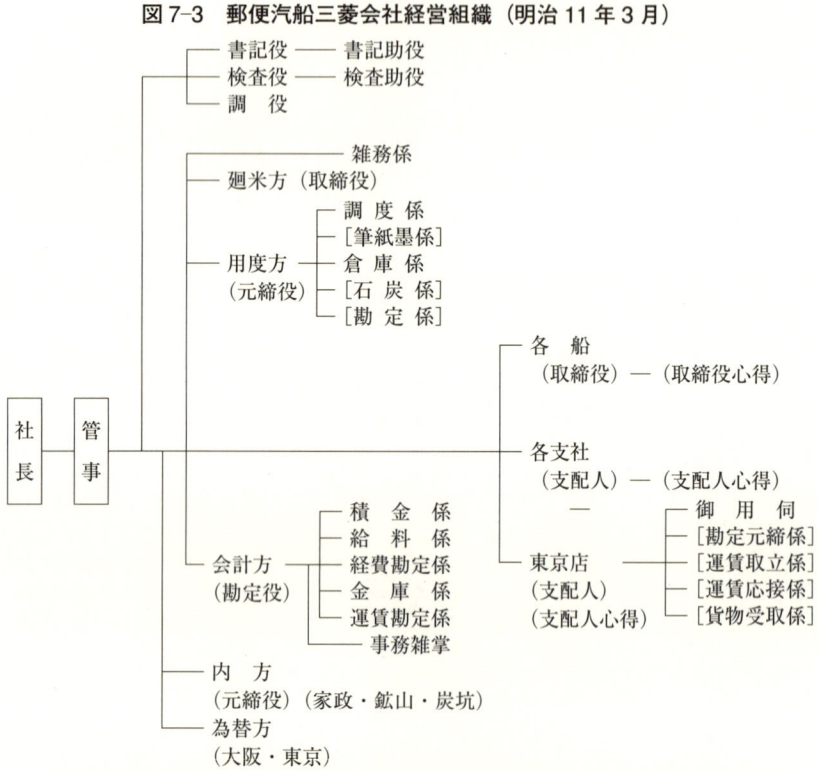

図7-3　郵便汽船三菱会社経営組織（明治11年3月）

```
                   ┌─ 書記役 ── 書記助役
                   ├─ 検査役 ── 検査助役
                   ├─ 調　役
                   │
                   │          ┌─ 雑務係
                   ├─ 廻米方（取締役）
                   │          ┌─ 調　度　係
                   │          ├─［筆紙墨係］
                   ├─ 用度方  ├─ 倉　庫　係
                   │ （元締役）├─［石　炭　係］
                   │          └─［勘　定　係］
                   │                              ┌─ 各　船
                   │                              │  （取締役）─（取締役心得）
                   │                              │
                   │                              ├─ 各支社
社　　管            │                              │  （支配人）─（支配人心得）
長 ── 事 ──         │                              │
                   │          ┌─ 積　金　係       │                ┌─ 御　用　伺
                   │          ├─ 給　料　係       │                ├─［勘定元締係］
                   ├─ 会計方  ├─ 経費勘定係       └─ 東京店         ├─［運賃取立係］
                   │ （勘定役）├─ 金　庫　係          （支配人）     ├─［運賃応接係］
                   │          ├─ 運賃勘定係          （支配人心得） └─［貨物受取係］
                   │          └─ 事務雑掌
                   │
                   ├─ 内　方
                   │ （元締役）（家政・鉱山・炭坑）
                   │
                   └─ 為替方
                     （大阪・東京）
```

(注)［　］内は「従前ノ通」とある分の推定。会計方事務雑掌は分課に属さず総勘定帳登記及び諸計算一般の事を扱う（後の簿記係）。調役は明治11年3月8日に設置（『三菱社誌』第5巻、303頁）。内方（元締役）は同月22日に設置（『三菱社誌』第5巻、353頁）。その他は同月7日設置。
(出典：長沢康昭「初期三菱の経営組織－海運業を中心にして」（前掲）、33頁を一部修正（長沢稿の原資料は『三菱社誌』第5巻、229-302頁、及び、西川孝治郎「三菱の発祥と複式簿記」『商学集志』第36巻第2・3合併号、昭和41年、68頁））。

6 検査役から調役への進展

　この事態に対処するために，明治12年4月24日，支社勘定係を再度設置してその職責を明らかにし，「金銀ノ出納ヲ厳ニシ精確ナル勘定書ヲ整理スルヲ至重ノ職務トナスカ故ニ尚モ金銭出納及勘定書ノ整理ニ粗漏怠慢アルトキハ其責一人ニ帰スヘシ」[46]と布達し，さらに同日，会計監査のみを担当した検査役を廃止して，調役に対し，従前の権限を廃して，新たに会計監査と業務監査の両権限を付与し[47]，内部監査の充実・強化を図った。

　このとき「調役ノ職務」として規定され，布達された事項は次であった。

「一　調役ハ其役員定数ナシ　事務ノ繁閑ヲ以テ之ヲ増減ス　其職掌左之通リ
　一　各船及各港荷物受渡ノ過不足及損傷ノ事故ヲ調査スル事
　一　総勘定帳以下諸帳簿ヲ検査シ其正実ナルヲ保證スル事
　一　積荷目録船客目録及諸経費勘定書入帳ヲ終ルノ後之ヲ検閲シ其正否ヲ調査スル事
　一　海陸諸経費ヲ調査シ物品金銭ノ冗費濫用ヲ節スル事
　一　金庫係東京店公務係四日市荷捌所其他毎々金銭ヲ出納スル諸役場毎日ノ帳簿記入及現金ノ有高ヲ調査スル事
　一　時々各支社各船ヲ巡回シ荷物受授ノ実際并其帳簿及金庫ヲ調査スル事
　一　各船及陸上諸店ノ注文書ヲ調査シ其支給スヘキトスヘカラサルヲ判定シ及其消費ノ多寡ヲ検査スル事
　一　調役ハ其役名ヲ以テ文書ノ徃復ヲナスヲ得ス其役場ノ書簡ニハ管事ノ内記名スヘキ事」[48]

　これに関連して，勘定役に対しても前述の「諸経費勘定書」等の精算業務を従前の検査役から勘定役へ移すことのほか，次の事項が布達された。

「一　時々調役ヘ命シ諸帳簿ヲ検査セシメ候ニ付其必要ノ證書類ヲ示シ無差支検閲可為致事
　一　年二季ノ総勘定ハ必ス調役ノ検査ヲ受ケ其奥書ヲ添ヘ可差出事

一　金庫係毎日ノ金銭出納帳簿ハ毎日調役ノ検査ヲ受ケ其金銭有高モ検査ヲ可為受事」[49]

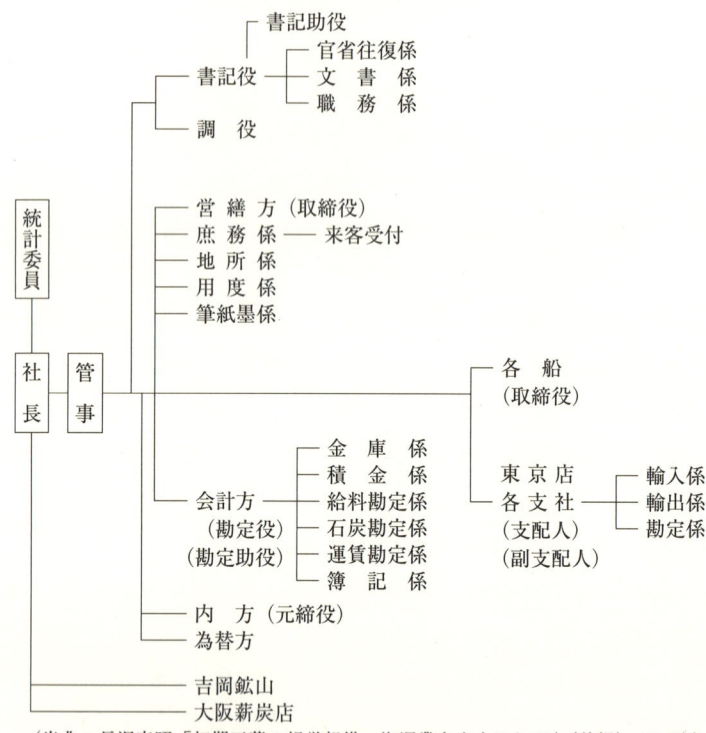

図7-4　郵便汽船三菱会社経営組織（明治13年1月）

```
                    ┌─ 書記助役
                    │  ┌─ 官省往復係
           ┌─ 書記役 ─┼─ 文　書　係
           │        └─ 職　務　係
           ├─ 調　役
           │
           ├─ 営　繕　方（取締役）
           ├─ 庶　務　係 ─── 来客受付
           ├─ 地　所　係
           ├─ 用　度　係
           ├─ 筆紙墨係
統           │                               ┌─ 各　船
計  社   管  │                               │  （取締役）
委  長 ─ 事 ─┤                               │
員           │           ┌─ 金　庫　係      │           ┌─ 輸入係
           │           ├─ 積　金　係       ├─ 東　京　店 ─┼─ 輸出係
           ├─ 会計方 ──┼─ 給料勘定係       │  各　支　社  └─ 勘定係
           │  （勘定役） ├─ 石炭勘定係       │  （支配人）
           │  （勘定助役）├─ 運賃勘定係       │  （副支配人）
           │           └─ 簿　記　係
           │
           ├─ 内　　方（元締役）
           └─ 為替方
           ├─ 吉岡鉱山
           └─ 大阪薪炭店
```

（出典：長沢康昭「初期三菱の経営組織－海運業を中心にして」（前掲），35頁を一部修正（長沢稿の原資料は『三菱社誌』第7巻，38-54頁，及び，高浦忠彦，前掲稿，116頁などから作成））。

　その後，この調役は，明治13年1月15日社内頒布の「第2回改正三菱会社規則」（「昨明治十二年中改正之規則書令」[50]）及び同15年1月13日頒布の「第3回改正三菱会社規則」（「明治十三年已来改正之規則書令」[51]）において多少の文言修正はあったものの，上記の職務内容は全く変更されず，明治15年9月22日の組織改革[52]により廃止されるに至るまで継続されたのである。もっとも，この間に調役助役が置かれたことが，調役助役の調査復命書が『三菱社

誌』⁽⁵³⁾に掲載されていることから知られるが，その設置時期については，「第2回改正三菱会社規則」では設置されておらず，また当該復命書によれば，調査のための出張命令を受けたのが明治14年10月31日とされていることから⁽⁵⁴⁾，明治13年1月15日から同14年10月31日までの間に設置されたと推定される（このことから当然であるが，同15年1月13日頒布の「第3回改正三菱会社規則」では調役助役は職制として示されている）。なお，この時期には会計制度の体系的な整備も同時に進められたが，ここではこれに触れない（注(27)参照）。

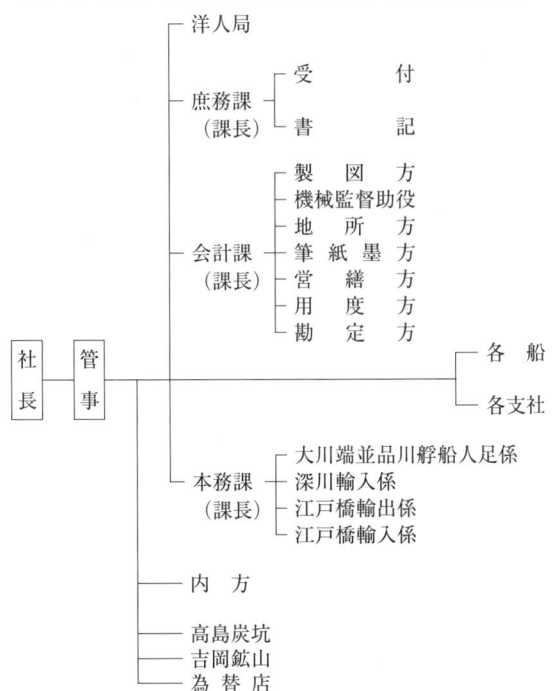

図7-5　郵便汽船三菱会社経営組織（明治15年末）

```
                    ┌─ 洋人局
                    │
                    ├─ 庶務課 ──┬─ 受　　付
                    │  （課長） └─ 書　　記
                    │
                    │           ┌─ 製　図　方
                    │           ├─ 機械監督助役
                    │           ├─ 地　所　方
                    ├─ 会計課 ──┼─ 筆　紙　墨　方
                    │  （課長） ├─ 営　繕　方
社   管             │           ├─ 用　度　方
         ──────────┤           └─ 勘　定　方                ┌─ 各　　船
長   事             │                                        ├─ 各支社
                    │           ┌─ 大川端並品川艀船人足係
                    ├─ 本務課 ──┼─ 深川輸入係
                    │  （課長） ├─ 江戸橋輸出係
                    │           └─ 江戸橋輸入係
                    │
                    ├─ 内　方
                    │
                    ├─ 高島炭坑
                    ├─ 吉岡鉱山
                    └─ 為　替　店
```

（出典：長沢康昭「初期三菱の経営組織－海運業を中心にして」（前掲），35頁を一部修正（長沢稿の原資料は『三菱社誌』第9巻，409-412頁より作成））。

7 三菱為替店の内部監査

　ところで，上記の検査復命書には，神戸支社大阪出張所の為替方諸帳簿及び現在金についても検査した結果，「皆能ク整頓シテ制規ニ違フモノナシ」(55)と報告されている。

　この例にみられるように，三菱為替店（明治13年4月17日開設）は独自の本店組織（図7-6）を有していたものの(56)，その支店業務は郵便汽船三菱会社の回漕部に属する支社において代理することとされており，その内部監査もまた郵便汽船三菱会社本社の手によって実施されたのである(57)。もっとも，海運業を営む支社が為替店の支店業務を代理することは便宜的措置にすぎないが，本社による為替店本支店の会計監査は，本社から分離された為替店をその会計面から経営統制することを意味するものであり，その意義を異にしている。それは本社による統轄手段であり，それ故に検査役の本社所属を明記する規定（「三菱為替店規則」第19条前段）を必要としたのであろう。

図7-6　三菱為替店本店の経営組織

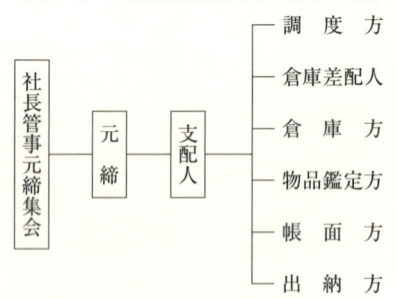

```
                              ┌─ 調　度　方
                              ├─ 倉庫差配人
社長管事元締集会 ─ 元締 ─ 支配人 ┼─ 倉　庫　方
                              ├─ 物品鑑定方
                              ├─ 帳　面　方
                              └─ 出　納　方
```

（出典：長沢康昭「初期三菱の経営組織－海運業を中心にして」（前掲），43頁を一部修正（長沢稿の原資料は『三菱社誌』第7巻，297-299頁より作成））。

　この三菱為替店において，本社から必要に応じて派遣される検査役は，さきの検査復命書にその事例があるように，本社において同様ないしこれに近い任務を有していた調役や調役助役が兼任したか，あるいはこれらの者にその都度

発令されたものと思われる（なお，この三菱為替店は，明治17年11月に営業を休止し，翌18年8月に閉鎖された[58]）。

そしてまた，本社たる郵便汽船三菱会社自体も，共同運輸会社との間に行われた約3ヶ月にわたる激しい企業競争の終息策として両社の実質的合同が図られ，これにより明治18年10月1日に設立された日本郵船会社に海運関係の全資産を現物出資し，翌明治19年3月に解散したのである[59]。

(1) 第一銀行『第一銀行五十年小史』大正15年，16頁。
(2) 三井文庫編『三井事業史』資料編三，1974年，74頁。
(3) 春日　豊「三井合名会社の成立過程―財閥独占体成立過程の実証分析」『三井文庫論叢』第13号（1979年），181-182頁。松元　宏『三井財閥の研究』吉川弘文舘，昭和54年，61頁以降参照。
(4) 本書第6章4節参照。
(5) 三菱創業百年記念事業委員会『三菱の百年』昭和45年，2頁。
(6) 三島康雄編『日本財閥経営史　三菱財閥』日本経済新聞社，昭和56年，24頁（三島康雄執筆）。
(7) 小林正彬「三菱の研究」『経済系』（関東学院大学）第117集（1978年9月），67頁参照。三島康雄編，上掲書，111-112頁の注（1）及び注（2）参照。
(8) 高浦忠彦「三菱の『社則』について」『経済系』（関東学院大学）第101集（1974年10月），121頁の注（32）では，三菱蒸気船会社への改称の時点について，明治7年7月とする『岩崎弥太郎伝』に記載の年譜と同年4月とする『岩崎弥之助伝』に記載の年譜があるが，後者を適切としている。なお，同高浦稿は，この三菱蒸気船会社の略称として三菱汽船会社の名が用いられたとする（高浦忠彦，上掲稿，123頁）。この点に関しては，両商号は異なる時期のものとする見方もある。例えば，旗手　勲『日本の財閥と三菱―財閥企業の日本的風土』（楽游書房，昭和53年）に記載の「三菱財閥関係年表」では，明治7年7月に三菱蒸気船会社と改称し，さらに明治8年5月に三菱汽船会社と改称したとする。
(9) 長沢康昭「初期三菱の経営組織―海運業を中心にして―」『経営史学』第11巻第3号（1977年），27頁。
(10) 長沢康昭，上掲稿，27頁。但し，年月の表示は原文では漢数字を用いている。
(11) 『三菱社誌』第2巻，東京大学出版会，45頁。
(12) 西川孝治郎『日本簿記史談』に収録の「第十話　三菱財閥の成立と複式簿記」によれば，三菱の従業員数は，明治6年末には76名，7年末には210名，8年末には497名，9年末には1,762名（内，陸員は545名），10年末には1,924名（内，陸員は707名）とされている（西川孝治郎『日本簿記史談』同文舘出版，昭和46年，362-363

頁)。また，旗手　勲，前掲書，43-44頁に記載される「三菱会社の陸海員数」及び注（12）によれば，明治7年11月の人員は600名余，9年末の海員数は1,503名，陸員数は236名，計1,739名，10年には陸員だけで370名余とされる。三島康雄，前掲書，63頁では，明治7年末の従業員数は154名，明治9年末には1,739名とされる。これらの推計員数は必ずしも一致していないが，ここでは単に明治7年以降に急激に人的規模の拡大が進んだことだけが知られればよいので詮索しない。
(13)　西川孝治郎，上掲書，354頁。
(14)　西川孝治郎，前掲書，349頁。
(15)　西川孝治郎，前掲書，351頁。
(16)　『岩崎弥太郎伝』下巻，136-141頁参照。
(17)　これらの点について，明治8年7月29日に内務卿大久保利通らに提出された「商船管掌実地着手方法ノ義ニ付伺」は次のように述べている。すなわち，三菱蒸気船会社と日本国郵便蒸気船会社の「此二社ヲ先ズ合一セシメ……且同社モ更ニ今般改正シ社則定款ヲ確立シ，会計法ヲ簡明ニシ，即チ別紙定約調印ノ日ヲ以テ同社改行ノ第一日ナルガ如ク総テ新舊ノ区界モ明了セシムベキ事ニ有之候……会社名ハ三菱ノ舊称ヲ存シ候得共，中外運用上殊別ノ利益モ有之，且今般同社改正ノ期ヲ以テ諸会計新舊ノ区界ヲ相立候義ニ付，其区界ヲモ明ラカナラシムベキ為メ，郵便蒸気船ノ文字ヲ冠シ，更ニ郵便汽船三菱会社ト名称可為致事ニ有之候」（『岩崎弥太郎伝』下巻，125-128頁）。

　なお，三菱蒸気船会社時代の経理と郵便汽船三菱汽船会社の経理とを区別するために，後者の総勘定元帳中に「舊三菱勘定」を設けて処理している（郵便汽船三菱会社簿記法　第2章第1条）。この「舊三菱勘定」の記入内容は「明治八年十月以前ヨリ所有ノ財産代価ヲ貸方ニ記入シ従来ノ財産ヲ明ニシ　又右期限後ニ至リ前ノ勘定ヲ仕払タル額ヲ以其借方ニ記入ス」（『三菱社誌』第4巻，287頁）とされている。また，『岩崎弥太郎伝』下巻，706頁所載の「資料第八　政府に提出セル三菱会社会計報告」は，「明治八年十月ヨリ九年六月迄之会計別紙第一号ヨリ第四号迄之計算表ヲ以明示ス」と述べており，これらのことから，郵便汽船三菱会社としての計算の開始は明治8年10月1日であると考えられる。
(18)　「第一命令書」の条文については，『三菱社誌』第2巻，203-207頁及び『岩崎弥太郎伝』下巻，142-148頁より引用。なお，海運業以外の事業を禁止する第12条の規制により，海運業以外の事業の管理は同年10月29日付けで開設の梅園店へ移され，依然として三菱商会の名で経営された。

　この海運業以外の事業の管理については，他に触れる箇所がないので，ここで便宜上さらに兼ねてみておくと，「翌年九月にこれ（梅園店―引用者）は廃止され，吉岡鉱山，紀州炭坑は社長直轄に，地所は各地の支社が管理することとされた。一八七八（明治一一）年三月，内方が設けられ『社長内家一般ノ事務ヲ管理』し，『吉岡銅山新宮石炭坑并大阪薪炭店ノ会計及庶務ヲ弁理』し『在高知岩崎家所有田地山林ノ事務ヲ

統理』することとされた」(長沢康昭, 前掲稿, 33-34頁)が, 翌12年3月7日に再び「内方分掌セシトコロノ吉岡鉱山並ニ大阪薪炭店ヲ本社直轄ト」(『三菱社誌』第6巻, 113頁)した。大阪薪店は明治13年8月18日に閉鎖された(『三菱社誌』第7巻, 434頁)が, 紀州炭坑は明治17年6月頃まで稼行され(この稼行について, 『岩崎弥之助伝』上巻, 180-181頁は, 明治8年9月以来, 良鉱社の名称で経営されたと述べている。三島康雄『三菱財閥 明治編』教育社, 1979年, 114頁も同じく良鉱社の社名が用いられたとしている。但し, 『岩崎久弥伝』136頁では, 良鉱社は明治12, 13年頃閉鎖とする), 吉岡鉱山は爾来, 明治末年に至るまで三菱の主力鉱山として稼行された。

(19) 『三菱社誌』第2巻, 223頁及び本章注(17)を参照。
(20) 長沢康昭, 前掲稿, 28頁参照。
(21) 当規則の用いる社名の問題については本章注(8)を参照。
(22) 『三菱社誌』第2巻, 44-45頁。
(23) 『三菱社誌』第2巻, 45頁。
(24) 『三菱社誌』第2巻, 41頁。
(25) 『三菱社誌』第2巻, 49頁。
(26) このことは次の布達事項からもうかがわれる。すなわち, 明治8年6月25日に経費節約を指示していたが, これを徹底することを改めて指示した上で, 「追而検査監督係調査之節前条之主意ニ反シ候義有之時ハ縦令過去之事タリトモ多少ニ不拘屹度処分ニ可及候間此段兼而相心得居可申候事 八年十一月廿六日 岩崎弥太郎」(『三菱社誌』第2巻, 396頁)と布達して, 会計を通じての業務監督とそのサンクションとしての処分を行うことを布達している。当時はアメリカの太平洋郵船会社の上海航路撤退直後で, 三菱汽船会社はなお苦しい経営状態にあった。
(27) 例えば, ①西川孝治郎, 前掲書, ②柴 孝夫「三菱財閥のマネジメント方式 1. 会計・簿記制度の導入」(三島康雄, 前掲『三菱財閥 明治編』所収), ③高寺貞男『明治減価償却史の研究』未来社, 1974年10月。
(28) 「会計局」設置の時期は不明であるが, 明治8年11月22日付けで「今般本社会計局事務改正ヲ以総而金銀出納ハ午前第九時ヨリ午後第四時ヲ限リ候……」(『三菱社誌』第2巻, 392頁)とあり, 「会計局」の名がみえる。従って, 「会計課」からの改組は明治8年5月以降, 同年11月22日以前であると推定される。本文に記した事情が正しいとすれば, その改組は郵便汽船三菱会社となった同年10月1日以降であると考えられる。これに関連して, 「運用課」については「(明治8年—引用者挿入)十一月ノ交ヨリ一時運用局と称ヘシ」(『三菱社誌』第2巻, 44頁)とあるので, おそらくこれと同時に, すなわち, 同年11月1日に「会計局」と称されたと思われる。しかし, 同年5月以降11月以前の可能性を探れば, 「成則彙編」にその存在のみが示され今のところ未発見の明治8年7月15日制定の「三菱会社規則」(高浦忠彦, 前掲稿, 118頁参照)において既に改称されていた可能性もある。

(29) 本章注（26）に示したように，明治8年11月26日付の布達中に「検査監督係」の文字がみえるが，これは「検査係」と「監督係」の両者を併記し，これを短縮表現したものとみれば，この布達時点で「検査係」が存していたことになる。また，その布達時点は不明とされているが，「成則彙編」中に「会計　第77　経費明細表運賃見返之分検査係へ差出之事」とあることが示されており（高浦忠彦，前掲稿，119頁，表6）,「成則彙編」は略称で，正しくは安田成祐編「郵便汽船会社成則彙編」第一編布達之部（自明治八年七月至明治九年二月），明治9年12月刊，である（高浦忠彦，前掲稿，117頁による）から，ここでいう「検査係」は明治9年2月以前に存していることになる。いずれにせよ，「検査係」は明治11年1月2日頒布の「第1回改正三菱会社社則」（明治10年改正）によって初めて生じた職制ではないことが知られる。結局,「検査係」は明治8年5月以降明治9年2月ないし明治8年11月26日以前に設置されたことになる。従って,「会計局」の設置時点の時間的限定範囲とほぼ重なっており,「会計局」と「検査係」の設置は同時であった可能性が高い。

(30) 三島康雄編，前掲『日本財閥経営史　三菱財閥』，64頁（長沢康昭執筆）。

(31) 久保田音二郎「監査役制度の過去と将来」『會計』第105巻3号（昭和49年3月），354頁。なお，本論文は，日本会計研究学会近代会計制度百周年記念事業委員会編『近代会計百年—その歩みと文献目録』昭和53年，日本会計研究学会刊，に再録されている。

(32) 例えば，本章注（26）でみたように，「検査監督係」と並べて両係に経費節減状況の監査を行わしめている。また，政府による銀行監査ではあるが，明治5年11月の「国立銀行条例　第17条　銀行ノ事務実際検査ノ為紙幣寮ヨリ検査役派出ノ手続ヲ明ニス」においても会計監査と業務監査の区別をせず，さらに本法に従って明治8年3月に実施した第一国立銀行の検査に関する報告書（『第一国立銀行遐度氏報告』）にみられる監査も会計監査と業務監査の両者にわたっている（『第一銀行史』上巻，昭和32年，215-235頁に『第一国立銀行遐度氏報告』が掲載されている。なお，この資料からの引用として，片野一郎『日本財務諸表制度の展開』同文舘出版，昭和43年，21-34頁及び同『日本・銀行会計制度史（増補版）』同文舘出版，昭和52年，34-46頁にも『第一国立銀行遐度氏報告』の全文が掲載されている）。

(33) この時期の監督課の職掌をうかがわせるものとして，例えば『三菱社誌』明治28年11月28日の項に，社則に反した社員の監督課宛進退伺とその処分案が掲載されている（『三菱社誌』第2巻，397頁）。

(34) 『三菱社誌』第2巻，37-44頁参照。

(35) 三島康雄編，前掲『日本財閥経営史　三菱財閥』27頁及び三島康雄，前掲『三菱財閥　明治編』65頁参照。なお，後者の112頁に，柴垣和夫『日本金融資本分析』74頁の記述を引用し，明治9年度の三菱の損益は政府助成金（321千円）を除くと13千円の損失であったことが示されている。

(36) 三島康雄，前掲『三菱財閥　明治編』65頁。

(37) 明治9年3月25日に次のように社内に通達している。「今般本社大改革ヲ始メ追々社業永続之基ヲ開カント改正局ヲ取設　既ニ本月廿五日ヨリ会議開席致シ候ニ就而ハ各支社ニ於テモ尚一層諸般ニ注意シ社員ヲ始社費一切之冗費減縮スルハ勿論一般之事務取扱向等各位著目之次第迅速御報知有之度依此此段相達候也」(『三菱社誌』第3巻，68頁)。
(38) 『三菱社誌』第3巻，104頁。
(39) 『三菱社誌』第3巻，311頁。
(40) 「『第1回改正』〜『第3回改正』は『社誌』の編纂者の付けた名称であり，日付は『社則』の頒布の日付で内容的には括弧内の説明の方が適切である。」(高浦忠彦，前掲稿，114頁)。
(41) 『三菱社誌』第5巻，222-223頁。
(42) 『三菱社誌』第5巻，299-301頁。もっとも，明治11年3月7日の日付は本社諸局課廃止と東京支社の東京店への改称並びにこれらに伴う新しい「事務分轄役員改置」について社内に布達した日で，これらの処置が実際に実行されたのは前日の3月6日であったことが人事異動から推定される(『三菱社誌』第5巻，296-298頁)。
(43) 『三菱社誌』第5巻，301頁。
(44) 例えば，明治10年4月20日に神戸支社会計局に検査係を置くことがみえる(『三菱社誌』第4巻，128頁)。
(45) 本章注(29)参照。またこのことを反対面から裏付けるものとして，明治12年4月24日に勘定役へ布達された「勘定役職務章程」中に「諸経費勘定書其外従来検査役ニテ精算致来候廉々ハ以後更ニ勘定役ノ職務ト可相心得事」(『三菱社誌』第6巻，213頁)とある。これらのことからはまた，総勘定元帳への記帳の前に，会計資料である「諸経費勘定書」他の検査が行われたことをうかがわせる。
(46) 『三菱社誌』第6巻，211頁。
(47) 『三菱社誌』第6巻，211-213頁。なお，調役の従前の権限は「廻漕一般ノ庶務」であった(『三菱社誌』第5巻，303頁)。また，翌日，「本社検査役　湯川頼次郎ヲ従シテ本社調役ト為ス」(『三菱社誌』第6巻，215頁)人事を行っているので，このときの措置は実質的には検査役の権限を拡張して調役に改称した機構改革といえる。
(48) 『三菱社誌』第6巻，212-213頁。
(49) 『三菱社誌』第6巻，212-213頁。
(50) 『三菱社誌』第7巻，43-44頁。
(51) 『三菱社誌』第9巻，33-34頁。
(52) 『三菱社誌』第9巻，409-412頁。
(53) 明治14年12月16日に「調役助役藤井諸照社命ヲ以テ四日市並ニ阪神各支社ノ事務ヲ調査シ是日復命ス」として，社長宛の「復命書」の全文が『三菱社誌』第8巻，370-375頁に掲載されている。それは，明治14年11月2日から同年12月1日にわたる1ヶ月間に，四日市，大阪，神戸の各支社・出張所並びに田子浦丸，千年丸，浦

門丸,敦賀丸の各船のそれぞれについての諸種の帳簿,準備金その他の現金在高,輸出入貨物,備品等の在高,営業状況並びに業務実施状況その他についての監査を実施した結果の克明な報告である。これにより,会計監査のみならず業務監査をも実際に実施していたことが知られる。
(54) 『三菱社誌』第 8 巻, 370 頁。
(55) 『三菱社誌』第 8 巻, 372 頁。
(56) 明治 13 年 4 月 17 日制定の「三菱為替店規則」は次のように規定している。
　「第一条　当店ノ名称ハ三菱為替店ト称スベシ
　　　　　　但東京ニ本店ヲ置キ各地ノ三菱支社ニ於テ当支店ノ事務ヲ代理スベシ
　　第三条　当店ノ営業ハ各地方物貨ノ運輸ヲ繁盛補助スルノ目的ニテ専ラ荷為替貸付金ヲ営ムモノトス
　　第四条　前条荷為替本務ノ傍ラ通常為替定期並当座預リ金貸附金ノ業ヲ営ムベシ
　　第五条　毎金曜日社長管事元締集会シテ左ノ条件ヲ評議スベシ（各号略—引用者）
　　第十九条　本社ニ一名乃至二名ノ検査役ヲ置キ当店金銀諸帳簿等ノ検査ヲナスベシ此役員ハ本社ノ命令書ヲ以テ当店ヘ出張スベキニ付何時ニテモ検査役ノ需ニ応ジ帳簿其他ノ検査ヲ受クベシ」（『三菱銀行史　覆刻版』昭和 55 年, 25 -26 頁）
(57)　三菱為替店は独自の本店組織を有していたものの,その経営意思決定は上の注(56)に示した「三菱為替店規則」第 5 条に規定される「社長管事元締集会」,すなわち郵便汽船三菱会社社長,管事及び三菱為替店元締の三者の会によって業務全般にわたって行われ,さらに同規則第 10 条において「元締ハ本業ノ全体ヲ支配スベシ　凡営業上普通ノ事務並定式集会ニ於テ決議ノ事ヲ執行ス然レトモ新タニ事ヲ興シ又ハ更生シ定例ナキ出納等ハ決議ヲ経ルニアラザレバ施行スルヲ得ズ　又臨時ノ事柄ハ定式集会ヲ待タズ何時ニテモ社長管事ヘ稟議決定スベシ」（前掲『三菱銀行史　覆刻版』, 26 頁）として,三菱為替店の元締は郵便汽船三菱会社の社長及び管事の指揮下に置かれていること等から,三菱為替店は実質的には郵便汽船三菱会社の一事業部門であるといえる。
　　　しかし,三菱為替店からの収益は,開業年度の明治 13 年度と翌年の明治 14 年度の分が公表されたのみで,明治 15 年度以降は「私勘定に別置したらしく」（旗手　勲,前掲書, 53 頁）公表されていないとされていること,また,当時,本社が記帳した帳簿で現存するとされる帳簿（これについては,山下正喜「三菱造船所の工業会計—明治一七〜三二年—」『會計』第 119 巻第 1 号,昭和 56 年 1 月号, 81-82 頁記載の注(5)を参照）の中に,「回漕部総勘定日記帳」,「回漕部総勘定元帳」があり,これらの帳簿に「回漕部」の文字が冠せられていることから,回漕部門の収益と為替店の収益は別会計で処理されていたことが窺われる。しかしまた,逆に,「回漕部」の文字を冠した帳簿の存在は,郵便汽船三菱会社の内部に「回漕部」と「為替店」他が包括されていたことをも窺わせる。明治 9 年 6 月 20 日に開設された大阪・為替局（『三菱

社誌』第3巻，219頁）に関わる明治9年3月19日付の「為替局設置願書」においても「尤右為替取扱之義ハ回漕事務ニ関係不仕，全ク別局相設……」（『三菱社誌』第3巻，220頁）と述べているが，この場合の「別局」も同様に郵便汽船三菱会社の一機構として為替局を設置するが，その会計は別に処理されることを意味していると思われる。現実に「政府資金を使用しているということもあって，荷為替業務は海運業務と厳密に区別されていた」（長沢康昭，前掲「初期三菱の経営組織―海運業を中心にして」41頁）。

　郵便汽船三菱会社の一部門であるにもかかわらず三菱為替店としたのは，「第一命令書」第12条の規制があるためであり，またそれ故に「三菱為替店規則」は第3条で海運附帯業務としての荷為替業務を主とし，その傍らとして第4条で通常為替，定期預金，当座預金，貸付金を営むとしている。しかし，実際には，明治13年下半期末残高で貸付金が荷為替の3倍弱に達しているとされる（長沢康昭，前掲稿，43頁）ように，主副が逆転している。

(58)　『三菱社誌』第12巻，376頁。
(59)　東洋経済新報社編纂『会社銀行八十年史』昭和三十年，16頁。

第8章　三菱財閥生成期の内部監査機構の整備

1　三菱社の設立とその経営統制制度

　三菱は，郵便汽船三菱会社の営業と資産を日本郵船会社に現物出資することによって，同社の大株主となったものの,「以後，長い間，三菱は海運事業との間に，日本郵船の株主としての間接的関係を保つに止」[1]め，海運業の直接的な経営からは撤退した[2]。

　この時点で三菱に残された主な事業は，それまでに海運業の補助業務ないし派生業務として進出していた吉岡鉱山及び附属銅山（明治6年買収），高島炭坑（明治14年買収），長崎造船所（明治17年政府より借受け，同20年払下），旧三菱為替店の役職員を移して[3]明治18年5月に経営を継承していた第百十九国立銀行及び千川水道会社（明治13年設立）であった[4]。

　これらの事業の経営は，別会社として組織されていた第百十九国立銀行と千川水道会社を除き，郵便汽船三菱会社の事実上の事業部門として扱われてきたのであるが，海運事業の譲渡にともなう郵便汽船三菱会社の解散によって，これらの事業を統括する新たな機構が必要となったために，明治19年3月29日に本社機構として「三菱社」を設け[5]，同社「事務規程」を定めた。

　この「事務規程」では，社長，管事，支配人，主役の職制を置き，別会社である第百十九国立銀行と千川水道会社も本社の指揮に服すべきこと，及び当該会社の役員はすべて本社社員をあてること等を規定する[6]ものの内部監査組織は組み込まれておらず，また，そこに規定される「管事はゼネラル・スタッ

フの役割を果たしているように見えるが，権限職務内容が明白でない。執行責任者たる支配人・各所主役についても同様である。要するに，この段階では，まだ本格的な管理機構はでき上がっていないようである」[7]と評されたように，この段階での本社機構は素朴なものであった。

しかし，この段階で郵便汽船三菱会社から引き継いだ炭坑・鉱山の現業部門の経営組織は相当に整備されていた。その管理・統制方法は，郵便汽船三菱会社の主業務であった海運業務と公式にはその附帯業務とされた為替業務を扱う部門については，既にみたように，内部監査機構の整備を通じて，現業を統括したのであるが，炭坑・鉱山業務は郵便汽船三菱会社の社長直轄とされていたものの[8]，同社が兼業を禁止された政府保護会社であったために，表面的には会社とは無関係の岩崎家の事業として岩崎家事務所によって管理される独立の事業とされ[9]，独立採算が要求されていたこと，現実的にも，事業の現場が，岡山（吉岡），長崎（高島）という遠隔地に存しており，しかも，当時の未発達な通信事情から社長独裁的な本社による全面的な統制が困難であったために独自の方法が講じられており，結果的に，「これらが三菱の海運業から鉱業への転換をスムーズにした」[10]のである。

これを具体的にみるならば，三菱社は，その傘下の炭坑・鉱山に対して，事業所幹部社員派遣人事権と新規事業起案決裁権とを本社権限として留保したものの，それ以外の経常的な経営問題の処理については，各炭坑・鉱山の事業所に任せ，本社は内部資本金制度（明治14年に吉岡鉱山に適用して以来，各鉱山のみならず炭坑にも適用した）と内部利子制度（三菱社設置後の明治21年以来，鉱山のみに適用した）とによって間接的に管理・統制し[11]，内部監査活動は個々の事業所において，その事業所を単位として実施したのであるが，この方法は，郵便汽船三菱会社の時代における為替・炭坑・鉱山事業に関して既に確立されており，これを三菱社はそのまま引き継いで実施したのである。

2 高島炭坑における内部監査機構

その際の内部監査の実施例をまず，当時の三菱が最大の収益源とした高島炭坑についてみてみよう。

高島炭坑は，明治14年4月に買収・稼行されたが，それと同時に，高島炭坑のスタッフ部門として資財の補給と産出炭の運輸に当らしめるための高島炭坑長崎事務所が設置され，そこでは，明治15年11月の組織改正の際に，図8-1にみるように，計算方に検査係を置いて会計監査を実施していた[12]。

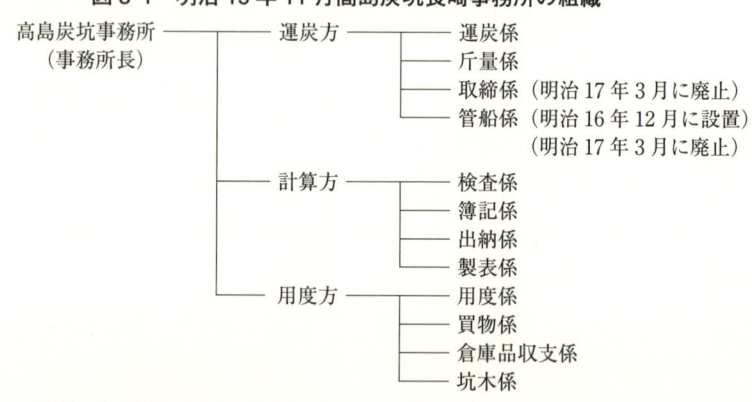

図8-1　明治15年11月高島炭坑長崎事務所の組織

```
高島炭坑事務所 ─┬─ 運炭方 ─┬─ 運炭係
(事務所長)      │          ├─ 斤量係
                │          ├─ 取締係（明治17年3月に廃止）
                │          └─ 管船係（明治16年12月に設置）
                │                    （明治17年3月に廃止）
                ├─ 計算方 ─┬─ 検査係
                │          ├─ 簿記係
                │          ├─ 出納係
                │          └─ 製表係
                └─ 用度方 ─┬─ 用度係
                           ├─ 買物係
                           ├─ 倉庫品収支係
                           └─ 坑木係
```

(出典：『三菱鉱業社史』三菱鉱業セメント（株），昭和51年，102頁)

他方，現業部門である高島炭坑には，坑内作業の安全と能率を確保する検査役を技術方の下に置いたのである（図8-2参照）。すなわち，高島炭坑を後藤象二郎から譲り受けた明治14年4月1日に，名称を後藤炭坑商局から高島炭坑事務所に改め，「高島炭坑事務所役員心得」を通達し，さらにこれを徹底するために，同月20日付で，外国人坑山師のJohn M. Stoddart 宛に出した書簡において「坑業ハ一切」同人に委任することを述べるとともに，これとの関連で一切の権限を委任された坑山師と全業の監督者としての事務長との関係やその他の職制の指揮系統に触れる中で，坑内の安全と作業能率の検査を担当する

坑内検査役の存在が示されているが(13),この坑内検査役はその後の二度にわたる組織改革に際しても存続させられている(14)(この検査業務が今日の業務監査に当たるかどうかは,その職務内容と職務の執行方法とが明確でないので,即断はできないが,少なくとも管理と監査の未分化の状態にあるものとはいえるであろう)。

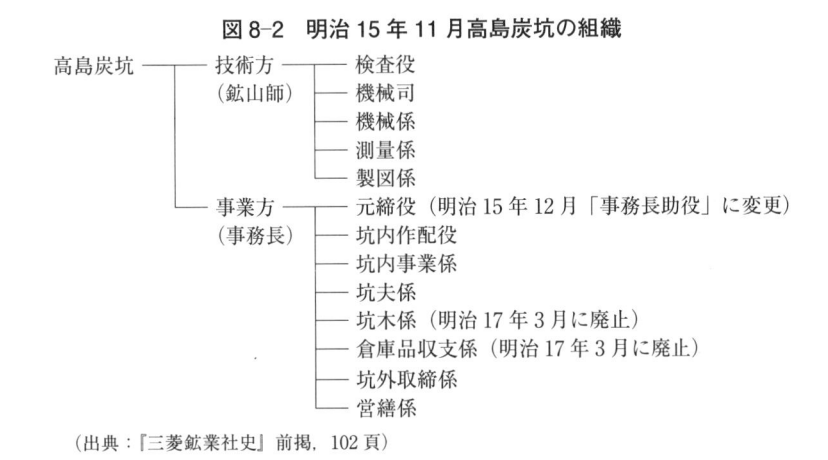

図8-2 明治15年11月高島炭坑の組織

```
高島炭坑 ─┬─ 技術方    ─┬─ 検査役
         │  (鉱山師)   ├─ 機械司
         │             ├─ 機械係
         │             ├─ 測量係
         │             └─ 製図係
         └─ 事業方    ─┬─ 元締役(明治15年12月「事務長助役」に変更)
            (事務長)   ├─ 坑内作配役
                       ├─ 坑内事業係
                       ├─ 坑夫係
                       ├─ 坑木係(明治17年3月に廃止)
                       ├─ 倉庫品収支係(明治17年3月に廃止)
                       ├─ 坑外取締係
                       └─ 営繕係
```

(出典:『三菱鉱業社史』前掲,102頁)

3 吉岡鉱山における内部監査機構

次に,鉱山関係についてみてみると,明治6年12月に買収した吉岡鉱山(吉岡銅山製鉱所の名称で経営)では,明治7年8月にそれまでの規則を改め,職務規律を明らかにしたものの(15),小規模であったために明確な組織は形成されなかったようである。

明治15年9月に起業(「鉱業拡張ノ為新ニ事業ヲ起」(16)すこと)と営業(「現在採鉱ノ事務及之レニ属スル現時執行ノ事務」(17))とに権限が分割されて職制が定められ,起業は技術者の所管とされたが(18),この時点では本社との権限区分が判然とはしていなかったので,その後,明治19年5月には営業は鉱山専断事項として任されたものの,起業は明確に本社決裁事項とされたことにより,本社による鉱山への統制が強化された(19)。

同時に，相次ぐ買収による周辺鉱山の増加に対処するために，鉱山組織自体をも改革して，「吉岡鉱山部組織概則」を定め，これにより吉岡周辺の弥高，青滝，笹ヶ原，大栄，興共，蝙蝠，大鳴の諸鉱山を合わせた吉岡鉱山部を設置するとともに，吉岡鉱山を本山，他を支山と称した。

　また，機構面では，吉岡鉱山本部を吉岡本山に置き，鉱山長の下に図8-3にみるような管理組織を設けた。そして，本山が各支山を「総管統理」[20]するために，「支山ノ兼務支部又ハ事業支部事務支部ハ本山ノ採鉱製煉ノ両支部ニ対準シ其会計ニ係ハル事務ハ総テ本山会計部ノ監査整理ヲ承ク」(「吉岡鉱山部組織概則」第5条[21])ことと定めて，支山の会計事務に関する体制の不備を，本山の会計支部による会計監査を通じて補完しようとしたようである。その際，会計の正確性の確保ばかりではなく，会計監査を通じて同時に，本山は各支山の業務活動の内容をも把握しようとしたのではないかと推測される。

図8-3　吉岡鉱山部組織（明治19年5月）

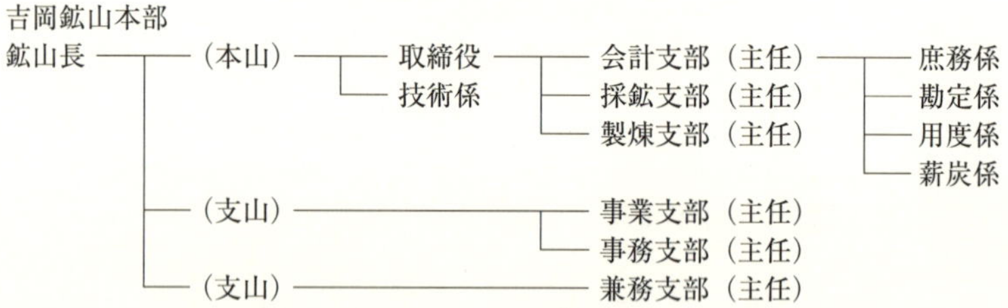

```
吉岡鉱山本部
鉱山長 ─┬─（本山）─┬─取締役       ┬─会計支部（主任）─┬─庶務係
         │           │  技術係       ├─採鉱支部（主任） ├─勘定係
         │                            └─製煉支部（主任） ├─用度係
         │                                                 └─薪炭係
         ├─（支山）─────────────┬─事業支部（主任）
         │                            └─事務支部（主任）
         └─（支山）──────────────兼務支部（主任）
```

（出典：『三菱鉱業社史』前掲，104頁，一部修正）

　このように会計監査を通じて支山の業務活動を把握した鉱山本部もまた，鉱山部全体としての会計報告書を本社に提出することによって，本社決定事項とされた鉱山部幹部人事（本社派遣人事）と起業案決裁権によるのみならず，会計面からも統制を受けた。すなわち，明治23年5月10日付で吉岡鉱山長に宛てた「各鉱山事務取扱心得」と題する本社布達の中で，「鉱山長ハ本社ニ対シ毎月両回事業景況ノ明細報告ヲ為スヘキ事」[22]と規定して，毎月2回の事業報告を徴収し，その内，「毎月一回元帳貸借試算表（＝合計試算表—引用者注）を営業勘定の試算表（現在の月次決算に相当—引用者注）を添えて本社へ提出」[23]

させることとしたほか，同布達はさらに「鉱山長ハ毎年度ノ結算勘定書ヲ本社ニ出スニ当リ其年度ヲ通観シタル事業ノ概況，其伸縮ノ原因，損益ノ理由ヲ詳記シタル説明書ヲ添附スヘキ事」[24]と規定することによって，年度決算書とその説明書の提出をも要求したのである（もっとも，これらの会計報告書の監査が実施されたかどうかは不明である）。

吉岡鉱山におけるこのような現業管理機構及び「営業」に関する権限の委譲とそれに伴う会計報告書の本社への提出等を定めた「各鉱山事務取扱心得」は，その名称からも推察されるように，三菱が経営する他の尾去沢（明治20年10月買収），槇峰（明治21年2月買収），面谷（明治22年1月買収）の諸鉱山においても，適用されたのみならず[25]，各炭坑及び長崎造船所においても，それらに対して本社から委譲された権限の内容と権限委譲に伴う会計報告制度は，鉱山のそれとほぼ同一のものが適用されたといわれている[26]。

そのような各鉱山・炭坑の業務機構の標準化と会計報告制度の統一化を図った理由としては，会計数値による現業の管理を便宜ならしめ，業務執行状況の良否判断を容易ならしめ，最終的には経費の節減を図るという，後年（明治41年）の長崎・三菱造船所と神戸三菱造船所の機構統一に関して推測されている理由[27]が，この鉱山・炭坑の場合にも，おそらく妥当するのではないかと考えられる。

4　長崎造船所における内部監査機構

これとの関連で，時代が前後することになるが，ここで三菱社のいまひとつの事業である造船業についてみておくと，長崎造船所は政府借受（明治17年7月）の後，払い下げ（明治20年6月）を受けたものであるが，当初は船舶の修繕と機関の造修を主な業務としており，本格的な造船業務は行っておらず[28]，また，機構的にも独立した地位を与えられず，高島炭坑長崎事務所（三菱炭坑事務所）の管轄下に置かれていた[29]（図8-4参照）。この時期に何らかの内部監査活動が造船所において実践されたかどうかは不明である。それは次にみるよ

うに，造船所の経営組織は明治41年10月に至るまでは明確に成文化された組織規程によらず，慣習的に運営されていたからである。

すなわち，時代は下るが，前節でも触れたように，長崎，神戸（明治38年7月20日設置）の両造船所の機構統一（明治41年10月1日実施）に関連して，「三菱合資会社社誌」は，「元来三菱造船所工場ハ二十余年ノ歳月ヲ積ミ，其間ニ於テ漸ヲ逐ヒ経営ヲ進メ来リ，其組織ノ如キ予メ之ヲ一定セス臨機ノ処置漸次慣例ヲ為ス」[30]と述べ，また，これに対応して，「三菱長崎造船所史Ｉ」も，同所における経営組織に関して「明治41年度までは本所の経営上組織として確然取定めたるものなく，従来の習慣に依り是と信ずる方法により経営せるの状態なり」[31]と述べ，さらに神戸三菱造船所も同様で，「創業当時，業務の運営は工場，事務両部門に分かれ，すべて所長自らが決裁し，この補佐役として副長を置いていた。……工場あるいは事務部門をそれぞれ統轄する長なる制度はまだなかった。また業務の分掌は明文化されておらず，運用に委ねられていた。」[32]と述べているように，いずれの記述によっても，明治41年以前には，長崎，神戸の両造船所共に明文の組織規程は存していなかったようである。

しかし，日露戦争後の経済恐慌は，経営の合理化を必要ならしめ，そのために造船所においても原価の集計計算とその管理を体系的に行う最小の作業単位としての「アイテム」を明定し，これによって「工務執行ノ実際ト計算整理ノ両途ヲ考慮シ数回ノ精算ヲ比較シ進デハ『ダイヤグラム』ヲ作リ業務ノ進歩ヲ検シ得ルモノタルヲ期ス」[33]こと，すなわち，原価差異分析による工程管理と原価の低減を図る組織改革が必要とされ，さらにこれを機に長崎と神戸の両造船所における「アイテム」区分を統一することによって，「両所ノ成績ヲ比較シ得ルモノタルニ供セシメ」[34]ることを目的として，明治41年5月に，両造船所の組織を統一する組織大要が示された[35]。

これに応じて，長崎造船所では，明治41年9月に「三菱造船所組織規定」が制定されたのであるが[36]，その中に，専任者は配置されなかったとはいえ，造船所長の「目代」としての検査役が規定されている。

同組織規定によれば，「工場ヲ統御監督スルハ工場支配人ノ任ナルモ尚ホ業

務ノ統一整頓ヲ視ル為所長ノ目代トシテ検査役ヲ置ク，此役員ハ専任トナサズ総事務所ニ属スル技士役員ノ内ヨリ所長ノ特選シテ業務セシムルモノトス，故ニ検査役ハ別ニ役席ヲ有セサルモノトス」[37]として，これによって，炭坑，鉱山のそれと比べればかなり遅いものの長崎造船所においても工場（機関工場，造船工場）支配人・船渠長以下の直接的管理・執行業務の「統一整頓ヲ視ル為所長ノ目代トシテ」間接的管理に当たる内部監査人としての検査役が設置されているのである（図8-4参照）。

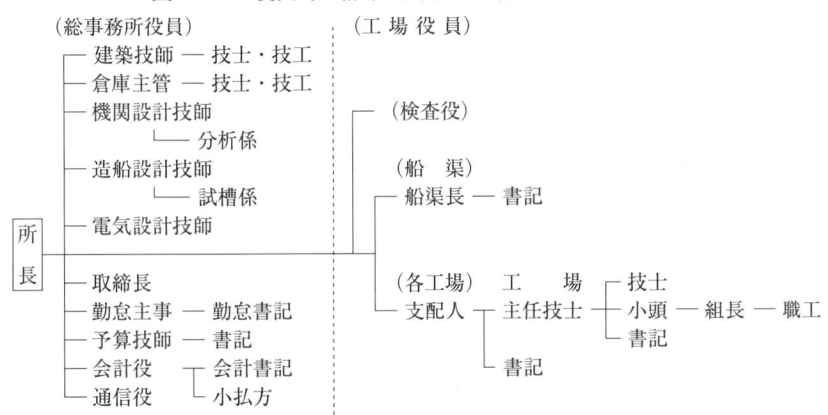

図8-4 三菱長崎造船所の経営組織（明治41年10月）

```
（総事務所役員）              （工場役員）
   ├─ 建築技師 ─ 技士・技工
   ├─ 倉庫主管 ─ 技士・技工
   ├─ 機関設計技師
   │     └─ 分析係
   ├─ 造船設計技師          ─（検査役）
   │     └─ 試槽係
   ├─ 電気設計技師          （船 渠）
所 │                         ─ 船渠長 ─ 書記
長 │
   ├─ 取締長                （各工場）    工 場   ─ 技士
   ├─ 勤怠主事 ─ 勤怠書記    支配人   ─ 主任技士 ─ 小頭 ─ 組長 ─ 職工
   ├─ 予算技師 ─ 書記                            └─ 書記
   ├─ 会計役 ┬ 会計書記                  └─ 書記
   └─ 通信役 └ 小払方
```

（出典：山下正喜「日本とアメリカの原価計算―明治末期―」（東南アジア研究叢書 16），長崎大学東南アジア研究所，昭和56年，14頁及び15頁の図を一部修正）

しかし，検査役の設置が，明治41年の組織規定によって初めて行われたのかどうかは確定できない。というのは，この組織規定の制定・実施は，前年の本社造船部の設置（明治40年3月20日[38]）及び同組織規定の実施と同じ日（明治41年10月1日）に実施された本社各事業部の独立採算制[39]とに関連すると思われるが，その内容については，既にみたように，長崎造船所における従前の組織慣行を成文化したものとされている[40]。従って，検査役もまた，同組織規定制定前に既に組織慣行として設置されていた可能性があるからである。

5　三菱合資会社の設立と本社機構の整備

　ここで時代を再び明治20年代に戻すと，さきにみたように，三菱社発足当初はとりあえず旧郵便汽船三菱会社の炭坑・鉱山業務に関する管理・統制方法を引き継いで，各事業所毎の内部監査活動を展開する一方で，そうした事業所の経営規模の拡大とその全国的拡散の進行に対応して三菱社においても本社統轄機能の充実・強化をめざす機構整備が進められていた。

　すなわち，明治21年11月9日に「本社事務取扱覚書」[41]が出され，これによって本社に鉱山課，会計課，庶務課が設置された。さらに，同月26日には管事の長崎駐在制が採られて[42]，高島炭坑と長崎造船所（同年12月1日に三菱造船所に改称）がその指揮下に置かれ，また，高島炭坑長崎事務所は三菱炭坑事務所に改称されて，本社機構の一部とされた（図8-5参照）。

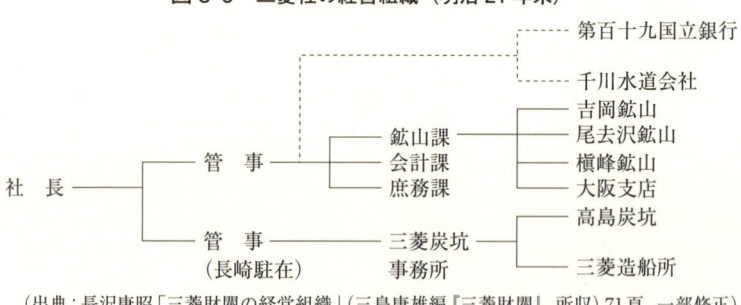

図8-5　三菱社の経営組織（明治21年末）

```
                       ┌──────── 第百十九国立銀行
                       ├──────── 千川水道会社
                 ┌─ 管　事 ─┬─ 鉱山課 ─┬─ 吉岡鉱山
                 │           │           ├─ 尾去沢鉱山
                 │           ├─ 会計課   ├─ 槇峰鉱山
社　長 ──────────┤           └─ 庶務課   └─ 大阪支店
                 │
                 └─ 管　事 ──── 三菱炭坑 ─┬─ 高島炭坑
                    （長崎駐在）  事務所   └─ 三菱造船所
```

（出典：長沢康昭「三菱財閥の経営組織」（三島康雄編『三菱財閥』，所収）71頁，一部修正）

　さらに，三菱社は（旧）商法の一部施行に伴い，明治26年12月15日設立の，社員全員が有限責任社員から成る三菱合資会社[43]に事業を引き渡し，後者は直ちに「場所制」を採るとともに，本支店会計帳簿様式を定めた[44]。明治27年10月には長崎支店管轄の鉱山，炭坑，造船所，支店のすべてを本社直轄とした[45]。「ところが，これらすべてを直轄することになった本社では，社長，支配人各一名および副支配人二名，合計四名と少数であり，極めて弱体であった。……ここに本社組織の拡充・整備が必要となった」[46]。

第8章 三菱財閥生成期の内部監査機構の整備　135

　この時の本社組織の拡充・整備の契機となったのは，明治28年10月16日の銀行部の新設であった。これは，明治18年5月7日に営業権を継承していた第百十九国立銀行の営業満期（明治31年12月）が近づいてきたために同行の業務を移管吸収する受け皿として新設されたものである。しかし，同行も発行紙幣の消却等の必要から営業満期に至るまで存続させられたので，同行と同行を管理する銀行部との二重組織が形成され，トップ以下の人事も全く兼任とされた(47)。

　おそらくこのような事情並びに預金者という外部利害関係者の存在から，銀行業については他の鉱山，炭坑，造船等の事業とは区分して銀行部を単位とする独立採算制を実施したのであろうと思われるが，このようにして銀行部門を「部」としたことが他の事業分野にも波及し，明治29年2月1日売炭部，同年10月20日鉱山部の設置をみた。なお，上に述べた銀行部の独立採算制は，内

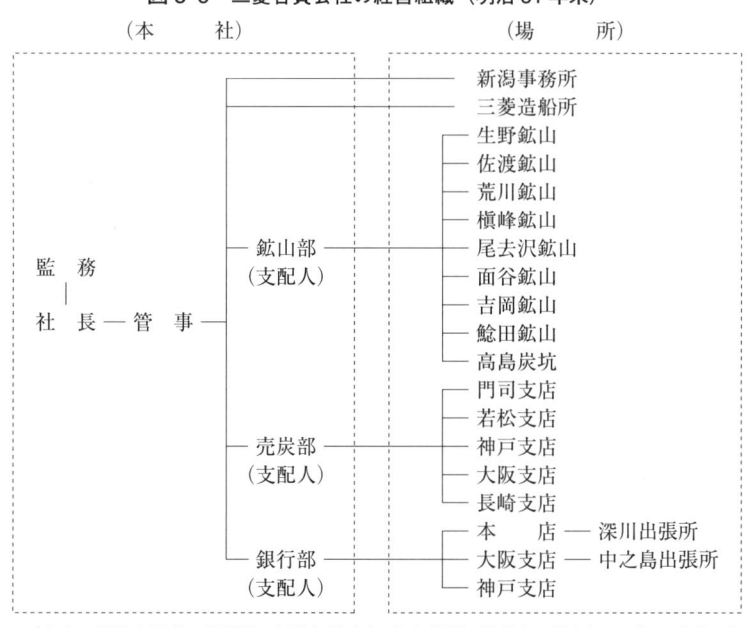

図8-6　三菱合資会社の経営組織（明治31年末）

```
（本　社）                    （場　所）
                              ┌─ 新潟事務所
                              ├─ 三菱造船所
                              │  ┌─ 生野鉱山
                              │  ├─ 佐渡鉱山
                              │  ├─ 荒川鉱山
                              │  ├─ 槙峰鉱山
                      鉱山部 ─┤  ├─ 尾去沢鉱山
                     （支配人）│  ├─ 面谷鉱山
  監　務                       │  ├─ 吉岡鉱山
    │                          │  ├─ 鯰田鉱山
  社　長 ─ 管　事 ─┤          │  └─ 高島炭坑
                              │  ┌─ 門司支店
                              │  ├─ 若松支店
                      売炭部 ─┤  ├─ 神戸支店
                     （支配人）│  ├─ 大阪支店
                              │  └─ 長崎支店
                              │  ┌─ 本　店 ── 深川出張所
                      銀行部 ─┤  ├─ 大阪支店 ── 中之島出張所
                     （支配人）│  └─ 神戸支店
```

（出典：長沢康昭「三菱財閥の経営組織」（三島康雄編，前掲書，所収）80頁，一部修正）

部資本金制と毎年純益金の一部（10％）を本社に納付し（利益納付金制度），残額は銀行部の内部留保とするもので，後年の「事業部制」の端緒となった[48]。

その後も本社組織の拡充・整備が進められ，明治32年9月9日には庶務部（会計課などの4課）と営業部（従来の売炭部を廃止し，新たに設置。商事活動への進出を目指したもので，商事部門独立の意味があったとされている[49]）の設置[50]と並んで，同月22日には三菱社創立以後初めての検査部が設置され，「業務上諸般ノ検査事務ヲ取扱ハシム」[51]こととされ，業務監査を実施した[52]。

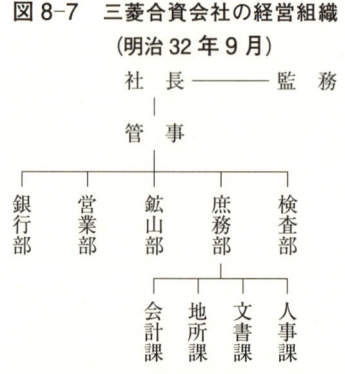

図8-7　三菱合資会社の経営組織
（明治32年9月）

社長　———　監務
　｜
管事
　├─銀行部
　├─営業部
　├─鉱山部
　├─庶務部
　│　├─会計課
　│　├─地所課
　│　├─文書課
　│　└─人事課
　└─検査部

（出典：『三菱合資会社社誌』348-351頁の記事による）別に造船部門（図8-5参照）

しかし，この検査部は，明治41年10月1日の「会社職制改革」によって「事業部」制が採られたことで廃止された。すなわち，この明治41年10月1日の組織改革は，既に明治30年に実施されていた銀行部のそれのように，現業部門である鉱業部（明治39年7月17日に鉱山部と営業部を併合して設置）と造船部（明治40年3月20日設置）に対して，「各部ノ資本額ヲ定メ，各独立ノ体裁ヲ具ヘ業務ヲ営マシメ」[53]る組織改革であったが，これにより，今日の事業部制からみれば分権化の程度がなお不十分とはいえ「事業部」制が採用され[54]，各事業分野毎の部門別責任体制ないし独立採算制が確立されたことで，検査部の職掌とされていた「業務上諸般ノ検査」はそれぞれの「事業部」の責任において実施されるべきものと考えられたためではないかと思われる（もっ

とも，各「事業部」で会計監査を担当した部門は明らかではない)。

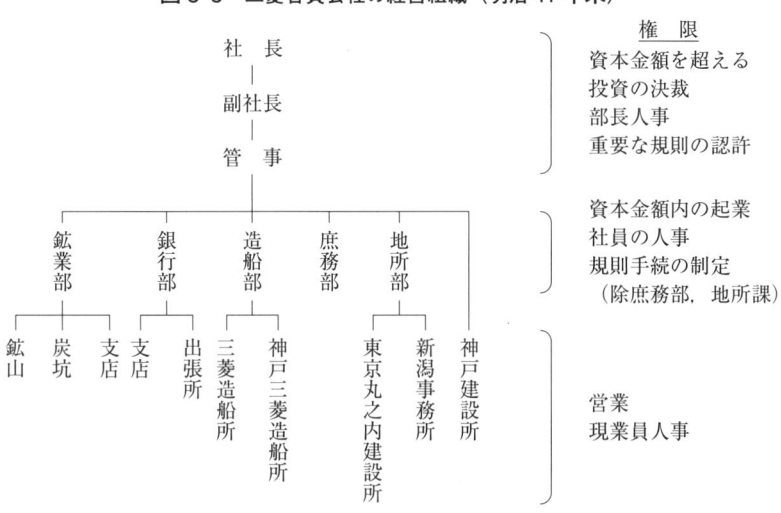

図8-8　三菱合資会社の経営組織（明治41年末）

```
                    社　長
                      ｜
                    副社長                    ┐  権　限
                      ｜                     ├  資本金額を超える
                    管　事                    │    投資の決裁
                                             │    部長人事
                                             ┘    重要な規則の認許

    ┌──────┬──────┬──────┬──────┬──────┐    ┐  資本金額内の起業
    鉱    銀    造    庶    地                ├    社員の人事
    業    行    船    務    所                │    規則手続の制定
    部    部    部    部    部                ┘   （除庶務部，地所課）

  ┌─┬─┐ ┌─┐ ┌─┬─┐ ┌─┬─┬─┐                ┐
  鉱 炭 支  支 出  三 神    東 新 神              │
  山 坑 店  店 張  菱 戸    京 潟 戸              ├  営業
           所  造 三    丸 事 建              │    現業員人事
               船 菱    之 務 設              ┘
               所 造    内 所 所
                  船    建
                  所    設
                        所
```

（出典：長沢康昭「三菱財閥の経営組織」（三島康雄編，前掲書，所収）82頁，一部修正）

　その後も「事業部」制は，「部」の分割あるいは新設によって，拡大されていった。すなわち，明治44年1月1日に鉱業部を再び鉱山部と営業部に分割し，同時に地所部と内事部を設置し(55)，翌大正元年10月7日に炭坑部を鉱山部から独立させて(56)，これらの「部」に内部資本金を設定して「事業部」とした（但し，内事部を除く）。これによって，結局，銀行部（内部資本金100万円），造船部（同1,000万円），炭坑部（同800万円），鉱山部（同600万円），営業部（同300万円），地所部（同300万円）の6部が「事業部」とされた。

6　「事業部」及び場所の統轄手段としての会計及び会計監査の制度・機構の整備

　このような独立採算の「事業部」の増加は，他方では，各「事業部」を統轄し，各「事業部」間の利害を調整して，全社的観点に立った経営方針を策定す

る統轄・総合調整機能の充実・強化を必要ならしめ，その具体的手段としての会計及び会計監査制度の整備を要求することとなり，ここに再び，「事業部」制の実施によって一旦廃止された本社による会計監査の実施の意義が再認識された。

このために，明治44年1月1日の組織改革（この改革は三菱の企業組織を社長専制的な「明治型」から社長指導的な「大正型」へ移行させる端緒となったとされる(57)）の際に，庶務部の職掌中に「会計検査業務」が加えられ，「検査ハ会社ノ検査ニシテ社長ノ命令ヲ受ケ，社内各部ノ会計検査ヲナスモノトス」(58)と規定された。

さらに，この会計監査を円滑に実施し，本社による統轄を容易にするために，各「事業部」・各場所において行われる会計の標準化を図り，同年10月13日に，「決算ニ関スル手続十一項，附則四項」，「本社及各部（銀行部ヲ除ク）営業費勘定細目並銀行部同勘定細目大要」，「鉱山部各場所総勘定元帳勘定科目大要」，「銀行部総勘定元帳勘定科目大要」を制定し(59)，これによって，各「事業部」において使用する勘定科目を標準化するとともに，さらに大正4年12月25日には，各「事業部」・各場所から庶務部宛に提出される決算書類（損益処分前ノ貸借対照表，損益勘定表，貸借対照表，財産目録）の「作製ニ係ル注意事項」が通達されて様式が統一され(60)，かつ，決算書類には「其内容ヲ説明スル為ニ決算手続参考書ニ拠リ附属明細表ヲ添附シ，本社各部ニ限リ併セテ取引勘定尻喰違説明表ヲ提出セシムルコトト」(61)した。

この会計処理方法の整備と並行して，会計及び会計監査に関する組織の整備も進められ，大正5年2月2日にそれまでは明確には定められていなかった庶務部の職制を明らかにし，会計課（「会社全般ニ亙ル会計事務並当部会計ニ関スル事務」を分掌する），監査課（「社内ノ各部並各場所会計事務ノ監査ニ関スル事務」を分掌する），庶務課，調査課，保険課の分課制を採用して，監査事務の専門的担当部門を置くとともに(62)，同月29日に次のような「監査課事務取扱心得」を定めた(63)。

監査課事務取扱心得

第壱　監査方法

　一，当初ハ書類上ノ調査ヲ主トシ先ツ会計課ノ事務ノ一部ヲ助勢スルガ如キ形式ニ止ムルコト

　二，時ニ見学トシテ各地ヘ出張会計事務打合セヲナスコト

　三，第壱項ニ於テ不審ト認メ又ハ会計事務不整理ト認ムル場合ニハ特ニ其場所ヘ出張ノコト

　四，全般ノ監査ヲ行フト否トハ場合ニ依リ決定ノコト

第弐　監査心得

　一，監査ノ結果ハ其都度之ヲ部長ニ報告スベシ

　二，余リニ理論ニ走リテ窮屈ナルハ反テ隠蔽作為等種々好マシカラザル事故ヲ惹起シ利ヨリモ害多シ

　三，要スルニ各場所会計事務ニ対スル警戒ヲ与ヘ気分ヲ緊張セシムルヲ以テ足レリト心得ベシ

　四，会計上ノ誤謬ヲ発見スルニ力ムルハ監査ノ末ナリ会計制度ヲ統一シ謬ナカラシムル様力ムルヲ本務ト心得ベシ

第参　監査事項

理想トシテハ別紙監査課事務要項ニ列挙スル処ノ如シト雖，之ヲ弊害無ク有効ニ実現セシメンハ到底一朝一タニシテ為シ得ベキ所ニアラズ故ニ先ツ

　一，計算上ノ正否並帳簿ノ整否
　　証憑書ニ対照シテ綿密ナル検査ヲ為スト否トハ場合ニ応ジテ決スベキ問題ナリト雖大体ニ於テ精密監査ノ必要ヲ認メズ

　二，法規社規ヲ遵守セルヤ否ヤ（説明略）

　三，物品会計ニ関スル監査（同上）

　四，起業工事予算（同上）

　五，投資金ノ回収ニ長期ヲ要スル事業経営ニ関シテハ常ニ詳細ナル注意ヲ以テ調査シ置カバ監査ノ必要ナカルベシ

　六，各場所ニ於テ会計上ノ過失アリタル場合ニハ其調査ノ為監査課員出張スルコトアルベシ

本覚書ハ実行ノ上実際ノ便否ニ鑑ミ改訂スルコトアルベシ

この「監査課事務取扱心得」にみられる特徴をみると，監査方法的には原則として帳簿監査によることとし，その監査要点は計算の正確性，帳簿の秩序性，法規社規の遵守性等に置かれ，監査目的的には不正・誤謬の摘発（監査実施それ自体の効果）よりも不正・誤謬の抑制（監査予期の効果）を狙っているところに特徴があるといえるであろう[64]。

7 「事業部」の独立準備と内部監査機構

大正5年8月24日には，同年7月1日に三菱合資会社社長に就任したばかりの岩崎小弥太の手によって打ち出された各「事業部」の独立・分系会社化の方針に沿って，その準備としての各「事業部」への一層の分権化と，各「事業部」が独立・分系会社となった後も，これを有効に統轄するための本社スタッフ部門の強化とを同時に果たそうとする組織改革が実施された。分権化のためには，これまでの部長及び副長を廃止して，本社各部に「部務ヲ総理」する専務理事を置き[65]，さらに「同一部に理事二名以上ヲ置クコトヲ得」[66]として，各部の管理者の権限拡大を図るとともに，各部自体に各炭坑，鉱山，支店等の事業所の統轄機能を持たせるために，同月8月24日に営業部総務課[67]，銀行部監理課[68]，大正6年9月19日に鉱山部会計課[69]，炭坑部会計課[70]，営業部会計課（総務課より分離[71]）をそれぞれ設置して，それぞれに所属の部の「会計（もしくは一般計理）並ニ会計検査ニ関スル事務」（銀行部監理課にはさらに監査事務）を分掌させた。

他方，本社スタッフ部門の強化策として，大正5年8月24日に庶務部を改称して総務部とし[72]，これに従来は内事部に属した人事業務を移して人事課とし[73]，同じく内事部に属した「秘書並ニ奥帳場ニ関スル一切ノ事務」を新設の秘書役場に移すことで内事部を廃止し[74]，さらに，大正6年9月15日には各部に置かれていた調査課と東洋課（大正5年8月24日設置[75]）を統合して査業部を設置した[76]。「これによって，総務，査業の両部は三菱合資会社全体の人事および企画を統括することとなり，こうして分系会社設立の準備ができ

第 8 章　三菱財閥生成期の内部監査機構の整備　141

たのである。」[77]

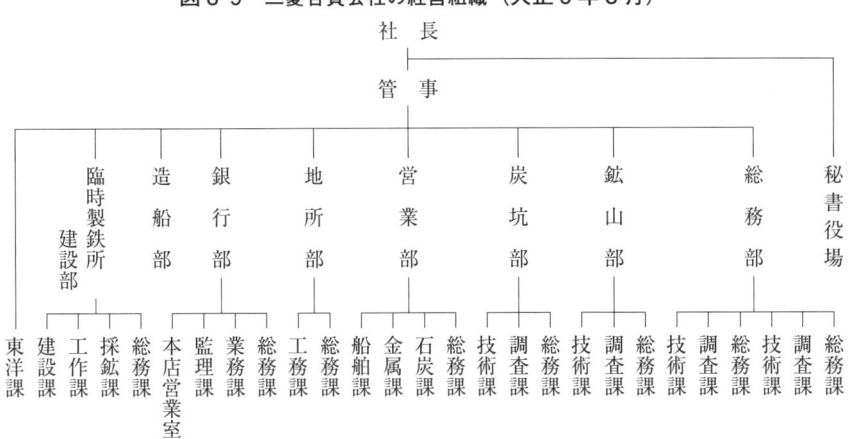

図 8-9　三菱合資会社の経営組織（大正 5 年 8 月）

```
                              社　長
                                │
                              管　事
    ┌────┬────┬────┬────┬────┬────┬────┬────┐
   臨時   造   銀   地   営   炭   鉱   総   秘
   製鉄所  船   行   所   業   坑   山   務   書
   建設部  部   部   部   部   部   部   部   役場
```
各部の下位課：東洋課／建設課／工作課／採鉱課／総務課／本店営業室／監理課／業務課／総務課／工務課／総務課／船舶課／金属課／石炭課／総務課／技術課／調査課／総務課／技術課／調査課／総務課／技術課／調査課／総務課／技術課／調査課／総務課

（出典：『三菱の百年』三菱創業百年記念事業委員会，1970 年，94 頁。）

8　『三菱合資会社社誌』にみる内部監査活動の実践状況

　ここで，機構問題からは逸脱することになるが，『三菱合資会社社誌』に，この当時の内部監査としての会計監査がどのように行われたかを窺わせる資料が掲載されているので，その一部を引用することとする。

　一つは，会計監査の結果を受けて，社長から各部専務理事等に宛てた大正 6 年 1 月 22 日付の指示書である。

「会計整理ニ関シ社長ヨリ親展ヲ以テ左ノ通知ヲ為ス
最近各場所会計監査ノ結果ニ徴シテ往往会計ノ整理完全ナラズ，其取締不十分ナルモノアルヲ発見致候事真ニ遺憾ノ至ニ存候，殊ニ甚シキニ至リテハ会計整理ノ根本義ヲ没却シ場所長ノ指図ヲ以テ計算並帳簿上ニ作為ヲ加フルモノモ有之……場所長トシテ……常ニ部下ヲ督励シ苟モ遺漏ナキヲ期スルハ勿論会計ノ原理原則並ニ之カ取扱上ノ諸規定ヲ恪守シ敢テ背反スルコトナキ様厳重御指導相成度候

……」(78)

として，会計処理の規定遵守を指示している。

いまひとつは，上の社長指示を受けた炭坑部専務理事が各炭坑長に出した大正6年1月24日付の通達である。

「会計整理ノ件ニ付，社長ヨリ各部ニ対シ御沙汰ノ処，炭坑部関係ノ場所ニ於テ最多大ノ注意ヲ要スベキコトアルヲ遺憾トシ……炭坑部専務理事ヨリ将来改善ノ実ヲ挙ゲザルベカラザル条項ヲ示シ，社長御沙汰ノ趣意ニ悖ラザル様取締方各炭坑長ニ通達ス

条項次ノ如シ
一，工作係ノ需要材料ハ其出費ヲ厳ニシ，一時不用トナリタル物品ハ其都度倉庫又ハ用度係ニ返納スベキ筈ナルニ拘ラズ猥リニ作業ノ自由ヲ計リ多量ノ不用物品ヲ堆積セシメタル場所アル事
一，貯蓄品ノ増加ヲ局限ス可シトノ趣意ヲ誤解シ必要品アルモ貯蓄品ノ項目ヲ以テ之ヲ購ハズ，他ノ経費ノ項目ヲ以テ之ヲ求メ其物品ヲ用度係ニ委託シタル場所アリ，又極端ニ貯蓄ヲ制限シ一一小買ヲナシ，其都度坑長ノ認印ヲ要シ執務ヲ煩雑ナラシムルノ場所アル事
一，用度係ハ単ニ自個ノ帳簿ノ会計係ノ帳簿ト符号スル事而己ニ腐心シ物品検査ニ重キヲ置カザル為メ，倉庫物品ト帳簿上ノ員数ト多大ノ相違ヲ生ズルノ場所アル事
（以下，4項目が記載されているが省略する—引用者）」(79)

この例に窺われるように，さきに示した「監査課事務取扱心得」では，帳簿監査を監査方法の原則としていたとはいえ，現実には，監査の完遂上の必要から実地監査も適宜に実施されていたことが知られる。また，会計監査とはいえ会計処理のあり方を通じて業務監査的側面にまで監査範囲が必然的に拡げられていたことも知られるのである。

第 8 章　三菱財閥生成期の内部監査機構の整備　143

（1）　森川英正「三菱財閥の経営組織―三井財閥との比較において―」『経営志林』（法政大学）第 7 巻第 4 号，1971 年 1 月，2 頁。
（2）　もっとも，この日本郵船会社の株式保有による配当は，東京海上，横浜正金，日本鉄道などからの配当とともに，「三菱が鉱山・造船・銀行等にわたる総合企業を展開していく上での重要な資金源になった」（服部一馬「日本郵船会社の成立―明治前期における三菱と三井（5）―」『経済と貿易』（横浜市立大学）第 85 号，1964 年 12 月，13 頁）とされ，三菱の資本蓄積に多大の貢献をしたとされる。同旨，旗手　勲『日本の財閥と三菱―財閥企業の日本的風土』楽游書房，昭和 53 年，25-35 頁及び 56-58 頁。三島康雄『三菱財閥史　明治編』教育社，1979 年，110 頁。なお，後注（4）参照。
（3）　旗手　勲，前掲書，56 頁。
（4）　これらの事業は「残された事業」であるとはいえ，郵便汽船三菱会社は共同運輸会社との競争により赤字経営であったから，所得面では，高島炭坑の稼行がむしろ三菱の主業となっていた。海運業を日本郵船会社に移譲した前後の明治 18 年と 19 年の三菱の部門別所得内訳をみると，明治 18 年には，政府助成金を含む所得総額 55 万円の内，高島炭坑からの所得が 91.6％，長崎造船所のそれが 9.3％，吉岡鉱山からのそれが 8.1％を占め，海運関係は－45.5％の欠損を示しており，これを填補する形で政府助成金が 36.7％に達している。これに対し，海運部門を分離した明治 19 年になると，所得総額 124 万円の内，炭坑が 41.5％，造船が 5.2％，鉱山が 3.9％の計 50.6％になり，さらに，これに加えて，株式配当が 25.8％，公債利子が 13.0％，預金・貸金利子が 10.2％の計 49.0％となっている。この明治 19 年の所得内訳比率に示されるように，所得の太宗を炭坑と保有有価証券から得る傾向は，明治 26 年末の三菱合資会社の設立とともに保有有価証券が岩崎家の私有財産に移されるまで続いた（旗手　勲，前掲書，25-35 頁による）。
（5）　この「三菱社」を設ける際に官庁に提出した届書によれば，本文に述べたように郵便汽船三菱会社を解散し，新たに「三菱社」を設立したのではなく，前者の商号を後者に単に改称したにすぎないとも解釈できる。この解釈は『三菱社誌』第 13 巻，27 頁に示される解釈である。しかし，外観のみであったにせよ会社としての組織を廃し，名実共に個人営業的色彩の濃い企業形態に組織変更しているのであるから，ここでは『岩崎弥之助伝』上巻，255 頁の記述に従って，前者―解散，後者―新設とした。官庁への届書が単なる改称として記述されているのは，おそらく長崎造船所における設備借用権の継承の問題からではないかと推測される。なお，官庁への届書は次のように記載されている。「弊社海運之事業先般日本郵船会社ニ引譲候ニ付而ハ，向後社名之儀単ニ三菱社トモ相唱，高島炭坑並長崎造船所之事業支配仕候間，為念此段御届申上候，以上／明治十九年三月廿九日／京橋区霊岸島浜町拾弐番地／三菱社長　岩崎弥之助／工部省残務係／東京府知事／各通」（『三菱社誌』第 13 巻，27 頁及び『岩崎弥之助伝』上巻，276 頁による）。

(6) 三菱社の「事務規程」は，『三菱社誌』第13巻，28-29頁及び『岩崎弥之助伝』上巻，278-279頁所載による。
(7) 森川英正，前掲稿，2頁。
(8) このような第一命令書（明治9年8月）及び第二命令書（明治9年9月）を無視したような多角経営は，三菱の海運独占による高運賃への批判と共に，第三命令書（明治15年3月）をもたらし，その第一条で改めて「其社ノ本業ハ海上運漕ヲ専ニシ，決シテ商品売買ノ事業ヲ営ムベカラズ」と規定して，会社の営業を海上運輸に制限し，また，第十条で恣意的な運賃引き上げを制限する政府の三菱抑圧策を引き出したが，三菱は，これらの制約を脱し，やはり三菱抑圧のために設立された共同運輸会社（明治15年7月設立）との競争に自由に対処しうるようにするために，政府から下付されていた汽船30隻の代価120万円の残額（利引計算により369,000円）を明治16年7月に完済し，また，政府から借り入れていた汽船購入費，修繕費等の残額1,325,600円余（1割引利引計算により632,600円余）を皆済して，政府との貸借関係を清算し（『岩崎弥之助伝』上巻，234-236頁），「自ら独立路線に踏みだし」（小林正彬「〈書評〉三島康雄編『三菱財閥』」『経営史学』第17巻第3号，80頁）ていたので，第三命令書の第一条は「実質的には拘束力をもたなかった」（三島康雄，前掲書，95頁）。
(9) このように，炭坑・鉱山業が郵便汽船三菱会社と不即不離の関係で営まれていたことは，明治19年3月に，これまでの郵便汽船三菱会社の発展に貢献した社員に日本郵船会社の株券もしくは現金を分与した際に，「以前該事業ニ従事致候向ニテ炭坑始造船所等エ転務致候輩モ不少候得共，同所ノ儀ハ今日独立之事業ト相成居候儀ニ付今般之報酬ニハ相加不申」（『三菱社誌』第13巻，26頁。但し，傍点は引用者）との通達を同年3月14日付で，郵便汽船三菱会社庶務課長心得，二橋元長の名で，高島炭坑事務長兼長崎造船所支配人，山脇正勝と高島炭坑長崎事務所支配人，瓜生震に宛てて出していることからも窺われる。
(10) 小林正彬，前掲稿，79頁。
(11) この炭坑・鉱山の現業組織と管理方法の整備の過程については，長沢康昭「初期三菱の経営組織—鉱山・炭坑業を中心として—」（秀村・作道他編『近代経済の歴史的基盤』ミネルヴァ書房，1977年，所収）を参照。
(12) 『三菱社誌』第9巻，481-484頁。
(13) 『三菱社誌』第8巻，141-148頁。同旨，『岩崎弥太郎伝』下巻，376-377頁。
(14) 坑業一切の権限を委任された坑山師と企業の監督者たる事務長との間の権限関係は書簡により一応の区分が行われていたものの，実際には管理責任が不明確となる混乱が生じたらしく，明治15年2月に，坑山師を技術・保安スタッフとして明確に位置付け，事務長を「俗務」（現業）の責任者とする組織改革が行われ，坑山師管轄の技術部と事務長管轄の坑内部及び坑外部（長はそれぞれ元締役）が置かれた（『三菱社誌』第9巻，224-236頁）が，さらに同年11月に坑内部と坑外部は統合されて事業

方とされ，同時に，これに伴って，技術部も技術方と改称されている（『三菱社誌』第 9 巻，481-483 頁）。この 2 度の組織改革に際しても，坑内検査役は検査役と改称されたのみで，技術部ないし技術方の一部門として存続させられた。

(15) 『三菱社誌』第 1 巻，245-247 頁。
(16) 『三菱社誌』第 9 巻，403 頁。
(17) 『三菱社誌』第 9 巻，404 頁。
(18) 『三菱社誌』第 9 巻，405 頁。
(19) 『三菱社誌』第 9 巻，63 頁。長沢康昭，前掲「初期三菱の経営組織―鉱山・炭坑業を中心として―」，423 頁。
(20) 『三菱社誌』第 13 巻，60 頁。
(21) 『三菱社誌』第 13 巻，60 頁。
(22) 『三菱社誌』第 17 巻，87 頁。
(23) 山下正喜，前掲稿，75 頁。
(24) 『三菱社誌』第 17 巻，87 頁。
(25) 長沢康昭，前掲「初期三菱の経営組織―鉱山・炭坑業を中心として―」423 頁。
(26) 長沢康昭，前掲「初期三菱の経営組織―鉱山・炭坑業を中心として―」426 頁。同旨，三島康雄編，前掲書，74 頁。
(27) 平林喜博「『三菱社誌』にみる明治・大正期の長崎造船所の原価計算―三菱造船所の原価計算に関する史的研究（1）―」『経営研究』第 28 巻第 2 号，1977 年 7 月，71-72 頁。
(28) 三島康雄，前掲書，183-184 頁。
(29) 『三菱社誌』第 15 巻，222 頁。
(30) 『三菱合資会社社誌』第 15 巻，1072 頁。
(31) 『三菱長崎造船所史Ⅰ』昭和 3 年，124 頁。
(32) 『三菱神戸造船所七十五年史』昭和 56 年，74 頁。同旨，『新三菱神戸造船所五十年史』昭和 32 年，56 頁。
(33) 『三菱合資会社社誌』第 15 巻，1,074 頁。なお，三菱におけるこの「アイテム」の原価計算上の意義については次を参照されたい。山下正喜「日本とアメリカの原価計算―明治末期―」（東南アジア研究叢書 16）長崎大学東南アジア研究所，昭和 56 年，37-40 頁所載の注（1）。
(34) 『三菱合資会社社誌』第 15 巻，1,074 頁。
(35) 『三菱合資会社社誌』第 15 巻，1,074 頁。
(36) 「三菱造船所組織規定」の制定を，J. Slater Lewis, "The Commercial Organization of Factories", 1896 と関連づける見解もみられる（宿利重一『荘田平五郎』対胸社，昭和 7 年，532 頁）が，両者の関連については，「現段階では明確な結論を出せない」（「三菱造船所における原価計算に関する研究」日本会計研究学会スタディグループ（主査，豊島義一）昭和 58 年度報告（昭和 58 年 9 月 23 日）配付資料。同旨，『日本

会計研究学会会報（昭和58年度）』昭和59年4月，13頁。『會計』第125巻第1号，昭和59年1月，144頁。）とされている。なお，「三菱造船所組織規定」の概要については，山下正喜，前掲書，13-15頁，並びに，平林喜博「明治・大正期の長崎造船所の材料費計算について」『経営研究』第30巻第3・4合併号，1979年11月，148-149頁及び154-155頁を参照。

(37) 「三菱造船所組織規定」役員ノ事。なお，山下正喜，前掲書，15頁参照。
(38) 『三菱合資会社社誌』第14巻，967頁。
(39) 『三菱合資会社社誌』第15巻，1,096-1,098頁。
(40) 山下正喜，前掲書，13頁。
(41) 『三菱社誌』第15巻，213頁。
(42) 『三菱社誌』第15巻，222頁。
(43) この当時施行の商法は明治23年4月26日法律第32号として公布され，明治26年3月4日法律第9号によって改正され，明治26年7月1日からその会社，手形及び破産の部分のみが施行されていた，いわゆる旧商法である。そこでは合資会社について，「第136条 社員ノ一人又ハ数人ニ対シテ契約上別段ノ定ナキトキハ社員ノ責任カ金銭又ハ有価物ヲ以テスル出資ノミニ限ルモノヲ合資会社トス／第139条 ①社名ニハ社員ノ氏ヲ用ユルコトヲ得ス 但無限責任社員ノ氏此限ニ在ラス 又社名ニハ何レノ場合ニ於テモ合資会社ナル文字ヲ附スヘシ ②若シ社名ニ社員ノ氏ヲ用キタルトキハ其社員ハ此カ為当然会社ノ義務ニ対シテ無限ノ責任ヲ負フ」と規定され，社名に社員の氏を用いない限り，社員はその全員が有限責任社員であり得た。なお，明治32年3月に新商法が施行された後は，旧商法によって設立された合資会社はその設立年次を社名に冠することで旧商法通りの社員構成で存続が認められた（商法施工令第39条）ので，三菱合資会社の爾後の公式商号は「明治26年設立三菱合資会社」である（『岩崎弥之助伝』上巻，301-302頁）。
(44) 『三菱社誌』第20巻，199-205頁。
(45) 長崎駐在管事と三菱炭坑事務所は，明治23年12月23日に直方に移され，長崎にあった事務所は長崎支店と改称されていた。三菱炭坑事務所はさらに明治24年11月20日に若松に移された後，三菱合資会社が設立されて営業を開始した明治27年1月1日に廃止された。この時に，東京と若松の両地に置かれた管事も廃止され，若松駐在管事の指揮下にあった炭坑，造船所，支店は再び長崎支店の管轄下に置かれていた（『三菱合資会社社誌』第1巻，1-2頁。なお，これらの措置の予告が『三菱社誌』第20巻，180-182頁にみられる）。
(46) 三島康雄，前掲書，79-80頁。
(47) 『岩崎弥之助伝』下巻，370-372頁参照。
(48) 長沢康昭「三菱財閥の経営組織」（三島康雄編，前掲書），130頁。
(49) 『岩崎弥之助伝』下巻，265-267頁の説述するところによれば，売炭部は「主として東京附近の売炭業務を取扱ったもので，まだ独立の営業部門ではない」（同書，266

第8章　三菱財閥生成期の内部監査機構の整備　147

　　頁）とされ，この営業部の設置を以て商事部門の独立とされている。
(50)　『三菱合資会社社誌』第6巻，348頁。
(51)　『三菱合資会社社誌』第6巻，351頁。
(52)　この検査部の活動状況の一斑を示すものとして，明治33年1月10日，「本社検査部長徳弘為章ヲシテ槇峰，生野両鉱山，高島，鯰田両炭坑，門司，若松，長崎各支店，三菱造船所ニ出張セシム」（『三菱合資会社社誌』第7巻，385頁）との記述がある。
(53)　『三菱合資会社社誌』第15巻，1,096頁。
(54)　この三菱合資会社の「事業部」制については，三島康雄，前掲書，218-219頁及び森川安正，前掲書，256-257頁を参照。
(55)　『三菱合資会社社誌』第18巻，1,301頁。
(56)　『三菱合資会社社誌』第19巻，1,504頁。
(57)　三島康雄編，前掲書，84頁及び89-90頁（長沢康昭執筆）参照。
(58)　『三菱合資会社社誌』第18巻，1,301頁。
(59)　『三菱合資会社社誌』第18巻，1,352-1,361頁。
(60)　『三菱合資会社社誌』第22巻，2,683-2,684頁。
(61)　『三菱合資会社社誌』第22巻，2,684頁。
(62)　『三菱合資会社社誌』第23巻，2,872頁。
(63)　『三菱合資会社社誌』第23巻，2,913-2,915頁所載。
(64)　「監査それ自体の効果」と「監査予期の効果」については，山桝忠恕『近代監査論』千倉書房，昭和46年，304頁以降を参照されたい。
(65)　『三菱合資会社社誌』第23巻，3,129-3,130頁。
(66)　『三菱合資会社社誌』第23巻，3,130頁。
(67)　『三菱合資会社社誌』第23巻，3,131頁。
(68)　『三菱合資会社社誌』第23巻，3,132頁。
(69)　『三菱合資会社社誌』第24巻，3,937頁。
(70)　『三菱合資会社社誌』第24巻，3,937頁。
(71)　『三菱合資会社社誌』第24巻，3,937頁。
(72)　『三菱合資会社社誌』第23巻，3,129頁。
(73)　『三菱合資会社社誌』第23巻，3,129頁。
(74)　『三菱合資会社社誌』第23巻，3,129頁。
(75)　『三菱合資会社社誌』第23巻，3,130頁。
(76)　『三菱合資会社社誌』第24巻，3,133頁。
(77)　『三菱の百年』（前掲），21頁。
(78)　『三菱合資会社社誌』第24巻，3,594-3,595頁。
(79)　『三菱合資会社社誌』第24巻，3,597-3,599頁。

第4部　大正・昭和前期における企業の内部監査体制

第9章　大正・昭和前期住友家における内部監査制度の整備

1　「監査規程改正ノ要点及理由」（大正3（1914）年12月）

　「住友本店」から「住友総本店」への改称は，明治42（1909）年1月7日に行われたが，その際，組織・職制には全く変更が加えられなかった。とはいえ，「住友総本店」への改称は，それ以前の住友家の事業統轄状況が「別子内部でも各課が分立していて相互の連絡が稀薄であり，いわんや住友全体としては連絡がなかった」[1]といわれる状態であったことへの反省として，当時の総理事（鈴木馬左也）が，住友家の「各事業は独自の溌剌とした活動をするとともに，強い紐帯で家長並に本店に結ばれ」[2]，それによって各事業が有機的一体性を保持すべきことを主張して[3]，「多角化した住友の事業体を統制する中枢機構の整備に着手」[4]する第一歩としての意味を持っていた。

図9-1　住友傘下の事業（大正2年）

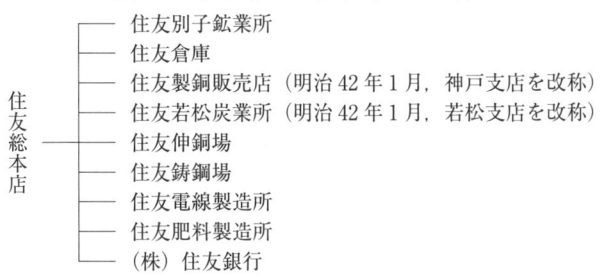

```
                ┌─ 住友別子鉱業所
                ├─ 住友倉庫
                ├─ 住友製鋼販売店（明治42年1月，神戸支店を改称）
                ├─ 住友若松炭業所（明治42年1月，若松支店を改称）
住友総本店 ─────┼─ 住友伸銅場
                ├─ 住友鋳鋼場
                ├─ 住友電線製造所
                ├─ 住友肥料製造所
                └─ （株）住友銀行
```

（出典：畠山秀樹『住友財閥成立史の研究』同文舘出版，昭和63年，219頁，一部修正）

そして,「住友総本店」への改称後, そこに込められた意図を具体化するための「規則を定め認可事項が定められた」[5]のであるが,監査規程もまた大正3 (1914) 年12月1日に次のような「監査規程改正ノ要点及理由」を附して改正され,統轄機構の重要な一環として整備され,再編成された。

> 大正3年12月監査規程改正ノ要点及理由左ノ如シ
> (大正3年12月1日庶務課案ニ依ル)
> (イ) 改正ノ要点
> 　第1　監査課ヲ名実共ニ支配人ノ指揮ノ下ニ置キ監査事務ト経理事務ト密接ノ関係ヲ保タシメ　以テ監査ニ依リ各店部已往事績ヲ明ニスルト同時ニ監査ノ結果ヲシテ事業ノ改良ニ資セシメルコト
> 　第2　専務監査員ハ家長及重役ニ直属シ　特命ニ依リ自ラ監査ヲ行フノ外常ニ監査課ノ監査ニ立会ヒ　家長若クハ重役ニ対シ自由ニ意見ヲ開陳シ以テ監査独立ノ場合ト殆ント同様ノ効果ヲ挙クルヲ期スコト
> (ロ) 改正ノ理由
> 　住友総本店事務章程第一条ニ曰ク「総本店ハ我一家全部ノ事務ヲ総轄スル所ニシテ家長之ヲ統督ス」ト,故ニ総本店ハ各店部ノ現在及ヒ将来ノ経営ニ付,指揮監督ヲ為スノミナラス其已往ノ実績ヲ監査シ,以テ賞罰ノ資ニ供シ並ニ事業ノ改良進歩ヲ図ルノ料トナスノ必要アルコト論ヲ俟タサルナリ
> 　　(中略)
> 　素ヨリ理論ノミヨリ推セハ,経営者ヨリ全ク独立セルモノト経営者自ラ行フモノト二重ノ監査制度ヲ設クルコト,猶ホ政府ニ於テ各省自ラ会計監査ヲ為スノ外,別ニ会計検査院ノ検査アルカ如キヲ可トスルナルヘシ,然レトモ住友家今日ノ事業ノ大サヲ以テ如斯二重ノ監査機関ヲ有スルコトハ銀行ノ如キ事業ノ性質上特別ニ其必要アルモノハ姑夕別トシ余リニ不経済ナルノミナラス亦之カ必要ナシト曰ハサルヘカラス
> 　　上記ノ弊ヲ矯メ並ニ独立監査制度ト殆ト同様ノ効果ヲ収ムルノ趣旨ヲ以テ改正按ヲ立テリ,即チ専務監査員及ヒ監査課共ニ総本店ノ機関トナスト雖モ監査課ノミ支配人ノ指揮下ニ置キ之ヲシテ平常ノ監査事務ヲ掌リ以テ経理事務トノ聯絡ヲ保タシメ専務監査員ハ家長及ヒ重役ニ直属シ其命ニ依リ監査ヲ為スノ外,常ニ監査課ノ監査ニ立会ヒ重要ト認ムルトキハ如何ナル事項ト雖モ家長若

クハ重役ニ開陳スルコトヲ得ルノ制トナシタリ，又，専務監査員ト雖モ常ニ監査事務ト経理事務トノ聯絡ニ留意スヘキヤ論ヲ俟タサルナリ

　この監査規程の改正は，上記「監査規程改正ノ要点及理由」に示されているように，総本店の統轄力を強化するために，従来は不明確であった総本店監査課と専務監査員の指揮系統並びに職務分掌を明らかにすること，さらに，統轄機能の要とされた経理課との連絡を監査課に課し，この連絡を専務監査員にも留意せしめることによって，内部監査制度を整備し，その効果的な運営を狙ったものである。

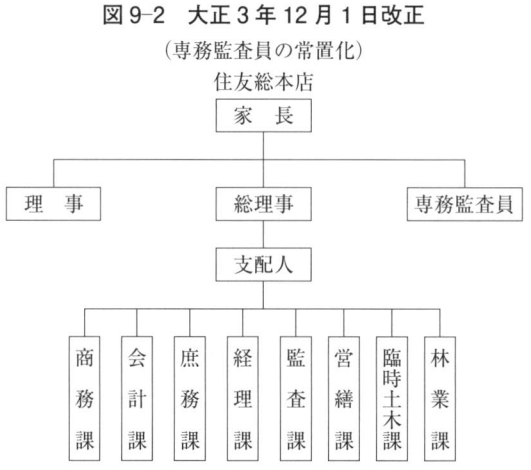

図9-2　大正3年12月1日改正
（専務監査員の常置化）

住友総本店

家　長
├─ 理　事
├─ 総理事 ─ 支配人 ─┬─ 商務課
│   ├─ 会計課
│   ├─ 庶務課
│   ├─ 経理課
│   ├─ 監査課
│   ├─ 営繕課
│   ├─ 臨時土木課
│   └─ 林業課
└─ 専務監査員

（注）営繕課は明治44年10月設置，臨時土木課は大正8年12月設置，林業課は大正8年設置

　すなわち，監査課を経理課とともに支配人の指揮下に置くことにより，監査，経理両事務の連絡を保たしめ，会計監査を中心とした常時監査（毎年1回の定期監査）と臨時監査（随時監査）とを監査課に担当させることとし（大正3年改正監査規程第4条及び第5条），他方，専務監査員は家長及び重役に直属とし，その命により単独に，あるいは監査課員を使用して特命監査を実施するものとし（同第3条），これにより監査事務の錯綜を回避したのである。

とはいえ，特命監査といえども，その遂行は監査課による平常の監査実施の結果に立脚してこそ効果的に行いうるものであるから，専務監査員は常に監査課の監査に立ち会うべきこととされ（同第6条），さらに，監査課の実施した監査の結果が，仮に支配人に不都合な場合においても家長もしくは重役に伝達されることを保証するために，専務監査員に対して「専務監査員ハ一家ノ為メ重要ト認ムルトキハ事項ノ何タルヲ問ハス家長若クハ重役ニノミ事実又ハ意見ヲ開陳スルコトヲ得」（同第7条）という権限を付与して，「監査独立ノ場合ト殆ント同様ノ効果ヲ挙クルヲ期」したのである。

この規程改正の後も，住友家の事業は拡大・発展し，漸次，株式会社組織に改編され，分離・独立していく（あるいはそうした経過をたどると予想される）につれて，「諸事業の中心となる總本店についても組織の近代化と統轄力の強化」(6)を図る必要が生じ，大正10（1920）年2月26日に住友総本店は住友合資会社に改組された(7)。これによって，住友家の事業経営は従来の「個人経営から会社組織へと組織を変更すると共に，実際経営の衝に当る番頭が，経営の責任に参加する方式」(8)が名実ともに確立され(9)，また，「この段階で，住友家家計が住友の事業から一応分離した」(10)のである。

2　監査部の設置と専務監査員の監事への呼称変更
　（大正10（1920）年5月）

この改組に伴い，全事業を統轄する本社機構もまた同10年5月19日の事務章程の改正により改められ，社長（住友吉左衛門）以下の職制として，総理事，常務理事及び理事の役員が置かれ，また，従来の支配人制が廃止され，常務理事の指揮下に人事部，総務部，経理部，工作部，監査部の5部が創設された。さらに，監査規程もこの機構改革と歩調を合わせて同時に改正され，専務監査員の呼称が監事に改められている(11)。

図9-3　大正10年5月19日改正
(監事と監査部の設置)

住友合資会社

社長 ― 理事／総理事／監事
総理事 ― 常務理事
常務理事 ― 秘書役／人事部／総務部／経理部／工作部／監査部

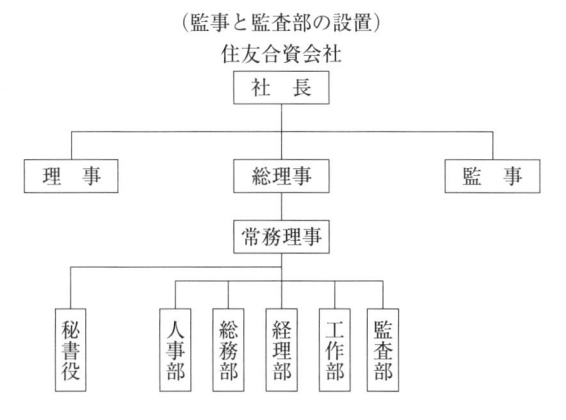

3　内部監査機能による連系会社の統轄

　そして，この改組時までに既に株式会社として分離・独立していた住友銀行(明治45年改組)，住友製鋼所(大正4年12月株式会社住友鋳鋼所として改組され，同9年11月に本名称に改称，現・住友金属工業株式会社の前身)，住友電線製造所(大正9年12月改組，現・住友電気工業株式会社)の連系3社は，法的には独立会社であったが，住友合資会社の直営事業部門(直轄店部)と全く区別されず，その一部門として取り扱われ，その独立性は極めて制約された。すなわち，その首脳部は合資会社理事によって兼任されると共に，人事，予算，重要な規程の設置改廃等は，従来の重役会に代えて新設された合資会社理事会の認可を要するものとされた。

　監査機構もまた，こうした人事，経理による統轄と並んで統轄機能を果たすものとされ，前記連系会社(独自の内部監査機構を有した住友銀行を除く)の監査役を合資会社理事(又は監事)が兼任し，これを補佐するために各連系会社に監査役附属又は監査役附属員を置いて，例えば，「住友職員録」によれば，大正10年には合資会社監査部第二課長及び第一課主査の2名(但し，電線製造所には1名)が，大正13年には合資会社監査部第二課長及び第二課主査の2

名（この年度は前年の大正12年8月に株式会社として分離・独立した住友倉庫についても同じ）が，それぞれ各連系会社の監査役附属又は監査役附属員を兼任したのである（なお，合資会社監査部長はいずれの年度も欠員）。これらの兼任の措置は，連系会社が法的には別個の法人格をもつところから，これを考慮して採られた措置であるが，実質的には，監査の側面からも連系会社は合資会社直営部門と同一の取り扱いを受けたのである。なお，これらの措置との関連で付言すれば，住友銀行では，大正12年1月26日に定款を変更して常任監査役制を採用し，これと同時に同行独自の検査役等（明治38年4月11日設置）を監査役附属員としている[12]。また，住友倉庫では，大正15年2月1日に同社独自の検査役制度を設けている[13]。

このように，大正期における内部監査制度の展開は，事業の維持・拡大に必要な資本の殆どが住友家によって拠出されていたことにより[14]，「住友の場合は他の財閥（三井，三菱など）に比して，……『家族的統括』の性格がきわめて強かった」[15]とされる傘下事業統制上の特徴を反映して，監査類型的には依然として明治期のそれと同じく「所有者型内部監査」[16]の域を出なかったものの，監査機構面では次のコンツェルン内部監査制度の段階へと整備されていく過程であったといえる。

なお，大正15年8月現在の監査部の人員は，当時の『住友職員録』によれば，監査部第一課（本社，鉱山，林業，農業担当）3名，同第二課（工業，販売業，銀行業，倉庫業，ソノ他）3名の計6名であり，監査部長は，監事と同じく，その設置時（大正10年5月）から昭和2年に至るまで空席であった[17]。

4 「監査及検査規程」の制定による検査役制度の導入
（昭和2年6月1日）

昭和2年6月1日に従来の「監査規程」に代えて，新たに「監査及検査規程」（甲第6号達）が制定された。この監査に関する規程の更新に合わせて事務章程も改正され，監査部が廃止されて，スタッフとして位置づけられる検査役

の制度が導入された。

　すなわち，この新制度は常務理事の指揮下に他から独立して検査を行う検査役，検査役補及び検査役附属員を配置するもので，これにより，従来，経理部等の他部門と並列して設置されていた監査部は廃止された。この検査役制度の導入は，連系会社である住友銀行や住友倉庫において既に実施されていた検査役制度を参考としたものでないかと思われる。前述のように，住友銀行では，明治38年4月11日に検査部を設け，検査役と検査役補を置いたが，大正7年3月にこれを改めて，銀行本店に検査役，検査役補及び検査係員若干名を置いた[18]。また，住友倉庫では，大正15年2月1日に同社独自の検査役制度を設けていた[19]。（なお，住友本社検査役の社内序列は各部長の上席とされ理事に次いでいたことが，当時の『住友職員録』における配列状態からうかがわれる。）

　このような組織変更を必要とした当時の状況として，この時期は「住友がようやくコンツェルンとしての組織と経営規模をもつようになった」[20]時期であり，傘下の事業部門が拡散し，次々に分離・独立していくために，合資会社発足時の「連系会社，主要直営事業所の主宰者を理事が兼ねて，直接指揮できる体制」[21]を維持することが難しくなり，「それぞれの部門責任者に経営権を委ね，合資会社理事は全般的方針の決定・統轄機能へと収斂していった」[22]という状況の変化があった。そして，この状況変化に対応して，統轄手段としての監査機構もまた変革される必要があったのである。

　すなわち，既にみたように，連系会社の監査役を合資会社（本社と呼ばれた）の理事ないし監事が兼任し[23]，本社監査部の課長及び主査2名が連系会社の監査役附属（又は監査役附属員）を兼任して，上記監査役を補佐するという形式を用いて，連系会社の内部検査を実施してきた。しかし，「住友合資会社が直営部門切離しを終了して完全に持株会社化したのは昭和3年ごろである」[24]といわれているが，この時期になるとコンツェルン内部監査の実施面においても，連系会社の数が増大してきたために，連系会社の監査役は合資会社理事が兼ね，またこれを補佐する監査役附属（または，監査役附属員）は合資会社監査部の課長と主査が兼任するという体制によっては，内部検査を十全に遂行し

ていくことが難しくなってきた。それにもかかわらず本社の統轄機能を維持するためには，合資会社監査部の課員を増員する必要が生じてきたので，これをランク・アップして，監査部長を理事に次ぐ検査役とし，同課長を検査役補，課員を検査役附属員とする職制の変更が行われたものと思われる。

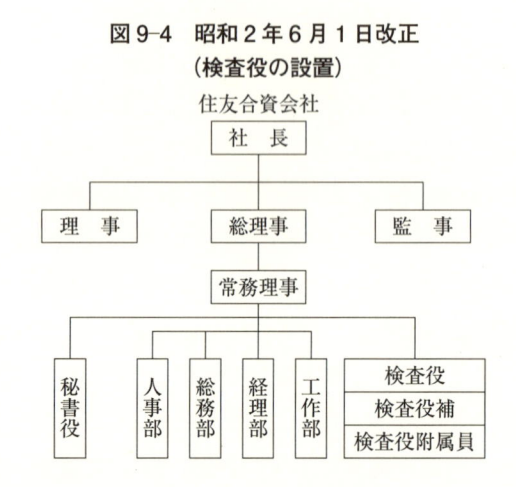

図9-4　昭和2年6月1日改正
（検査役の設置）

```
                    住友合資会社
                      社　長
        ┌──────────┼──────────┐
      理　事       総理事        監　事
                    常務理事
        ┌────┬────┬────┬────┬────┐
      秘書役  人事部 総務部 経理部 工作部  検査役
                                          検査役補
                                          検査役附属員
```

そして，従来の運用面での取り扱いを再確認するために，「昭和2年6月1日制定　監査及ビ検査規程要旨」において，「検査役，検査役補及ビ検査役附属員ヲ連繫会社ノ監査役附属員兼務トシテ其ノ会社ノ監査事務ニ従事サセル」と明記されたのである。

この検査役制度の導入によって，内部監査部門は経営組織上も明確にスタッフ部門として位置づけられたのであるが，ここで新たに用いられることとなった検査の概念と監査の概念の区分が問題とされ，これについて「昭和2年6月1日制定　監査及ビ検査規程要旨」は，監査は「一切ノ事業監査ト業務ニ関スル一切ノ検査ヲ包含スル」と説き，他方，検査は「所謂会計検査ヲ云イ　又時ニ広義ニ解シテ　コノ会計検査ニ加ウルニ業務ノ執行ガ諸規則，指令，通牒，会社及ビ重役ノ方針ニ違反スルコトナキカヲ検査スルコトヲ包含スル」と規定した。すなわち，同「要旨」は，監査は経営監査及び業務の妥当性の監査を意味し，検査は会計監査を主体とし，必要に応じて業務の準拠性の監査に及ぶ行

為であると概念規定したのである。

　また，実施担当機関については，「監査及検査規程」において，「監査ハ規程及社長又ハ総理事ノ命ニ依リ監事之ヲ行フ」（第1条）ものとし，「検査ハ規程及常務理事ノ指示ニ依リ検査役及検査役補各店部ニ就キ毎年少クトモ一回之ヲ行フ」（第4条）ものとし，監査―監事，検査―検査役という職務分掌を明らかにしている。

　とはいえ，本社各店部の監査にあたって，「監事ハ監査ヲ行フニ当リ検査役，検査役補及検査役附属員ヲ使用スルコトヲ得」（第2条）とし，また，前述のように，監事が連系会社の監査役を兼職することが多く，これを補佐させるために監査役附属員を置き，本社検査役に兼務させたように，監事と検査役等が一体となって会計監査と業務監査の両者を実施したのが実態であった。

　このように監査と検査は観念的には区分されたものの，実践面においては必ずしも明確に区分されていたとは言い難いのであるが，これは，住友合資会社の内部職制として設置された監事は株式会社における監査役に対応するものでなく，むしろ，コンツェルン全体を統轄する，いわばコンツェルン内部監査機関としての性格をもつものであり，検査役との職務分掌は内部監査職務の分割・分掌にすぎなかったからであるといえる。しかも，株式会社の監査役に対してさえ，一般に「この時代においては，監査役と『内部監査』との分化は明らかでなく，むしろ，監査役監査に内部監査的機能をも果たさせることが期待され」[25]た経営環境にあったのである。

5　「監査及検査規程」の「社則甲」への編入（昭和3年7月）

　昭和3年7月，「家法」が「社則」と改称された際に，「監査及検査規程」（昭和2年6月1日付「甲第6号達」）は無修正で「社則甲」に編入された。そして，「住友各社ではいずれもこの社則を適用した」[26]ことにより，連系各社はすべて本社監事が兼務する監査役による監査と，本社検査役等が兼務する監査役附属員による検査とを受けたのである[27]。

6 「監事附属員」の設置（昭和7年9月15日）

「社則甲」に編入された「監査及検査規程」は，その後，昭和7年9月15日付「甲第18号達」によって，「監事附属員」を同規程第2条及び第6条に加える修正が行われた。すなわち，前述の第2条は「監事ハ監査ヲ行フニ当リ監事附属員ノ外検査役，検査役補及検査役附属員ヲ使用スルコトヲ得」と改められ，「監事附属員」が新設された。もっとも，ここに新設された「監事附属員」は事実上，検査役及び検査役補の上席者の兼務とされた[28]ので実態的には変化がなかったものの，監事による監査業務と検査役による検査業務が区分され，各々別個に実施されるべき業務とされていることから，形式的とはいえ，監査機構上の整備が行われた。

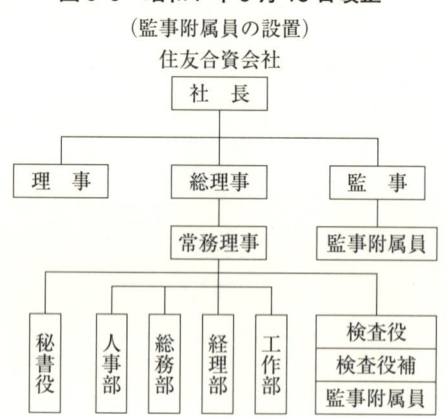

図9-5　昭和7年9月15日改正
（監事附属員の設置）
住友合資会社

社長 ─ 理事／総理事／監事
総理事 ─ 常務理事
監事 ─ 監事附属員
常務理事 ─ 秘書役／人事部／総務部／経理部／工作部
監事附属員（検査役／検査役補／監事附属員）

7 担当理事制の実施と内部監査体制（昭和11年5月1日）

昭和11年5月1日，「本社に常務理事制が廃されて，小倉総理事の下に担当理事制が布かれた」[29]ことに伴い，前出「監査及検査規程」第4条は，「検査ハ規程及担当理事ノ指示ニ依リ……」と改められた。この時の担当理事は，松本順吉理事兼監事であったと思われるが，松本順吉は，翌年3月1日に住友合

資会社が改組されて，株式会社住友本社が設立された際には，その身分のまま取締役に就任しており，株式会社住友本社の監査役は太平賢作と岡橋林であった。この人事面からも本社監事は内部監査機関であったことが傍証出来る。なお，株式会社となった際に，本社の「総理事，理事などの職制その他の内部機構は，合資時代と変化なく」[30]維持され，松本順吉の理事兼監事も変更されていない。

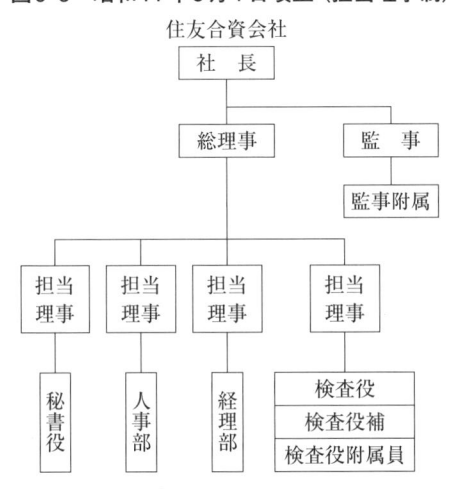

図9-6 昭和11年5月1日改正（担当理事制）

住友合資会社

社　長

総理事　　監　事
　　　　　　監事附属

担当理事　担当理事　担当理事　担当理事

秘書役　人事部　経理部　検査役
　　　　　　　　　　　　検査役補
　　　　　　　　　　　　検査役附属員

8　監事・検査役の指揮系統の変更（昭和13年1月，16年4月）

　専務理事制が採用された昭和13年1月には「監査及検査規程」もまた改正されて，その第4条は「検査ハ規程及専務理事ノ指示ニ依リ……」と改められ，さらに，昭和16年4月に「専務理事制を廃止して三常務制を採り」[31]旧に復した（但し，昭和11年前は二常務制であった）ときに，同第4条も旧に復し，「検査ハ規程及常務理事ノ指示ニ依リ……」とされた。このような昭和11年来の規程の変更・復元は首脳部の人事に伴う最高経営組織の変更・復元によるものであった。

図 9-7　昭和 13 年 1 月改正（専務理事制）

株式会社住友本社

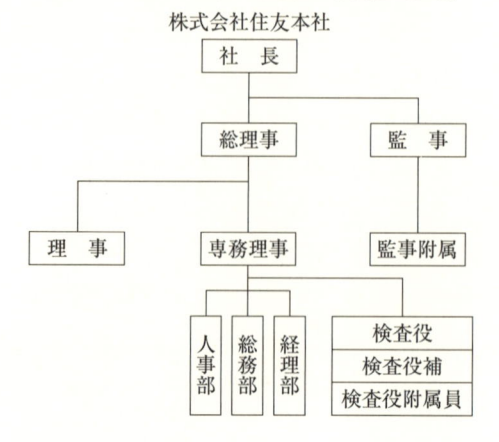

```
                社　長
       ┌─────────┴─────────┐
      総理事                監　事
   ┌────┴────┐               │
  理　事    専務理事         監事附属
       ┌────┼────┐      ┌──────────┐
      人事  総務  経理    │  検査役   │
       部   部    部     │ 検査役補  │
                        │検査役附属員│
                        └──────────┘
```

図 9-8　昭和 16 年 4 月（常務理事制の復活）

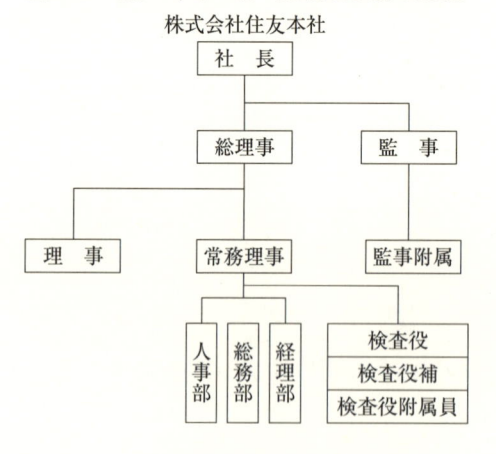

株式会社住友本社

```
                社　長
       ┌─────────┴─────────┐
      総理事                監　事
   ┌────┴────┐               │
  理　事    常務理事         監事附属
       ┌────┼────┐      ┌──────────┐
      人事  総務  経理    │  検査役   │
       部   部    部     │ 検査役補  │
                        │検査役附属員│
                        └──────────┘
```

9　監事への監査業務の集約（昭和 18 年 1 月 6 日）

　戦時体制下の昭和 18 年 1 月 6 日に同前第 4 条は「検査ハ規程及監事ノ指示ニ依リ……」と改められ，これにより検査業務の指揮者が監事に改められた。この改正は，前年（昭和 17 年）に発表された「工場内部監査制度ノ参考」にみられるように，経営管理の合理化と技術の向上を通じて，戦時体制下の限られ

た資材と労力の有効利用を図り，職員構成の悪化にもかかわらず企業自らが自律的に生産力の量的，質的拡充と生産原価の低減化を達成するために，業務の能率性監査ないし妥当性監査を中心とて内部監査機能を強化すべきことが強調され，このために外部監査的観点から監査すべき監査役さえも「監査の仕事をしようとすればするほど，いきおい内部監査の長としての役割が強くならざるを得なかったと思われる。逆にいえば，取締役の業務執行の正否，適否のみにとどまらず，その業務の改善，生産統制，予算統制，業務調査等にまでその職務を拡大しなければならなかった」(32)という時代背景のもとで行われたことを勘案すれば，住友において従来から業務の妥当性の監査を担当していた監事がその監査面においても「国家政策の目的に沿って生産増強中心に組織を強化」(33)し，監事の職責を十全に果たすために，その監査要員として検査役等を名実ともに指揮下に繰り入れ，一体化する必要があったために行われた改正であったと思われる。

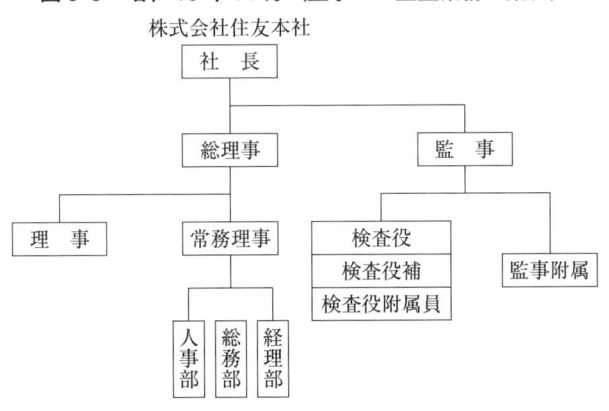

図9-9 昭和19年11月（監事への監査業務の集約）

```
                株式会社住友本社
                    社　長
                   ／    ＼
                総理事      監　事
               ／    ＼    ／    ＼
            理事  常務理事  検査役    監事附属
                   ／|＼   検査役補
                  人総経   検査役附属員
                  事務理
                  部部部
```

その結果，明治29年10月1日の監査規程の改正に淵源する住友の二つの内部監査制度は，名実ともに一元化され，コンツェルン内部監査制度として強化されたということができる（なお，この時期になると，株式会社住友本社の監査役と内部職制として内部監査を担当する監事は同一人によって兼務されたが，これ

は，上記のような時代背景のほか，基本的には，株式会社住友本社が所有と経営の一致したいわゆるオーナー企業であったために，株主のための監査役監査と経営者のための内部監査とが矛盾を来すことがなかった経緯があるのであろうと思われる。この後者の経緯は，本社の監事が連系会社の監査役を兼ねたことにもみられる）。

10 財閥の終焉と連系各社固有の 内部監査制度の発足（昭和20年10月19日）

　ここに統一された内部監査制度が出現したとはいえ，戦時経済のもとで，「傘下会社に対する本社の統制は国家の統制政策によって制約され」[34]ることとなり，親会社の子会社に対する垂直的統制が，国家による産業横断的統制政策によって制約され，特に昭和18年12月施行の軍需会社に指定された連系会社に対しては，「株主権の行使は，実質上制限されることにな」[35]り，その結果，本社理事会が統轄機能を事実上停止したこと[36]により，本社検査役による連系会社の監査はその実施に制約が生じた。こうした事情の下で，本社機構外に，本社も連系会社と同資格の一構成員として参加する「住友戦時総力会議」が設置（昭和19年9月15日）された際に，その「監理」に本社の監事が就任し，その下部機構として検査役を位置づける臨時的な措置が取られた。

　他方，先述のように，各連系会社は「工場内部監査制度ノ参考」の公表に示される外部的要請，特に原価監査制度の確立・強化を求める外部的要請に応じるために，連系会社独自の内部監査制度の導入その他の対応策が必要になり，例えば，住友金属工業株式会社では昭和18年11月29日に常任監査役制を採り[37]，昭和19年には検査役制を導入したのである[38]。

　このように連系会社が内部監査部門を独自に設置することの必要性は，事情を異にするとはいえ，戦後，財閥解体政策に沿って住友本社理事会が昭和20年10月19日に「住友本社の解散と連系各事業への統轄廃止を決議し」[39]たことにより，各連系会社が否応なしに独自の経営管理者的内部監査制度を備える必要に迫られたことによりさらに加速され，昭和21年8月21日に住友電気工

業株式会社が検査役制度を導入したように，各連系会社はその性格には差があるとはいえ，戦前の住友本社における検査役制に範をとった内部監査制度を導入し，今日までこれを継承し実施してきているのである[40]。

11 むすび

　以上によって，住友家における内部監査制度の変遷の過程をその創業期から現代に至るまで辿ってきたのであるが，この変遷過程を通観するならば，江戸時代の創業期より一貫して「信用ヲ重ンジ確実ヲ旨トシ……浮利ニ趨リ軽進スベカラズ」という家法に示された住友の事業精神を現実のものとするために，経営の内部に向かって監査機構を整備し，監査の実施を重視するという態度が採られてきたことを知ることができる。そのことは，明治期においては，ときに総理事自身が監査員として任命され，監査に従事したことにも現れているし，いまだ確とした監査理論が説かれていなかった明治・大正期から既に今日のような監査機構の整備に心がけたことにもうかがえる。

　かくして，「このように住友の全事業運営は時代の趨勢を敏感に反映し社会の利益に即応し，時には時勢に一歩先んじるだけの柔軟性をもっていた」[41]と自ら記す経営上の態度が監査面にも看取でき，しかも，そうした監査機構の変遷過程は，時代的背景を負いながらも，まさに経営規模の拡大とともにコンツェルン内部監査へと展開されるべき論理的展開過程を実証してきたということができる。

　そしてまた，今日の住友各社でみられる内部監査部門が「監査役と緊密な協調を図りつつ効率的な監査の実をあげている」[42]と評される活動を展開しているのも，大正3年以来の本社における監事と検査役の関係から由来しているのであり，そこには監査の学理は尊重し，これを生かしつつ，監査が二重に制度化されることの不経済性を認識して，その「弊ヲ矯メ並ニ独立監査制度ト殆ト同様ノ効果ヲ収ムル」[43]ことを意図した制度化が行われてきたということができる[44]。

(1) 三上敦史「住友化学の成立と発展」(宮本又次・作道洋太郎編著，『住友の経営史的研究』実教出版, 1979年, 所収), 356頁。
(2) 鈴木馬左也翁伝記編纂会『鈴木馬左也』179-180頁。
(3) 鈴木馬左也翁伝記編纂会, 上掲書, 180頁参照。
(4) 畠山秀樹「明治時代の住友」(作道洋太郎編著『住友財閥史』教育社, 1979年, 所収), 128頁。
(5) 三上敦史, 前掲稿, 356頁。
(6) 『住友軽金属工業年表』(前掲), 28頁。
(7) 住友合資会社の設立時の資本金は1億5千万円で，社員は次の通りであった。
　　　　無限責任社員（財産出資）
　　　　　住友吉左衛門友純（代表社員，業務執行社員）　14,800万円
　　　　　住友忠輝（友純長女孝の夫）（業務執行者員）　　50万円
　　　　無限責任社員（労務出資）
　　　　　鈴木馬左也（使用人）（代表社員，業務執行社員）
　　　　　中田錦吉　（使用人）（業務執行社員）
　　　　　湯川寛吉　（使用人）（業務執行社員）
　　　　有限責任社員（財産出資）
　　　　　住友　厚　（友純三男）　　　50万円
　　　　　住友元夫　（友純四男）　　　50万円
　　　　　住友寛一　（友純長男・分家）　50万円
(8) 『住友の歴史と事業』昭和30年, 11頁。
(9) この措置は「名目的決裁者・象徴＝社長，業務執行上の実質的責任者＝総理事という従来の事実関係を，それぞれ代表社員とすることによって，法的にも公認したことを意味する」(麻島昭一「1920年以降の住友財閥に関する一考察」(宮本又次・作道洋太郎編著, 前掲書, 所収), 281頁)。
(10) 麻島昭一, 前掲稿, 275頁。
(11) もっとも，監事は規程の整備上置かれたものの，実際には発令されなかったようである。住友修史室架蔵の辞令簿にも，この時点で監事発令の記録はない。但し，理事である草加丁卯次郎があるいは非公式ながら実質的に監事の職務を取り扱ったのではないかと思われるが，不詳である。このために，当時の状況を伝える『住友春翠』(640頁)及び『住友職員録』(大正11年8月)には監事の記載はなく（両者とも草加丁卯次郎を理事とする），これに対して，『社史（住友電気工業株式会社）』(昭和36年, 388頁)及び『住友軽金属工業　年表』(28頁)は草加丁卯次郎を監事として記載する混乱が生じたのではないかと思われる。なお，前記辞令簿によれば，監事の発令が初めて行われたのは昭和3年5月14日付けの松本順吉に対してである。
(12) 『住友銀行30年小史』111-112頁。
(13) 『住友倉庫60年史』昭和35年, 534-535頁。

(14) 住友合資会社の出資金は，その総額が住友一族によって拠出されており（上記注7を参照），また，昭和3年末現在でその事業の「基本的部分を担当する諸会社，即ち住友別子銅山，住友伸銅鋼管，住友九州炭礦，住友肥料製造所，住友製鋼所の如きの住友合資会社の株式所有割合は90％から100％で」（前掲『住友の歴史と事業』11頁）あった。

(15) 玉城　肇『日本財閥史』昭和51年，288頁。

(16) Cf. E. H. Cunningham, *"Types of Internal Auditing, Past and Future"*, in *"Increasing the Usefulness of Internal Auditing"*, I.I.A., 1948, p.20-30. V. Z. Brink, *"Internal Auditing"*, 1958, p.45-47.

(17) 監査部第1課と第2課の分掌については，麻島昭一，前掲稿，286頁によっている。

(18) 『住友銀行30年小史』大正15年，111頁。『住友銀行史』昭和30年，54頁及び114頁。

(19) 『住友倉庫60年史』昭和35年，534頁。

(20) 玉城　肇，前掲書，291頁。

(21) 麻島昭一，前掲稿，283頁。

(22) 麻島昭一，前掲稿，285頁。

(23) 例えば，合資会社監事の松本順吉は，昭和4年8月現在，当時の連系会社14社中，住友銀行を除く13社の監査役を兼任している（麻島昭一，前掲稿，284頁記載の表3を参照）。

(24) 麻島昭一，前掲稿，314頁。

(25) 浦野雄幸『株式会社監査制度論』商事法務研究会，昭和45年，122頁。

(26) 宮本又次『近世日本経営史論考』昭和54年，184頁。

(27) 神馬新七郎氏は，株式会社川崎造船所の内部監査制度の創設に努力された人であるが，その創設をされた昭和2年には，「当時，職制上監査課という部署を持っている会社は，皆無であったように私は記憶しております。……大阪では住友関係の会社を調べましたが，どこにも監査課は設けられていなかったのであります」（神馬駿逸・夷谷広政，前掲書，116頁）と述べられている。しかし，本書で指摘したように，この当時，既に住友銀行，住友倉庫においては個別の検査役制度を有し，これを有さないその他の住友連系会社でも住友本社の検査役が監査役附属（員）として派遣されて，内部監査を実施していた。一般に銀行では，明治初期から検査制度の設置が問題とされ（久保田音二郎「監査役制度の過去と将来」『會計』第105巻3号，34-48頁。同「明治以降の監査役監査の発展」（青木茂男編『日本会計発達史』昭和51年，79-91頁参照），その結果，「金融機関にはすでに大正初期以前から現在のような検査役制度が存在していた」（波川　登『実践監査役監査の実務』昭和52年，216頁）とされる。

(28) 『住友職員録』によれば，監事附属員として，昭和12年度から昭和14年度までは

検査役の最上席者と次席者の2名が兼務していたが，昭和15年度に最上席者1名のみとなり，昭和16年度には欠員となっている。昭和11年度以前は不詳。
(29) 古田俊之助氏追懐録編纂委員会『古田俊之助氏追懐録』昭和29年，693頁（香川修一稿）。
(30) 前掲『住友軽金属工業　年表』67頁。
(31) 住友本社の監事が本文で述べるように内部監査機関であるとすれば，理事兼監事の存在は奇異なものではない。一般に，内部監査は経営者の分身であるといわれているが，この理事兼監事の場合，分身である監事職を母体である理事職に還元・吸収し，再び自らの手で内部監査的行為を行っていると解することができる。住友におけるこの種の例は，既にみた明治29年10月1日の「家法」第9章　監査　第3条「本家並ニ本店ノ会計監査ハ理事以上……ノ者ニ之ヲ命ス」としたことにも見出せる。
(32) 古田俊之助氏追懐録編纂委員会，前掲書，35頁。
(33) 浦野雄幸，前掲書，124頁。
(34) 『住友の歴史と事業』17頁。
(35) 『住友の歴史と事業』17頁。
(36) 『住友軽金属工業　年表』88頁。
(37) 古田俊之助氏追懐録編纂委員会，前掲書，489頁（河井昇三郎稿）参照。
(38) 『住友軽金属工業　年表』84頁。
(39) 『住友職員録』による。なお，『住友軽金属工業　年表』90頁には「経理部監査課」（昭和19年5月25日）の記載があるが，この機構に対応する人員は『住友職員録』には記載されていない。
(40) 『住友軽金属工業　年表』96頁。
(41) 「社史（住友電気工業株式会社）」昭和36年，1,043頁。なお，住友系会社によって，内部監査部門の名称，経営組織上の位置等は一様ではない。例えば，「監査部」，「監査室」，「検査部」，「検査室」，「検査担当」とし，あるいは独自の内部監査部門を有さず，監査役の下に「監査役付属員」を置く会社もある。
(42) 『住友の歴史と事業』5頁。
(43) 「大正3年12月監査規程改正ノ要点及理由」（大正3年12月1日庶務課案ニ拠ル）から。
(44) 本章において用いた住友家の家訓・家法その他の諸規程については，『住友家垂裕明鑑抄』（大阪商工会議所商工図書館所蔵）のほか，住友修史室，住友金属工業株式会社及び株式会社住友倉庫に保存されている資料によっている。なお，宮本又次・作道洋太郎編著，前掲書，第4章「江戸時代における住友家の家訓」（作道洋太郎執筆）をも参照した。

第10章　大正・昭和前期の三菱合資会社における内部監査機構の変遷

1　はじめに

　三菱合資会社は，明治41 (1908) 年10月の職制改革により鉱業部，銀行部，造船部等の多角化した各事業部門に社内資本金を定めて，「資本金額の範囲内の投資，各部限りの規則・事務手続の制定，各部所属使用人の人事」[1]などを各部の判断で実行できる権限委譲を行い，各事業部門を独立採算制思考のもとで運営していたが，大正6年以降，これをより一層徹底するために，直轄事業部門を分系会社[2]として次々に分離・独立させて，自らは「総合事業会社から持株会社への転換」[3]を図るとともに，分系各会社を自らの統一的指揮に服する企業集団として編成することで，財閥へと発展していったとされる。

　本章では，このような財閥へ転化していく動きがみられた大正期から昭和初期にかけての時期に，財閥本社である三菱合資会社が，一方では分権化を図りつつ，他方では分系各会社の企業活動を企業集団としての総合的観点から調整するために必要な情報を収集し，その企業活動を統轄する本社集権的な経営管理機構の一環としてどのように内部監査機構を構築し，整備していったかを歴史的に辿ることとする[4]。

2　分系会社の分離・独立と内部監査機能

　三菱合資会社は，その経営する鉱山部，炭坑部，営業部，地所部，銀行部，

造船部，臨時製鉄所建設部等の各「事業部」等の充実・拡大に伴って，これらを分離・独立させて「分系会社」を設立するというかねてからの方針に従い，表12-1に示されるように，大正6 (1917) 年10月以降，「事業部」等を次々に分離・独立させていった(5)。そして，これにより三菱合資会社自身は傘下に多くの分系会社を擁する持株会社となり，自らの事業部門は地所部のみとした。このとき，本社部門としての総務部は総務課，人事課，保険課，会計課，監査課の5課に分けられ，監査課が担当する事務は「社内各部並ニ各場所会計事務ノ監査ニ関スル事務」(6)とされた。

表10-1 大正期の分系会社の独立

年　月	会　社　名	資　本　金	前　　身
大正6年10月	三 菱 造 船	5,000万円	造　船　部
6　10	三 菱 製 鉄	3,000	臨時製鉄所建設部
7　3	(三菱倉庫)	1,000	東京倉庫株式会社改称
7　4	三 菱 商 事	1,500	営業部
7　4	三 菱 鉱 業	5,000	鉱山部，炭坑部
8　3	三菱海上火災	500	総務部保険課
8　8	三 菱 銀 行	5,000	銀行部
9　5	三菱内燃機製造	500	三菱造船神戸内燃機製作所
10　1	三 菱 電 機	1,500	三菱造船神戸電機製作所

(出所) 三島康雄編『三菱財閥』昭和56年，日本経済新聞社，85頁掲載の表

このように三菱合資会社の社内部門であった事業部門を分系会社として分離・独立させていく過程で，独自の意思決定機構を有し，自立化傾向を示す分系各会社に対して本社の統制力を確保する必要が認識され，この目的に適合するように分系各会社と本社である三菱合資会社との権限関係を再編成するために，大正6 (1917) 年12月29日の打ち合わせを経て，大正7 (1918) 年1月14日に「分系会社ト合資会社トノ関係」を内規として取り決めた。その主な項目を抄出すると，次のようである(7)。

分系会社ト合資会社トノ関係ニ付左ノ通定ム
一，取締役，監査役ノ役名及給料ノ辞令ハ合資会社々長ヨリ発行ス

> 一，諸規則内規ノ制定改廃ハ合資会社々長ノ承認ヲ経ヘキモノトス
> 一，年度予算利益金ノ処分ハ合資会社々長ノ承認ヲ得ヘキモノトス
> 一，推定資金収支及損益予算書ハ合資会社ヘ提出ノコト
> 一，監査課長ハ社長ノ命ヲ承ケテ各会社ノ会計監査ヲナスコトヲ得
> 一，各会社ノ資金ハ当分合資会社ヲ経テ調達運用スルコト
> 一，主事以上ノ進退異動ニ付テハ合資会社々長ノ承認ヲ経ルコト
> 一，使用人ノ異動進退ニ関スル書類ハ総テ人事課ヲ経テ合資会社々長ヘ提出スルコト

　この内規を整備して，改めて大正7年5月20日に「分系会社ト合資会社トノ関係」が取り決められた。この大正7年5月20日制定の内規は，上記の同年1月制定の内規を「変更・修正したものではなく，補足・精密化したもので」[8]，概ね同一内容であるが，監査に関連する部分は，次のように規定された[9]。

> 十二，三菱合資会社総務部監査課長ハ社長ノ命ヲ承ケテ各分系会社ノ会計監査ヲナスモノトス

　このように持株会社となった三菱合資会社は，各分系会社の役員人事のみならず，会計・資金面についても強い統制権限を留保することで各分系会社の分離・独立後も分系会社を統括しようとしたのであるが[10]，その際に各分系会社から提出された各種の計算書類や予算・決算書の信頼性を監査する権限をも保持することを明記することにより，内部監査機能もまたコンツェルン統制活動の一環を担うものとして位置付けられたのである[11]。

3　監察員制度の導入

　三菱海上火災や三菱銀行が分離・独立した後の大正8（1919）年12月20日になって，財閥としての体裁を整えつつあった経営体制に本社組織を対応させ

るために「三菱合資会社職制」[12]が制定された。この規程制定により，従来の専務理事が廃されて総理事，常務理事を置くと共に，理事会（総理事，常務理事及び「分系各会社取締役中特ニ任命セラレタル者」を構成員とする—第6条）が設置されたが，理事会の議長は総理事が務めるものとされ（第12条），「社長ハ理事会ニ臨席ス　社長ノ臨席ナキ場合ニハ議長ヨリ議事ノ概要ヲ社長ニ報告スルヲ要ス」（第16条）とされた。すなわち，社長は単に「社業ヲ総統シ分系各会社及関係諸会社ノ業務ヲ董督ス」（第1条）とされ，他方，理事会の権限等については「当会社及分系会社ノ重要事項ハ理事会ノ審議ヲ経タル上社長ノ決裁ヲ得テ之ヲ執行ス」（第9条）と定められたので，ここに新設された理事会が意思決定機関であり，かつ執行機関として措定されたと理解できるであろう。

　しかも，この規程では，社長が，健康状態の如何により，そうした役割をもつ理事会に出席しない場合もあることを想定し，社長の陣頭指揮者としての役割を後退させたとみられるために，これにより「社長専制的『明治型』から社長指導的『大正型』へと企業組織が変質した」[13]と評される組織改革がなされたのである。換言すれば，三菱の経営がオーナー経営者による経営から専門経営者による経営に移行する転機となった重要な組織改革であった。

　そのような経営理念の変革のもとに経営組織の編成替えがなされたが，これにより総務課，人事課，査業課と並んで，監理課が従来の監査課に代わって設置された。監理課の分掌事務は，課の名称が変更されたことに窺われるように，「当会社会計事務，当会社及分系各会社ノ会計並ニ業務監査，社外投資事業ニ対スル監査，当会社及分系各会社ノ予算決算金融ニ関スル事項」（第22条）が割り当てられ，事後的コントロールとしての監査業務のほかに，分系会社に対する投資計画・予算・金融による事前的コントロールを行う財務的統括機能をも担うものとされた。また，監査業務に関しても，「監理課ニ監察員若干名ヲ置ク／監察員ハ専ラ監査ノ事務ヲ掌ル」（第24条）と規定して，内部監査業務に専門的に従事する監察員をスタッフとして置くこととし，内部監査体制も強化したのである（なお，この職務分掌に関連して，分系会社等から本社に送

付すべき書類等の宛先を明確にするために，大正 8 年 10 月 1 日に書類送付方通知を発し，損益予算，資金収支予算等の書類は監理課宛に差し出すべきことが指示されている[14]。

これにより三菱合資会社の経営組織は，図 10-1 のようになった。

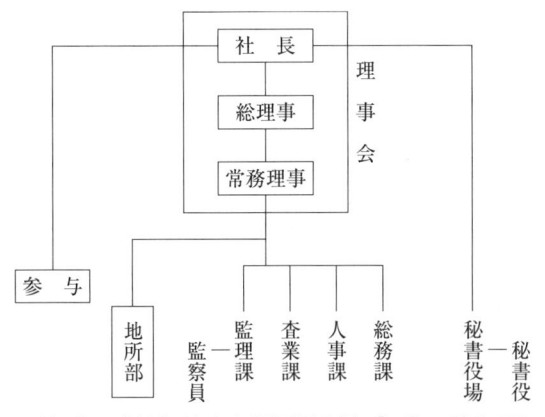

図 10-1　大正 8 年 12 月　三菱合資会社本社組織

```
              社　長
                │
              総理事 ─── 理事会
                │
              常務理事
     ┌──────────┼──────────┐
   参　与    ┌──┬──┬──┬──┐    ┌──┬──┐
           地  監  査  人  総    秘  秘
           所  理  業  事  務    書  書
           部  課  課  課  課    役  役
               監                場
               察
               員
```

（出所）三菱創業百年記念事業委員会編，『三菱の百年』昭和 45 年，94 頁の図を一部修正。

4　監察員制度の廃止

その後，大正 10（1921）年 7 月 13 日に査業課の会計事務（記帳整理事務）が監理課に移管されることで監理課の分掌業務が増大したが[15]，翌年の大正 11（1922）年 7 月 26 日に行われた「三菱合資会社職制」の改正では，逆に監理課の分掌業務の縮小が行われ，監察員制度が廃止されるとともに，監理課の分掌業務が「会計並監査ニ関スル事務」（第 22 条）に簡略化され，「起業，財務に関する事項」は新設の財務委員（総理事，常務理事及び分系会社取締役中より特に任命された者で構成）及び地所部評議員に移すこととされた[16]。

この大正 11 年 7 月の職制改革は，理事会の構成員に分系会社取締役会長を加えて拡大したものの，「理事会ハ社長ノ諮問ニ応シ重要事項ヲ審議シ併セテ

当会社及分系各会社間ノ連絡ヲ謀ルヲ目的トス」(第5条[17])と目的規定されたように，理事会を議決・執行機関から社長の諮問機関とし，かつ本社及び分系各会社間の連絡機関とする改革であり，理事会の役割が縮小されている。

このような潮流の中で大正13 (1924) 年11月17日には「監理課事務分掌規定」が定められ[18]，これにより監理課に第一係〜第五係の5つの係が置かれた。その際，いずれの係の分担業務からも（したがって，監理課全体としての分掌業務からも）統括業務が消え，潜在化させられたようである[19]。

5 監察員の再設置

しかし，各分系会社から提出される予算・決算書を初めとする各種の計算書類の監査はやはり必要と考えられたのであろう。大正14 (1925) 年7月17日の「三菱合資会社職制」の改正により，監察員が再び設置され，次のように規定された[20]。

三菱合資会社ニ監察員ヲ置キ監査ノ事ヲ掌ラシム，右ニ付職制中左ノ通改正ス
　一，「六，監察員」トシテ左ノ一条ヲ加ヘ
　　「六，地所部」以下順次繰下ク
第十八条　当会社ニ監察員若干名ヲ置ク
　　監察員ハ社長ノ命ヲ承ケ監査ノ事務ヲ掌ル

これに関連して，大正14年8月7日，以下の監察員処務規則を定めた[21]。

監察員処務規則
第一条　監察員ハ分系各会社ヨリ本社又ハ監査役ヘ提出スル書類ノ監査ニ付当該会社ニ必要ナル簿書及報告ノ提出並弁明ヲ求ムルコトヲ得
第二条　監察員ハ社長ノ命ニ依リ随時分系各会社本店及其所属場所（当該会社ノ分支事業及経営引受事業ヲ含ム以下同之）ノ実地監査ヲ為スヘシ

第10章　大正・昭和前期の三菱合資会社における内部監査機構の変遷　173

第三条　前条ノ場合本社ヨリ予メ当該会社本店ヘ之ヲ通知シ当該会社ハ適宜役員又ハ職員ヲシテ其監査ニ立会ヲ為サシムルコトヲ得
第四条　監察員ノ実地監査ニ際シテハ其請求ニ応シ当該場所又ハ其所管本店ニ於テ補助員ヲ供シ其他必要ナル助勢ヲ為スヘシ
第五条　監察員ハ監査ノ結果並ニ之ニ対スル意見ヲ社長ニ報告シ且当該会社取締役会長又ハ常務取締役ニ内報スルノ外一切之ヲ漏洩スヘカラス

　　　附　則
本則ハ通知ノ日ヨリ之ヲ施行ス

　かくて監察員が本社（三菱合資会社）に再び設置されたのであるが，その経営組織上の位置付けについては変化がみられる。すなわち，従前は監理課に所属させられていた監察員が，この大正14年8月の改正では，社長直属とする位置付けがなされたことにより[22]，監理課から組織上分離させられ，スタッフとしての位置づけが明確にされたと言える。しかし，このために監察員の職務と監理課の分掌事務とされる「会計並監査に関スル事務」との職務区分が問題となる。（大正15（1926）年10月1日に査業課と総務課とを併合するために三菱合資会社職制の改正が行われているが[23]，その際，監理課は「会計並監査に関スル事務」を業務分掌することが再度明記されている[24]。）
　この点について推測を加えると，上記のように監察員処務規則で「監察員ハ社長ノ命ニ依リ随時分系各会社本店及其所属場所ノ実地監査ヲ為スヘシ」（第2条）と規定していることにうかがわれるように，監察員は社長の特命による業務監査に主に従事し，監理課は分系会社から提出される予算・決算書等の会計監査に主に従事したのではないかと考えられる[25]。
　このような監理課と監察員の職務区分はまた，「検査」は会計監査を意味するものとして，「監査」は業務監査を意味するものとして，おそらく概念的に区分されたことがうかがわれるのであるが，このような，ライン部門と並列して置かれた内部監査部門とスタッフとしての監察員が併存する事態は，次節にみるように，この時期の分系各会社においても生じている。

昭和6年12月17日の職制改正により，理事会を決議機関とし，別に社長の補翼機関として「社長室会」を設置する改正がなされた。この改革は，「社長を含む専門経営者の集団指導的『昭和型』への転換がなされた」[26]と評価される重要な改革であったが，監察員及び監理課の職務に関しては，次の規定[27]にみるように，大きな変更は加えられなかった。

監察員
第二十条　監察員ハ社長ノ命ヲ承ケ監査ノ事務ヲ掌ル
各　課
第二十四条　当会社ニ左ノ課ヲ設ケ常務ヲ分掌セシム
　一，監理課　会計並ニ監査ニ関スル事務

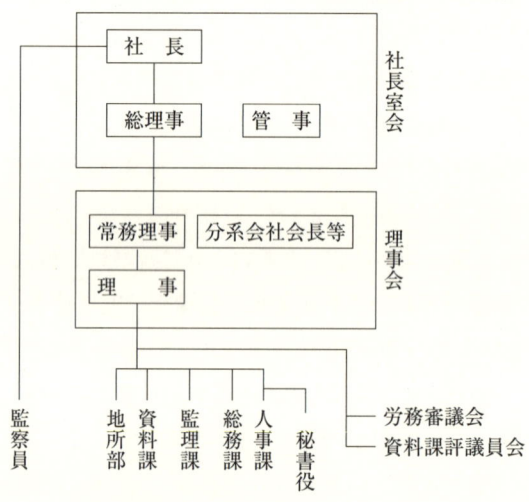

図10-2　昭和6年12月　三菱合資会社本社組織

```
                    ┌──────────┐
                    │  社　長  │────────┐
                    ├──────────┤        │
                    │ 総理事 │ 管事 │   社長室会
                    └────┬─────┘        │
                         │              │
                  ┌──────┴──────┐       │
                  │ 常務理事│分系会社長等│  理事会
                  ├──────┤              │
                  │ 理　事 │             │
                  └───┬───┘              │
       ┌───┬───┬───┬───┬───┐
      地  資  監  総  人  秘
      所  料  理  務  事  書
      部  課  課  課  課  役
  監
  察　　　　　　　　　　　─労務審議会
  員　　　　　　　　　　　─資料課評議員会
```

（出所）三菱創業百年記念事業委員会編，前掲書，95頁の図を一部修正。

昭和7年3月29日の職制改正では，本社組織の集約化・縮小化の動きの中で，人事権の分系会社への委譲による人事課の廃止，地所部の地所課への改

称,資料課の(財)三菱経済研究所としての分離・独立,監理課の経理課への改称,さらに,これに関連して監理課が担っていた業務のうち監査業務は監察員に移すとともに[28],監察員の所属に関しても,既に本章注(22)で関連して触れたように,「監察員ハ社長直属ノ機関トシテ本社行政系統ノ圏外ニ在リシモ之ヲ他部局同様常務理事ノ直轄トセリ」[29]と変更され,監察員の設置規定も次のように変更された[30]。

七,秘書役及監察員
　第二十条　当会社ニ秘書役及監察員若干名ヲ置ク
　　　　　秘書役ハ秘書ヲ掌ル
　　　　　監察員ハ監査ノ事務ヲ掌ル

もっとも,この秘書役と監察員を一個の条文で規定する方式は,昭和11年6月26日の職制改正により,職制第20条は秘書役のみに関する規定とし,監察員については別に第21条において規定するように改められ,再び分離された[31]。

三菱合資会社職制中改正(抄)
七,第二十一条トシテ左ノ一条ヲ加ヘ以下(附則ヲ除ク)順次繰下
　　当会社ニ監察員若干名ヲ置ク
　　監察員ハ監査ノ事務ヲ掌リ所属員ヲ指揮シ所管事務ヲ遂行ス

6　組織変更当時の財閥本社の内部監査機構

(1)　分系会社の自立化の容認と本社組織の改編

　三菱においてコンツェルン体制が確立した昭和12(1937)年12月21日に,三菱財閥の統轄機関としての三菱合資会社は株式会社三菱社に組織変更された。これは,「満州事変以来の準戦時体制が昭和12年7月の日華事変の勃発に

より本格的な戦時体制へと急速に移行するようになると，傘下の重化学工業の拡張にともなう膨大な資金の需要が発生し，これを将来にわたり同族一門の持株会社の蓄積資金だけでまかなうことができなくなってきた」[32]ために取られた処置であるが，このことは同時に各分系会社の自立化のために大幅に権限を委譲し，それに対応して本社組織を集約化する動きを伴った[33]。

この株式会社への組織変更に伴い本社に株式会社の機関としての取締役と監査役が置かれた。それとともに社内の職制を定めた「株式会社三菱社職制」が制定され[34]，同社の意思決定機関としての取締役会のほかに，執行機関として常務会[35]が設けられた。また，理事会を廃止して，これに代わる「本社，分系会社のトップによる打合せ機関」[36]として三菱社専務取締役と各分系会社の取締役会長で構成する「三菱協議会」が設置された。

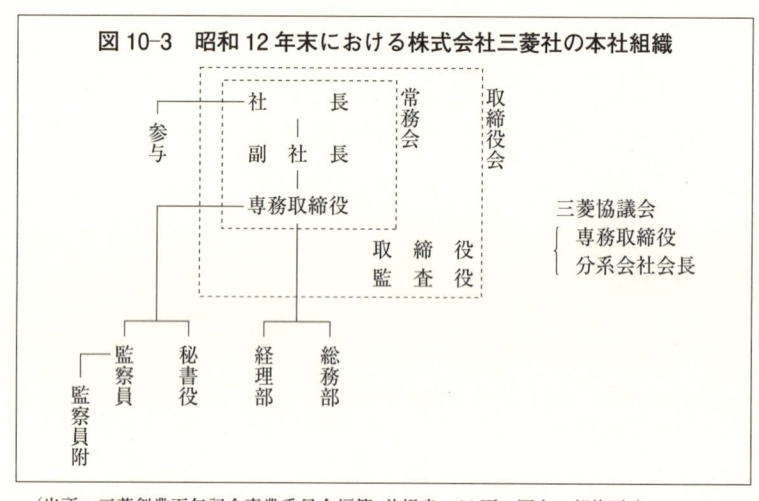

図10-3　昭和12年末における株式会社三菱社の本社組織

```
                取締役会
    ┌─────────────────┐
    │  社　　長   常務会 │
参与│    │             │      三菱協議会
    │  副社長          │      │ 専務取締役
    │    │             │      │ 分系会社会長
    │  専務取締役      │
    │    │             │
    │  取締役          │
    │  監査役          │
    └─────────────────┘
        │
  ┌──┬──┬──┬──┐
監察 秘書 経理 総務
員附 役   部   部
  │
監察
員
```

（出所：三菱創業百年記念事業委員会編纂，前掲書，96頁の図を一部修正。）

しかし，三菱社の役員は，表10-2にみるように，分系会社の会長や常務を兼任することが少なく，また，分系会社の代表者が集まる三菱協議会は連絡機関であった[37]ことから，「取締役会や三菱協議会は分系会社の経営に関与し，それらの統制を行う機関では」[38]なかった。これは，三菱社は持株会社の機能

第10章　大正・昭和前期の三菱合資会社における内部監査機構の変遷　*177*

に限定して運営され，分系会社の業務に直接には関与しないという「三菱合資会社組織変更ニ関シ社長挨拶」で述べられた方針に沿ったもので，そうした経営方針が具体的に経営組織面に現われたものであるといえる[39]。

表10-2　昭和12年末役員兼任関係

社名	人名	岩崎小弥太	岩崎彦弥太	三好重道	永原伸雄	串田萬蔵	各務鎌吉	瀬下清	加藤武男	山室宗文
本社	三菱社	社	副社	専	専	取	取	監	監	監
分系会社	三菱鉱業	取								
	三菱重工業		取	取	監					監
	三菱商事				監		監			
	三菱銀行	取	取		監		監	会	常	取
	三菱信託	取			監	取	取	取	監	会
	三菱海上				監	取	会		監	
	三菱地所				監					取
	三菱電機				監		監			
	三菱倉庫				監	取			監	
	三菱石油			社						
	日本化成									
関係会社	東京海上	取			監	取	会		監	
	明治生命					会	取	取	取	
	日本郵船						会			
縁故会社	東山農事									
	三菱製紙								監	
	旭硝子			取					監	

（注）社：社長，副社：副社長，会：会長，専：専務取締役，
　　　常：常務取締役，取：取締役，監：監査役
（出所）長沢康昭「三菱財閥の経営組織」（三島康雄編『三菱財閥』昭和56年，日本経済新聞社，収録），105頁。）

(2) 三菱社における監察員制度の維持とその運用

組織変更がなされた時点での三菱社の内部監査機構は「株式会社三菱社職制」において以下のように規定された。これは三菱合資会社時代の監察員制度をそのまま引き継いだもので，理事制の廃止に伴い，監察員の指揮・命令権者が常務理事から専務取締役に変更されていることを除けば，その名称，職務内容あるいは経営組織上，スタッフ部門としての位置付け等のいずれにおいても変更はなかった。

> 第11条　当会社ニ監察員若干名ヲ置キ監査ノ事務ヲ掌ラシム
> 第12条　部長，秘書役並監察員ハ専務取締役ノ命ヲ承ケ所属員ヲ指揮シ所管事務ヲ遂行ス[40]

このスタッフとして位置付けられる監察員の制度が実際にどのように運用されたかを知るために，三菱各社の役員の兼任状況をみてみよう。表10-2において，三菱社の専務取締役（永原伸雄氏）が多くの分系会社等の監査役を兼ねていることが注目される。このことと「株式会社三菱社職制」第12条における「監察員ハ専務取締役ノ命ヲ承ケ」との規定とを重ねると，分系会社監査役を兼ねる本社専務取締役が本社監察員を指揮しつつ財閥本社としての統轄機能を発揮しようとしたのではないかと推測される。すなわち，本社専務取締役が分系会社監査役としての地位と権限に基づいて分系会社の経営状況を把握することで，統轄機能を発揮しようとした際に，本社監察員は分系会社監査役たる専務取締役の活動を補助したのであろうと思われる。三菱社自体は持株会社であり，内部監査を必要とするほどの業務活動を営んでいたのではないから，監察員の監察対象は分系会社の業務活動に向けられていたと考えられるのである。

したがって，前節で述べた事態は，三菱社が分系会社の統轄をまったく行わなくなったということを意味するものではなく，三菱社は分系会社の業務活動に対して直接的な指揮・命令はしないが，業務監査を通じて間接的かつ個別的

に監督するとともに、会計報告等による業績報告を通じて間接的かつ総括的に監督する方途を選択したと考えられるのである。いわば、直接統治から間接統治への移行がみられたといえる。

この間接統治を実行するものとして、昭和13年2月に「三菱社分系各会社間関係事項取扱内規」[41]が制定され、その第1条において「分系各会社取締役監査役ハ三菱社社長之ヲ推薦ス」としたものの、この役員人事の推薦権を除く他のほとんどの権限は分系会社に委譲され、分系会社の自立化傾向がさらに促進された。

上述のように本社専務取締役が兼任する形で営まれる分系会社の監査役の活動状況からは、株主のための監査を行うべき監査役が内部監査的活動に従事ないし指揮するという問題が生じているが、この問題については、大株主である三菱社が株主権を行使して分系会社の経営を監視するものであり、問題視すべきこととは意識されなかったようである[42]。

また、監察員の地位については、株式会社三菱社が発足した昭和12年12月21日付で監察員に就任した全員（3名）が参与[43]を兼ねており、また、総務部長及び経理部長よりも上位に位置付けられている。さらに、「株式会社三菱社職制」には示されていないが、同じく昭和12年12月21日付で「監察員附」が設けられたことが、昭和12年末の主要役職員のリストから知られる[44]。

7　本社統制力の再強化と内部監査機構

昭和13年に国家総動員法が発令され、翌14年9月には第二次世界大戦が始まり、戦時経済統制がさらに強化され、戦時物資の生産増強が要請された。こうした時代的背景のもとに、「三菱社は傘下各社の生産拡充資金調達と統制機能を強化するために、昭和15年5月、資本金の倍額増資を行った。しかもこの増資新株1億2,000万円は、岩崎家一門以外に縁故募集された。／同時に三菱社は、同年7月の職制改正により財務委員会と査業委員会を設け」[45]、経理部と総務部がそれぞれの委員会の事務局とされた。また、三菱社の株式公開に

伴う事務処理のために株式課が新設された。

この組織改正を行った昭和15年7月改正の「三菱社職制」によれば，財務委員会と査業委員会の権限は次のように規定されている[46]。

> 第12条　当会社ニ財務委員会ヲ置キ財務ニ関スル重要事項ヲ審議セシム
> 第13条　当会社ニ査業委員会ヲ置キ重要ナル事業ノ計画，投資ニ関スル事項並分系会社間ニ於ケル事業上ノ調整ニ関スル事項ヲ審議セシム
> 第14条　財務委員並査業委員ハ当会社並分系会社取締役又ハ監査役中ヨリ之ヲ委嘱ス

この2委員会の設置の意図は，上で引用した『三菱の百年』も述べているように，株式公開による財閥外からの資金導入による岩崎家の発言力の稀薄化や成長を遂げた分系会社の発言力の増大に対し，三菱社による統制力の維持・強化を図るために行われたのであるが，その重点は分系会社に対する「三菱社ノ統制ノ機能ヲ強化シ」[47]，三菱全体の観点から事業の調整を行うことにあった[48]。このことをヨリ明確にするために，また，財務委員会の権限を拡大し，投資を含めた資金運用問題全般を取り扱わせるために，昭和18年12月8日に「株式会社三菱本社職制」の改正が行われている[49]。

> 第11条　当会社ニ財務委員会ヲ置キ当会社，分系会社ニ於ケル財務，起業並ニ投資ニ関スル重要ナル事項ヲ審議セシム
> 第12条　当会社ニ査業委員会ヲ置キ当会社，分系会社ニ於ケル重要ナル事業ノ計画並ニ分系会社間ニ於ケル事業上ノ調整ニ関スル事項ヲ審議セシム

このように三菱全体の観点に立つ財閥本社の統制力を再強化する方向で，各分系会社の資金運用と事業計画の事前統制を強化するための組織変革がなされたが，事後統制を担う監察員制度については全く変更はなかった。

8　株式会社三菱本社への改称と内部監査機構

　この昭和 18 年 12 月の職制改正に先だって，株式会社三菱社は，昭和 18 年 2 月に株式会社三菱本社と改称されている。その意図は，「三菱社ナル名称ハ三菱合資会社以前ニ使用シ居リシモノニシテ昭和十二年三菱合資会社ヲ株式会社ニ組織変更スル際此ノ歴史的名称ヲ採用シテ株式会社三菱社ト称セシモノナルガ其後ノ経過ニ徴スルニ三菱社ナル名称ハ分系会社ノ統轄機関タル親会社ノ名称トシテ不充分ナル為メ一般ニ通ジ難ク殊ニ外部ニ対スル関係ニ於テ実際上少ナカラズ不便ヲ感ズルヲ以テ名実一致セシメンガ為メ此際株式会社三菱本社ト改メントスル次第ナリ…（中略）…元来当会社ノ最モ重要ナル使命トスル所ハ現在十一社ニ及ブ分系会社ヲ統轄指導シ各事業ノ調整連絡ヲ計ルト共ニ事業ノ伸展ヲ促シ併セテ其他ノ関係事業ヲ育成スルニアリ」[50]と説明されたように，本社による分系会社に対する事前統制機能を強化することで，「国家の要請による戦力増強のための傘下事業の助成と統制確保を明らかに」[51]することにあった。

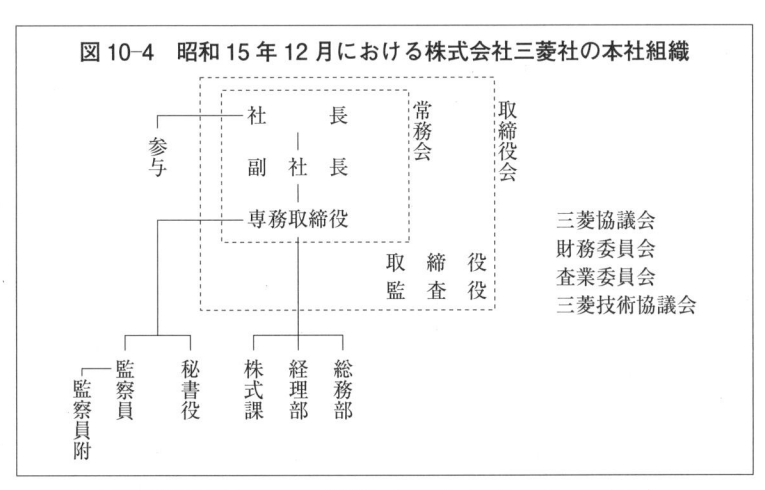

図 10-4　昭和 15 年 12 月における株式会社三菱社の本社組織

```
                ┌─────────────────────────────┐
                │   社　　　長        常　      │    取
         ┌──────│       │            務　      │    締
    参   │      │   副　社　長        会        │    役
    与   │      │                              │    会
         │      │   専務取締役                  │
         │      ├─────────────────────────────┤
         │      │   取　締　役                  │
         │      │   監　査　役                  │
         │      └─────────────────────────────┘
         │                                         三菱協議会
         │                                         財務委員会
         │                                         査業委員会
         │                                         三菱技術協議会
         │
    ┌────┼────┬──────┬──────┬──────┐
  監察  秘   株    経     総
  察    書   式    理     務
  員    役   課    部     部
  ┌
  監
  察
  員
  附
```

（出所：三菱創業百年記念事業委員会編纂，前掲書，96 頁の図を一部修正。）

　財閥としての事前統制機能をヨリ強力かつ能率的に執行しようとしたのであ

ろうか。社名改称に伴い制定された「株式会社三菱本社職制」では，株式会社の機関としての取締役会の中に，取締役の内の一部の者で構成される理事会を設置し，この理事会に重要事項に関する審議権を付与し，さらに業務の執行を理事長及び常務理事に任せる体制を取っていることが注目される[52]。

第1条　当会社ニ代表取締役ノ互選ヲ以テ社長，副社長，理事長各一名及常務理事若干名ヲ置ク
　　　　当会社ニ取締役ノ互選ヲ以テ理事若干名ヲ置クコトヲ得
第2条　社長ハ会社全般ノ業務ヲ統督ス
第3条　副社長ハ理事長ト共ニ社長ヲ補佐シ社長事故アルトキ之ニ代ル
第4条　社長，副社長，理事長，常務理事及理事ハ理事会ヲ組織シ重要ナル事項ヲ審議ス
　　　　業務ノ執行ハ理事長及常務理事之ニ任ズ

この理事制実施との関連では，監察員は常務理事の指揮下に置かれる変更が

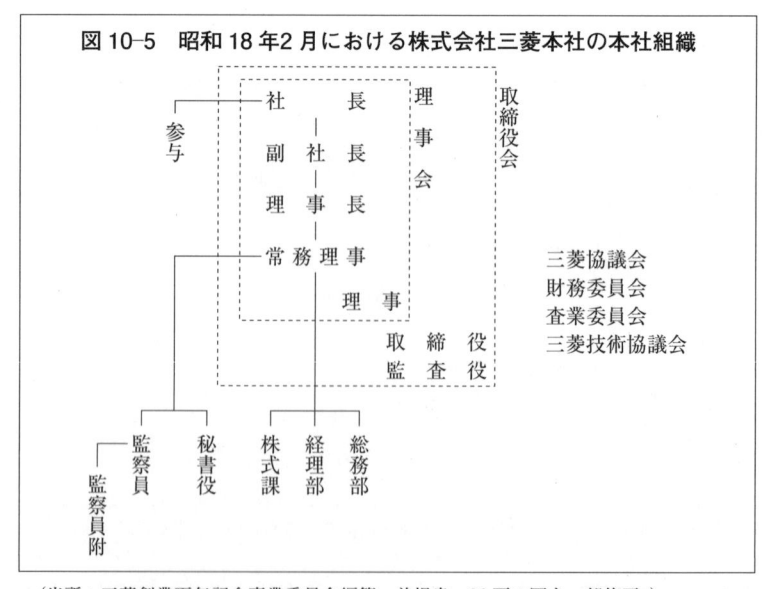

図10-5　昭和18年2月における株式会社三菱本社の本社組織

（取締役会）
　社　　長
　　｜
　副　社　長　　　　理事会
　　｜
　理　事　長
　　｜
　常　務　理　事　　　　　　三菱協議会
　　　　　　理　事　　　　　財務委員会
　　　　　　　　　　　　　　査業委員会
　　　　　　取　締　役　　　三菱技術協議会
　　　　　　監　査　役

参与

　　秘書役
監察員　　株式課　経理部　総務部
　監察員附

（出所：三菱創業百年記念事業委員会編纂，前掲書，96頁の図を一部修正。）

あったものの，その他の点では変更はなかった[53]。

9　本社機構の終焉

　昭和20年7月17日「三菱本社及分系関係会社ニ於ケル機構ハ現状ノ儘トシ」[54]ながらも，戦争に伴う資材，労働力の不足の中で「三菱ノ総力ヲ一層強力ニ綜合結集スルノ目的ヲ以テ三菱本社ニ三菱総力本部ヲ置ク（「三菱総力本部会則」第1条）」[55]こととされたが，設置1ヶ月後に終戦となり，同年8月20日に廃止された[56]。また，株式会社三菱本社自体も，その後の財閥解体政策のもとで，昭和21年9月30日に臨時株主総会を開催して解散を決議し，翌10月1日に解散登記を行った[57]。

10　おわりに

　以上にみてきた三菱の財閥本社における内部監査部門の変遷過程を図にすると，次のように描けるであろう。

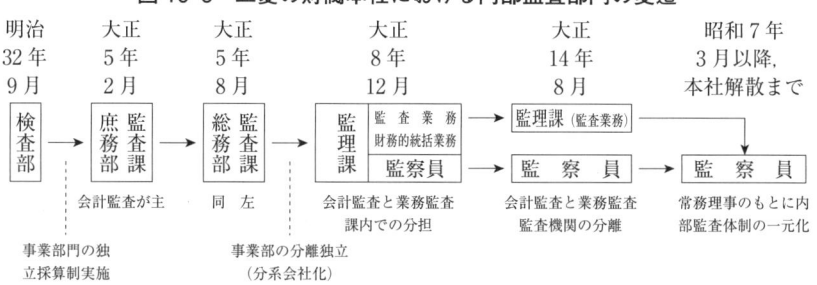

図10-6　三菱の財閥本社における内部監査部門の変遷

明治32年9月	大正5年2月	大正5年8月	大正8年12月	大正14年8月	昭和7年3月以降，本社解散まで
検査部	庶務部 監査課	総務部 監査課	監理課	監査業務 財務的統括業務／監察員	監理課（監査業務）／監察員	監察員
	会計監査が主	同左	会計監査と業務監査課内での分担	会計監査と業務監査機関の分離	常務理事のもとに内部監査体制の一元化
	事業部門の独立採算制実施		事業部の分離独立（分系会社化）		

　分系会社においても，上記のように，内部監査業務を分掌する部署を当初は総務部門に設置し，次いで会計部門に設置するが，会計監査から業務監査の実施へと監査対象領域を拡大するとともに次第に内部監査業務専任の監査部門の

形成へ，しかもライン部門と並列した監査部（三菱銀行）ないし検査課（三菱銀行，三菱信託）等から，本社の監察員のようにスタッフとしての監査員（三菱倉庫，三菱商事）あるいは検査役（三菱銀行）へと移行していく流れがあることが知られる。

　もっとも，分系会社毎に個別にみると必ずしも一様でないことは言うまでもなく，本社や他の分系会社その他での経験を踏まえて，会計部門に内部監査業務を分掌させる段階から出発したり，発足当初から監査部を設置したり（三菱銀行），あるいは会計部門に内部監査業務を取り扱わせる段階に到達したばかりの状態というように，発展段階のいずれから出発し，あるいはどの段階に到達しているかに差はあるものの，総じてみた場合，本社であるか分系会社であるかを問わず，上記のように内部監査組織が展開していく流れが実証されているといえる。すなわち，三菱財閥における内部監査機構の歴史的発展過程は，論理的発展過程に沿ったものであることが示されたと言える。

　さらに，分系会社については，それらは株式会社として組織されたので必置機関としての監査役が置かれた。しかし，この監査役については，本文でも指摘したように，本社の常務理事等（三菱本社の時代には，専務取締役）が兼任しているケースが多く，また，三菱銀行設立時には，同行職制に定められた監査部長は発令されず，監査役が監査部長事務取扱として兼任することとされた事例もあるように[58]，これらの兼任が発令される際に，監査役監査と内部監査の異動ないしあるべき関係について，どのように考えられていたのかは明確には伝えられていない。

（1）　森川英正『財閥の経営史的研究』東洋経済新報社，昭和55年，256頁。
（2）　三菱における分系会社等の区分については，三菱合資会社査業室が作成した「本社分系関係傍系会社一覧表」（昭和19年12月）において次のように区分されている（三菱社誌刊行会編『三菱社誌39』東京大学出版会，昭和56年復刊，2318-2327頁）。

第 10 章　大正・昭和前期の三菱合資会社における内部監査機構の変遷　*185*

一，『分系会社』ハ三菱本社の統理助長下ニ在ル直轄会社
二，『関係会社』ハ三菱本社ニ於テ相当数ノ株式ヲ保有シ役員ヲ派遣シ名実共ニ其ノ経営に参与シ居ルモノ
三，『傍系会社』ハ分系会社ノ直轄下ニ在ル会社ニシテ総株数ニ対シ三菱側（本社及分系各社）ノ持株割合50％以上ノモノ並ニ50％以下ニテモ三菱側ニ於テ経営ノ実権ヲ握レルモノ
四，『縁故会社』ハ岩崎家の関係事業ニシテ事業上ノ関連密接ナルモノ

（3）三菱創業百年記念事業委員会編『三菱の百年』昭和45年，26頁。
（4）三菱の生成期から明治期にかけての内部監査機構の変遷については，次の拙稿を参照されたい。本書第7章及び第8章参照。本章はこれらを承けたその後の展開を記述するものである。
（5）この事業部制からコンツェルン形態への転換の理由として，長沢康昭教授は，事業に必要な資金の社会的調達，大正2年の税制改正に伴う節税対策，株式会社の有限責任制の享受による危険分散を指摘されている（長沢康昭「三菱財閥の経営組織」（三島康雄編『日本財閥経営史　三菱財閥』日本経済新聞社，昭和56年，第2章，86-87頁）。また，旗手　勲教授は，各部の事業拡大に伴う資金需要の逼迫と雇用人員の急増を挙げている（旗手　勲『日本の財閥と三菱』楽遊書房，昭和53年，163-166頁）。例えば，後者については，具体的に，三菱直系企業の総人員は分系会社独立前の大正5年において合計7万人を超える規模で，「合資会社の直接管理だけでは，人事的にも統制が困難になった」（旗手　勲，前掲書，166頁）と指摘されている。
（6）麻島昭一『三菱財閥の金融構造』御茶の水書房，1986年，64頁。
（7）三菱社誌刊行会編『三菱社誌29』東京大学出版会，昭和56年復刊，4,322-4,323頁。
（8）長沢康昭「三菱財閥の経営組織」（三島康雄編，前掲書），91-92頁。
（9）三菱社誌刊行会編『三菱社誌29』（前掲），4,488頁。
（10）分系会社の資金の調達・運用に関しては，大正7年4月にさらに，「分系会社資金調達ならびにその運用に関する取極め」を定めて，本社である三菱合資会社の統制下においたとされる（三菱創業百年記念事業委員会編，前掲書，26-27頁参照）。また，三菱財閥における人的統制の展開については，長沢康昭「三菱財閥の役員兼任関係と統制機構―大正10年～昭和19年」『福山大学経済学論集』第4巻1・2合併号（1979年12月）に詳細な分析がなされているので参照されたい。
（11）この時期に監査課に配属された人員は，次のようである。

186　第4部　大正・昭和前期における企業の内部監査体制

	管事	賛事	主事	事務	事務補
大正5年10月末日			1	1	2
6年11月1日				1	2

（出所）麻島昭一，前掲書，82頁掲載の第20表より

(12) 三菱社誌刊行会編『三菱社誌30』東京大学出版会，昭和56年復刊，4,964-4,969頁。
(13) 長沢康昭「三菱財閥の経営組織」（三島康雄編，前掲書），89頁。
(14) 三菱社誌刊行会編『三菱社誌30』（前掲），5,191頁。
(15) 三菱社誌刊行会編『三菱社誌31』東京大学出版会，昭和56年復刊，5,562-5,563頁。
(16) 三菱社誌刊行会編『三菱社誌31』（上掲），5,882-5,885頁参照。
(17) 三菱社誌刊行会編『三菱社誌31』（前掲），5,882-5,883頁。
(18) 三菱社誌刊行会編『三菱社誌33』東京大学出版会，昭和56年復刊，6,627頁。
(19) 麻島昭一教授も「このころから分系会社の自立性を認めはじめ，合資会社では分系会社の審議結果を受けてさらに考慮する，いわば二重の体制が形成されていたと想像される。そのため，監理課の統括事務は消えたと解してよいのではあるまいか。その後，監理課の事務分掌規定は五係制をとり詳細になるが，……統括に関する規定はみあたらない。」（麻島昭一，前掲書，67頁）と述べられている。
(20) 三菱社誌刊行会編『三菱社誌34』東京大学出版会，昭和56年復刊，6,905頁。
(21) 三菱社誌刊行会編『三菱社誌34』（上掲），6,911-6,912頁。
(22) 監察員の所属については，昭和7年3月25日付の理事会議事録の中に，「監察員ハ社長直属ノ機関トシテ本社行政系統ノ圏外ニ在リシモ……」との説明が職制改正案の要旨説明に関連してなされたことが記載されている（三菱社誌刊行会編『三菱社誌36』東京大学出版会，昭和56年復刊，645頁）。
(23) 三菱社誌刊行会編『三菱社誌34』（前掲），7,227頁。
(24) 三菱社誌刊行会編『三菱社誌34』（前掲），7,225-7,226頁。
(25) 監察員と監理課員の人員は，昭和3年9月末現在，次のようである。
　　なお，（　）内は具体的には参与を兼任する者の数で外数である（昭和2年末三菱合資会社主要役職員の名簿が，三菱社誌刊行会編『三菱社誌35』東京大学出版会，昭和57年復刊，97頁に，昭和3年末三菱合資会社主要役職員の名簿が三菱社誌刊行会編『三菱社誌35』（上掲），208頁に掲載されているが，監察員として両年とも同一氏名の者2名が掲名されており，内1名の本務は参与とされている）。

第10章　大正・昭和前期の三菱合資会社における内部監査機構の変遷　*187*

	管事	参事	事務	准員	嘱託その他
監察員	1 (1)				
監理課			2	24	2

（出所）麻島昭一，前掲書，84頁掲載の第21表より

(26)　長沢康昭「三菱財閥の経営組織」（三島康雄編，前掲書），99頁。
(27)　三菱社誌刊行会編『三菱社誌36』東京大学出版会，昭和56年復刊，556頁。
(28)　三菱社誌刊行会編『三菱社誌36』（上掲），645頁。
(29)　三菱社誌刊行会編『三菱社誌36』（前掲），645頁。
(30)　三菱社誌刊行会編『三菱社誌36』（前掲），644頁。
(31)　三菱社誌刊行会編『三菱社誌37』東京大学出版会，昭和56年復刊，1,151頁。
(32)　三菱創業百年記念事業委員会編纂『三菱の百年』昭和45年，33-34頁。
(33)　長沢康昭「三菱財閥の経営組織」（三島康雄編，前掲書，収録），100頁。なお，合資会社から株式会社への組織変更の理由として，岩崎小弥太社長は，昭和10年10月に行った「三菱合資会社組織変更ニ関シ社長挨拶」（以下「挨拶」という。）において，「世間ノ或者ヨリシマスレバ何ガ故ニ合資会社ヨリ株式会社ニ変更スルカニツキ一，二ノ疑問ヲ抱クモノガナイトモ限ラナイノデアリマス。若シ疑ヲ起スト致シマスレバ第一ニ，責任ノ問題デアリマス。合資会社出資社員ノ責任ニ就テハ新商法ト旧商法トノ間ニ多少ノ相違ガアル様ニ聴テ居リマスガ元来三菱合資会社ハ明治廿六年設立ノ旧商法ニヨル合資会社デアリ最初ヨリ有限責任ノ会社デアルノデアリマス。故ニ株式組織ニ変更シタトシテモ無限責任ヨリ有限責任ニ転ジタ結果トハナラナイノデアリマス。…（中略）…第二ハ税金ノ多寡ノ問題デアリマス。…（中略）…株式会社トナリテモ同族会社ト認メラルル点ニ変リハ無イノデアリマシテ課税ニ於テ従来ト変化ハ無イノデアリマス。」（三菱社誌刊行会編『三菱社誌37』東京大学出版会，1981年復刊，1,298-1,299頁）と説明する。そのうえで，「挨拶」によれば，「『組織変更ヲ決行シタル真ノ理由』は，大正期から分系会社を独立させ，その株式を公開してきたので，『三菱ノ事業ハ最早岩崎一家ノ私ノ事業デハナクナッタ』から，その持株会社である三菱合資会社もまた『何時ニテモ……岩崎一家ヲ離ルルトモ独立シ得ルモノト為シテ置ク事』であると言うのである。つまり本社もまた岩崎家の私有物から公開された会社となるために，株式公開を可能にする形式を整えておこうという意味である。」（長沢康昭「三菱財閥の経営組織」（三島康雄編，前掲書，収録），102頁）と述べられている。これに対して，安岡重明教授は，こうした岩崎小弥太社長の「挨拶」における主張にも拘わらず，「日本の場合，昭和十二年ごろに閉鎖的な出資と合名会社・合資会社形態に伴う資本調達の困難が，財閥本社の株式会社化，およびその株式の部分的公開を強制した。臨時利得税の設定，その増徴，戦争の進展に伴う重化学工業投資強化の必要性が，財閥本社の改組を要求したのである」と指摘されている（安岡重

(34) 三菱社誌刊行会編『三菱社誌 37』（前掲），1,318頁。
(35) 常務会は，その構成員が，取締役のうち，社長，副社長，専務取締役2名の計4名に限定されたことから，従前の三菱合資会社における社長室会と構成員においては類似する。しかし，常務会の議決は全員の同意を得ることとされ（「三菱社職制」第6条），これにより，「同族たる社長，副社長は他の専門経営者とまったく対等の地位となった。三菱の企業組織は，同族および専門経営者で構成される意思決定者集団の集団指導型『昭和型』が完全に定着した」（長沢康昭「三菱財閥の経営組織」（三島康雄編，前掲書，収録）104頁）とされる。
(36) 麻島昭一『三菱財閥の金融構造』御茶の水書房，1986年，70頁。
(37) 「三菱協議会会則」第1条は，三菱協議会の設置目的について，「三菱社専務取締役並ニ分系各会社取締役会長ハ各社間ニ共通又ハ関係アル事項ニ付打合ハセヲナス為メ三菱協議会ヲ組織ス」（三菱社誌刊行会編『三菱社誌 37』（前掲），1,319頁）と規定している。
(38) 長沢康昭，「三菱財閥の経営組織」（三島康雄編，前掲書，収録）104頁。
(39) 『三菱合資会社組織変更ニ関シ社長挨拶』において，三菱社の性格と運営方針に関して，「新株式会社ハ所謂ホールディング・コンパニーデアルノデアッテ完全ニ其本色ヲ発揮スル事ニシタイト思フノデアリマス。現在ノ合資会社ハ大部分ハホールディング・コンパニートシテ働イテ居ルノデアリマスガ旧来ノ因習ニヨリテ各分系会社ノ事業ノ経営ニ直接関与スルモノノ如キ点モアリ聊カ曖昧ノ観ガ無イデモナイ……此点ハ新会社トナッタ以上ハ明確ニ致シタイト思ヒマス，何時如何ナル株主，重役ガ他ヨリ加ワリテモ差支ヘナキ様明カニ致シ置キタイト考ヘマス。」（三菱社誌刊行会編『三菱社誌 37』（前掲），1,300頁）と述べることで，三菱社は分系会社の統制に関与せず，純粋に持株会社として機能させることを宣言している。
(40) 三菱社誌刊行会編『三菱社誌 37』（前掲），1,319頁。
(41) 三菱社誌刊行会編『三菱社誌 37』（前掲），1,413頁。
(42) 昭和10年末であるが，三菱合資会社の分系会社に対する出資比率は次の表の通りである（但し，三菱電機，三菱商事，三菱倉庫の3社について，三菱合資会社の出資分に分系会社の出資分を加えたときの比率が三菱合資会社単独の出資比率よりも少なくなっているが，その理由は不明である）。三菱合資会社ないし三菱系以外の外部株主の出資比率は少数であることが，親会社派遣の監査役が内部監査的な活動を行うことを許容したのではないかと思われる。但し，株式の公開が進展するにつれて株主数は増加しており，昭和15年度になると人数的には必ずしも少ないとはいえない状況が示されている。

第10章　大正・昭和前期の三菱合資会社における内部監査機構の変遷　189

三菱合資会社の分系会社持株率（昭和10年末）

分　系　会　社	三菱鉱業	三菱重工業	三菱電機	三菱商事	三菱倉庫	三菱銀行	三菱信託
資本金（万円）	10,000	6,000	1,500	3,000	1,000	10,000	3,000
三菱合資出資比率（％）	56.8	51.4	90.0	100.0	100.0	42.7	17.5

（出所）旗手　勲『日本の財閥と三菱―財閥企業の日本的風土』楽游書房，昭和53年，320頁に掲載の表の一部）

三菱分系会社株主数

分系会社	㈱三菱社	三菱鉱業	三菱重工業	三菱電機	三菱商事	三菱倉庫	三菱銀行	三菱信託
昭和10年度	—	7,871	12,736	14	17	10	3,570	1,712
昭和13年度	17	6,700	12,722	3,255	4,217	1,382	3,408	1,769
昭和15年度	14,893	8,720	15,213	3,100	4,393	1,355	3,345	1,729

（出所）10年度：三菱社誌刊行会編『三菱社誌37』（前掲），1,084頁
13年度：三菱社誌刊行会編『三菱社誌37』（前掲），1,492頁
15年度：三菱社誌刊行会編『三菱社誌38』東京大学出版会，昭和56年復刊，1,724頁

(43) 参与の職務に関して，株式会社三菱社職制は，第7条において「當会社ニ参与若干名ヲ置キ重要ナル事務ニ関与セシム」（三菱社誌刊行会編『三菱社誌37』（前掲），1,318頁。）と規定する。
(44) 三菱社誌刊行会編『三菱社誌37』（前掲），1,362頁。
(45) 三菱創業百年記念事業委員会編纂『三菱の百年』昭和45年，34頁。
(46) 三菱社誌刊行会編『三菱社誌38』（前掲），1,663頁。
(47) 三菱社誌刊行会編『三菱社誌38』（前掲），1,669頁。
(48) もっとも，財務委員会の実際の任務は，「三菱社および分系会社が共同で他会社の株式を取得して，関連会社群に加えることにあった。」とされる（長沢康昭，前掲書，107頁）。
(49) 三菱社誌刊行会編『三菱社誌39』東京大学出版会，昭和56年復刊，2,144頁。
(50) 三菱社誌刊行会編『三菱社誌39』（上掲），2,063-2,064頁。
(51) 三菱創業百年記念事業委員会編纂，前掲書，35頁。
(52) 三菱社誌刊行会編『三菱社誌39』（前掲），2,067頁。なお，このような体制が採用された事情について，長沢康昭教授は，昭和18年末現在の三菱本社の取締役は社長以下14名，監査役3名であったことを指摘された上で，「三菱本社の役員はあまりに多数であり，しかもすべての分系会社の社長および東京海上，明治生命の社長，会長

190 第4部 大正・昭和前期における企業の内部監査体制

を兼任している。これらの人々がほとんどすべて含まれる取締役会を強力な執行機関とするには無理があったものと考えられる。」(長沢康昭「三菱財閥の経営組織」(三島康雄編, 前掲書, 収録) 111 頁) と述べられている。
(53) 麻島昭一教授が作成された人員一覧表によれば, 昭和 12 年 10 月 1 日以降分から「監察員室」の人員が区分表示され, その人員は次のように推移している。

監 察 員 室 人 員 表

資　格 年月日	参　事		事務	准員	嘱託
	監察員	監察員附			
昭和 12 年 10 月 1 日 (三菱合資会社)	3 (3)	1	2		1
昭和 13 年 2 月 5 日 (三菱社)	3 (3)	1	2	2	
昭和 15 年 11 月末日 (三菱社)	2 (1)	0	5		
昭和 18 年 3 月 20 日 (三菱本社)	1 (1)	0	4		

(注1) カッコ内は役職 (参与) 兼任の監察員数で, 内数である。
(注2) 昭和 18 年 3 月 20 日現在分については表外に「入隊中・徴用中」が 1 名いる。
(出所) 昭和 12 年 10 月 1 日：麻島昭一, 前掲書, 85 頁掲載の表より抜粋。
　　　昭和 13 年 2 月 5 日：麻島昭一, 前掲書, 85 頁掲載の表より抜粋。
　　　昭和 15 年 11 月末日：麻島昭一, 前掲書, 86 頁掲載の表より抜粋。
　　　昭和 18 年 3 月 20 日：麻島昭一, 前掲書, 87 頁掲載の表より抜粋。
　　　但し, 上記各年月日とも, 監察員及び監察員附の人員数については, 次の『三菱社誌』各冊に掲載される各年度末の主要役職員名簿に依拠して, これらの人員数を区分表示するように表の一部に修正を加えている。
　　　昭和 12 年度末：三菱社誌刊行会編『三菱社誌 37』(前掲), 1,362 頁。
　　　昭和 13 年度末：三菱社誌刊行会編『三菱社誌 37』(前掲), 1,493 頁。
　　　昭和 15 年度末：三菱社誌刊行会編『三菱社誌 38』(前掲), 1,725 頁。

　また, 昭和 18 年度末～昭和 20 年度末及び昭和 21 年 9 月末 (解散時) の監察員・監察員附の員数は次の通りであった。

資　格 年月日	参　事	
	監察員	監察員附
昭和 18 年 3 月 31 日 (三菱本社)	2 (0)	1
昭和 19 年 3 月 31 日 (三菱本社)	2 (0)	0
昭和 20 年 3 月 31 日 (三菱本社)	1 (0)	0
昭和 21 年 9 月 30 日 (三菱本社)	1 (0)	0

(注) カッコ内は役職 (参与) 兼任の監察員数で, 内数である。
(出所) 昭和 18 年度末：三菱社誌刊行会編『三菱社誌 39』(前掲), 2,191 頁。

　　　　　　　　昭和19年度末：三菱社誌刊行会編『三菱社誌39』
　　　　　　　　（前掲），2,362頁。
　　　　　　　　昭和20年度末：三菱社誌刊行会編『三菱社誌40』
　　　　　　　　（前掲），2,564頁。
　　　　　　　　昭和21年9月末：三菱社誌刊行会編『三菱社誌
　　　　　　　　40』（前掲），2,683頁。

(54)　三菱社誌刊行会編『三菱社誌40』東京大学出版会，昭和57年復刊，2,440頁。
(55)　三菱社誌刊行会編『三菱社誌40』（前掲），2,440頁。なお，戦間期に見られた企業内部監査の状況の詳細については，津田秀雄「戦時統制経済下の企業内部監査態勢」『甲南会計研究』No.2，平成20年3月，を参照されたい。
(56)　三菱社誌刊行会編『三菱社誌40』（前掲），2,464頁。
(57)　三菱社誌刊行会編『三菱社誌40』（前掲），2,659頁。
(58)　三菱社誌刊行会編『三菱社誌30』（前掲），5,029頁，「同日（十月一日）加藤武男外任命」の項。

第11章　安田財閥における関係行社統轄機構

1　合本安田銀行の開設と経営業務の監督体制

　安田善次郎が元治元（1864）年3月に江戸日本橋乗物町に露天商として開業した乾物商兼両替商「安田屋」は，その後，慶応2（1866）年4月に日本橋小舟町に移転し，これに併せて両替商中心の「安田商店」と改称し，さらに明治7（1874）年10月3日に，「安田善次郎の個人財産の保有および管理体として『元締役場』を新設した」[1]ことで，専従者がいない等，不徹底で，必ずしも実態が伴っていなかったにせよ，この時点で家計と企業会計を形式的には区分した企業体制が構築され，今日の「みずほフィナンシャルグループ」に連なる安田商店が業務を開始したのである。

　その後，明治13（1880）年1月1日に至って，「従来実質的に銀行であつた安田商店を形式的にも『銀行』たらしめんとして」[2]，東京府知事の認可を得て「合本」組織の銀行に改組・転換し，「合本安田銀行」となった。もっともその「合本」という組織形態は，「商法会社篇および『銀行條例』（26年7月施行）が施行前のことなので」[3]，法規に基づいたものとは言い難く，「私盟銀行の観念にとどまる」[4]ものであったとはいえ，「個人商店の旧い経営形態から脱皮して新たな飛躍を図るために，国立銀行制度を手本とし，近代的銀行の形式を採用する必要があった」[5]と指摘されているように，企業としての将来の展開を考えるならば両替業から銀行業へ転換することが望ましく[6]，そのためには株式会社という組織形態を模した組織形態が望ましいとする経営判断が

あったものと思われる。

　さらに，安田系事業の事実上の唯一の出資者で，従って唯一のオーナー経営者である安田善次郎にとって，株式会社を模した企業形態を採用することで，株式会社における業務執行機関としての頭取や取締役の行動を牽制する権能を持つ監査役に類似する監事の職を置き，この監事の職に自らが就任することが好都合と考えられたのであろうと思われる。おそらくはこうした構想に沿って，合本安田銀行における具体的な経営管理機構として，頭取，取締役，監事を各1名ずつ置くこととし（「安田銀行規則」第9条），その上で，監事の職責については「監事ハ毎ニ株主一同ノ委員タル心得ヲ以テ其銀行ノ営業正確ナルヤ否ヤニ注意シ諸計算ヲ査閲シ諸役員ノ勤惰ヲ督視スルノ任ヲ負フルモノトス」（同，第13条）と規定した上で，具体的な人事として，合本安田銀行の監事に安田善次郎自らが就任し，「諸勘定の精査ならびに全員の勤惰を監督」[7]したと伝えられている。

　このように「株主」である安田善次郎自身が監事に就任した上で，監事の権限としての監査機能を発揮して経営の監督を行う体制が構築されたが，この体制はまさにオーナー経営者による直接的な監督が具体化されたものであったと言える。

図11-1　合本安田銀行の統治機構
（明治13（1880）年1月1日）

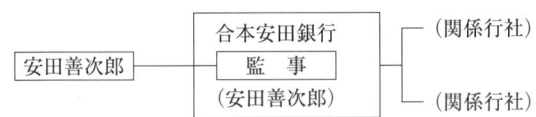

```
                    ┌─ 合本安田銀行 ─┬─（関係行社）
   安田善次郎 ──────┤    監　事      │
                    │ （安田善次郎）  └─（関係行社）
                    └────────────────
```

2　私盟組織保善社時代の企業統治体制

　しかし，傘下の事業が次第に拡大・成長してくると，それらを指導し管理するための統轄機構を組織的に整備する必要が意識されるようになり，その一環として，明治17年8月には持株会社の設立構想が思い巡らされるまでになっ

ていた[8]。こうした持株会社の設立を構想する動機として，この時点の安田銀行が株式会社組織を模した合本組織を採用していたことのマイナス効果，すなわち，「株主」への利益配当金の交付による資本蓄積の鈍化の危険と「株主」たる同族が保有する「株式」を他に譲渡することで同族外に分散する危険が考慮されたために，これに対処しようとする意図の下に[9]，明治20（1887）年7月1日に「私盟組織保善社」が設立されたとされる。しかし，実際には，同社の設置目的は「安田銀行の資本金を管保」すること，すなわち財産の管理と保全に置かれ，いまだ「財閥持株会社の内容を備えるにいたってはいなかった。」[10]とされる。このことは，私盟組織保善社の設立に際して同社設立の意義を述べた「保善社創立の大意」においても「本社ヲ不朽ニ保存シ以テ安田銀行ノ名称ト其資本金ヲ永遠ニ保続為シ永ク其幸福ヲ共ニセンコトヲ希望ス」[11]と記述することで，保善社設立の目的が財産の管理と保全にあることが明記され，これを承継した「保善社規約」第4条においても，「本社ノ目的ハ安田銀行ノ資本金ヲ管保シテ社名ヲ永ク隆昌ナラシメ一類中ノ家政ヲ正シテ共ニ幸福ヲ完全シ以テ社中各自ノ家名ヲ永久ニ継続スルヲ以テ目的トスヘシ」[12]と規定していることから，「保善社」の事業目的が財産の管理と保全にあることが明らかである[13]。

　しかしながら，「保善社規約」第8条において，「総長ハ安田銀行ノ監事ト為リテ行務ヲ監督スルコトヲ得　然レドモ安田銀行ノ頭取ヲ兼用スルコトヲ得ス」[14]との規定を置いて，保善社総長と安田銀行頭取との兼務を禁じ，これにより保善社と安田銀行の業務執行責任者を人格的に分離して，形式的ながらも所有と経営の分離を図っているものの，他方で，保善社総長（安田善次郎）は上記の「保善社規約」第8条前段の「総長ハ安田銀行ノ監事ト為リテ行務ヲ監督スルコトヲ得」とする規定により，実質的に唯一の所有者である安田善次郎が安田銀行の監事を兼任することを是認しているのである。

　これは，合本安田銀行においても，おそらく国立銀行における監事制度を範として監事制度を導入したと考えられるのであるが，定款に相当する「安田銀行規則」の第13条[15]により，監事たる安田善次郎が監査機能を発揮して，

「事実上安田銀行頭取以下全役員の動静を掌握する地位」[16]を付与し，これによって「保善社総長たる善次郎は，同時に安田家ならびに安田銀行の総指揮官としての最高位に位置」[17]付けられたのであるが，そうした経営管理体制は，図11-2に見るように，「初期保善社の実体は，外面的には安田銀行を表に立て，内面的には主宰者善次郎の指揮に支配され，彼の独裁下にある最高事業執行機関であった。」[18]と評されるような状態にあった。

図11-2 私盟保善社の統治機構（明治20（1887）年7月1日）

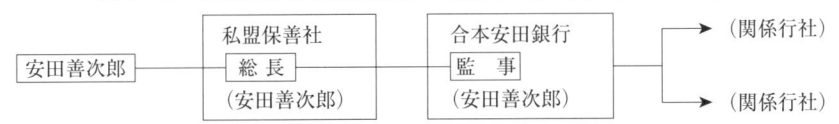

```
安田善次郎 ── 私盟保善社    ── 合本安田銀行 ──→ （関係行社）
              総 長          監 事
              （安田善次郎）   （安田善次郎）    ──→ （関係行社）
```

このような状況のもとで，「安田銀行申合規則」はその第1条第1節において，安田銀行の事業目的並びに安田保善社との関係を規定し，「本行ハ保善社ト一心同躰ノモノニシテ該社創立ノ大意ニ基キ中興祖先ノ資産ヲ永遠ニ保管スルコトヲ以テ本旨トス」[19]と規定して，保善社と安田銀行は，経済的に一体の存在であることを自ら主張したのである。

しかし，保善社と安田銀行は法的にはあくまでも別個の法人であるために，統治構造としては支配企業の所有者であるトップマネジメントが従属企業の監事の職に就いた上で，その従属企業の監事としての権限に基づいて従属企業の経営統制を行うという2段階の統治構造とされている。しかし，両社は，上記のように，実質的には一体と認められる経済的実態からみて，卓越した創業者であるオーナー経営者が事実上，直接に企業を統治し，経営上の指揮・統制を行っている状況にあり，従って，この時点の安田系事業に係る企業統治形態はオーナー経営者統制の段階にあったと言えるであろう。

3　商法施行に伴う保善社規約の改正と監事制の継続

次いで，明治27（1894）年7月1日になされた保善社規約の改正は，「明治

二十六年銀行條例改正及商法発布ニ伴ヒ安田銀行組織改正ノ結果本規約ノ改正ヲ為シ明治二十七年七月一日ヨリ実行ス」[20]と説かれているように，前年の明治26年7月に行われた安田銀行の合本組織から合資会社への組織変更に伴って，保善社の規約についても「構成体裁を『商法』の会社篇に準じて組替え，大部分の字句を修正し章目」[21]を改めたものである。

この改正により，「保善社の組織目的は『安田銀行ノ資本金ヲ管保』することから，安田銀行の資本金以外の資産を含む『本社の基本財産ヲ保有』することに拡大された」[22]が，これは保善社に蓄積された積立金が増大し，その運用先が多様化したことにより，保善社の管理機能を高める必要が生じたことに関連するものであった。

このように保善社の統轄機能を向上させるために，保善社を持株会社化する方向が示されたとはいえ，この時点では，保善社は持株会社としての機能を現実には果たしていなかった。それは，保善社が未だ「独自の組織を持っておらず，保善社の総長に安田善次郎，副総長に安田善三郎（明治三十三年に副総長がおかれた）がいただけで，保善社の実務は安田銀行員……が担当した。」[23]とされているように，持株会社としての人的な体制はいまだ整備されておらず，また，この時期の保善社のバランス・シートの表示内容から推測すると「保善社の姿は不動産会社であり」[24]，実質的に「安田系の企業（主として銀行）を統轄していたのは安田銀行だった」[25]と言われる状況であった。

従って，このたびの商法施行に併せた合資会社安田銀行の規定改正とそれに関連した保善社の規約の改正に関わらず，合資会社安田銀行の監事を含む重役の職制に関しては特段の変更はなく従前通りとされた。のみならず，安田善次郎が監事に引き続き就任したことにより内部監査機能の発揮を通じて合資会社安田銀行を監督し，それを通じて間接的に安田銀行支配下の諸企業に睨みをきかそうとする統轄機構が継続されたのである[26]。

4 合名会社安田銀行への改組と内部監査部門の設置

　明治32 (1899) 年6月に，それまでは安田系事業として「元締役場」の直轄下に，安田善次郎の個人的な事業として展開されてきた非金融業（倉庫業，海運業，製釘業，石炭業）の各事業を統合して，安田商事合名会社を設立し[27]，同社の資産・負債を保善社の資産・負債として連結することとされた。

　また，明治32 (1899) 年6月16日，合資会社安田銀行契約書について，「新商法実施に伴い従来の契約書形式を改め新定款制定」[28]し，同年7月1日には「重役中監事を監督と改め」[29]る職制の改正が行なわれたが，人事面においては「従来監事の役にあつて当行の枢機をつかさどつた安田善次郎は引き続き新組織の監督の地位にとどまることと」[30]とされた。

　翌，明治33 (1900) 年7月には安田銀行の組織形態が合資会社から合名会社へ変更された[31]。また，保善社規約に関しても，副総長制を導入して持株会社としての体制を強化するための第3回改正規約が明治33 (1900) 年7月1日に実施された（安田善三郎が副総長に就任）[32]。

　明治38 (1905) 年1月8日には，業務組織の確立と人事制度の整備のための機構改革が行われた[33]。これは，「日清戦後に安田一族の所有株式が急増し，安田系企業も二一（明治三十七年末）に達したので，安田銀行が銀行業の片手間に安田系事業の監督を行うこれまでの態勢では対処し切れなくなり，独立した業務組織の整備が必要となった。」[34]ために行われたもので，「元締役場」（総長，副総長の秘書的業務を管掌。明治45 (1912) 年に秘書役と改称。），「管理部」（保善社が保有する有価証券，不動産などの管理を管掌），「監督部」（安田系銀行・会社に関する実地検査業務と書面検査業務を管掌）の3部門が設置された。この内，「監督部」は上記のように実地及び書面による検査業務を管掌する部署であり，ここに初めて従業員による内部監査部門が設けられた。

　こうした明治38 (1905) 年1月の機構改革は，安田家のプライベートな財産管理会社として設立された保善社を，財閥企業の頂点に立つ司令塔としての役割を担う持株会社に移行させようとするものであったが，現実にはそうした理

念ないし安田系の事業全体に占める機構改革の意義が，従業員への権限委譲を是としない安田善次郎の信念や金融財閥の方向へ進むことを是とし，非金融事業への進出を否定的に捉える理事の存在もあって，首脳部の共通認識にはならなかったようである[35]。

安田善次郎は，明治42（1909）年1月4日，保善社規約の70歳の定年規定に従って，合名会社安田銀行における監督の地位を退き，顧問に就任した（但し，保善社総長の職には留任した）。後継の監督には組織改革を推進しようとする保善社副総長の安田善三郎が就任した。

5　合名会社保善社における企業統治体制と内部監査機能

保善社は法的根拠を持たない「私盟組織」であったために，明治45（1912）年1月1日に法人格をもつ「合名会社保善社」に改組し，これに傘下の銀行・会社（関係行社）を指導・監督させることとし，「合名会社保善社」の業務組織として「元締役場」，「監督部」，「管理部」を置いた。同年11月21日には，「秘書役場」，「監督部」，「管理部」に業務組織が再編成され，「監督部」に調査課と統計課を，「管理部」に地所課と計算課が置かれた。この内，「監督部は保善社もしくは安田銀行が多額の資金を出資している銀行会社の業務を定期的に報告せしめ，または直接当該会社の検査・検閲を行うことを業務とした。」[36]と説明されているが，この説明から「監督部調査課」の業務は，明治38（1905）年の改革時と同じく，監査機能を活用して傘下の銀行・会社を指導・監督しようとする部門であったと言えるであろう。

このように明治45年の改革は，既に明治38年の改革により志向されていた保善社の財閥本社化への動きを引き継ぎ，「保善社に財閥本社にふさわしい法人格をあたえたもの」[37]で，安田財閥のパブリックな側面の整序を図るものであった。

大正8（1919）年7月4日には，「監督部」の名称を「監査部」に改める等の業務組織の近代化に向けての改革がなされているが，その名称変更は，業務の

法令や内部規程への準拠性あるいは妥当性に関する事前監視から事後検証への変更が意図されていたのではないかと思われる（そして，このことは後述の昭和4年の改革の際に明示された）。

この大正8年7月の「合名会社保善社処務規程」における内部監査部門に関連する規定を抜粋すると，次のようであった。

「第22條　当会社ニ左ノ参部ヲ置ク
　一，庶務部
　一，管理部
　一，監査部
第25條　監査部ニ左ノ弐課ヲ置ク
　一，調査課
　一，統計課
第31條　監査部ノ担当事項左ノ如シ
　一，当会社収支計算表類ノ清算ニ関スル件
　一，各関係事業会社ヨリ提出スル稟議ニシテ営業ニ関スル件
　一，各関係事業調査ニ関スル件
　一，各関係事業会社ヨリ提出スル貸借対照表資産負債書抜ノ調査ニ関スル件
　一，諸契約証書類ノ起草及法規類ノ取調ニ関スル件
　一，各関係事業会社登記及訴訟ニ関スル件
　一，各関係事業会社ノ概況報告ニ関スル件
　一，各関係事業ノ成績統計ニ関スル件
　一，毎期各関係事業会社ヨリ提出スル予算決算ニ関スル件
　一，各関係事業ノ参照トナルヘキ内外同種事業ノ景況調査ノ件

その後，大正9（1920）年7月1日に「安田家家憲および同補則」を改正し，次いで，大正10（1921）年10月23日には定款及び処務規程を改正して，結城豊太郎を専務理事兼支配人に選任した。また，大正11（1922）年3月15日に処務規程を「内規」と改称し，人事施策の刷新と業務組織の改革を行うとともに，業務組織を，「秘書部」，「庶務部」，「理財部」，「銀行部」，「会社部」，「調

査部」の6部制とした。この内,「銀行部」,「会社部」の2部は「監査部」の業務量を考慮して監査対象の業種別に分化させたもので,「銀行」と「その他の会社」というように業種別に編成することで専門性を高め,傘下の銀行・会社に対する指導・統制力の強化を意図したものと思われる。

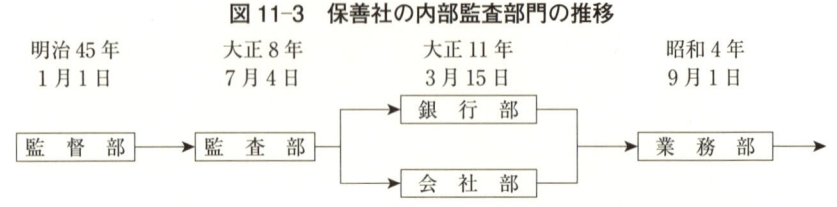

図 11-3 保善社の内部監査部門の推移

```
明治45年      大正8年        大正11年       昭和4年
1月1日        7月4日         3月15日        9月1日

                           ┌─ 銀 行 部 ─┐
監 督 部 → 監 査 部 →                     → 業 務 部 →
                           └─ 会 社 部 ─┘
```

(出典:「安田保善社とその関係事業史」(昭和49年) 末尾記載の図表業務機構推移図による。)

6　合名会社安田保善社における内部監査体制の整備

　大正14 (1925) 年3月24日,「保善社」の社名を「安田保善社」と改称し,翌大正15年 (1926) 9月1日,「安田家家憲補則附属細則」を制定した。

　昭和4 (1929) 年1月1日,業務組織を「秘書部」,「理財部」,「銀行部」,「会社部」の4部制とし,「調査部」を廃止して,これを安田銀行の「調査部」と併合する措置が採られた。

　また,同年7月,「制度調査委員会」の検討結果を業務執行上の大方針とすることが理事会によって承認されたが,その中には次の「関係行社監督方針」が含まれていた。

(二) 関係行社監督方針
　一．関係行社に対しては,事前監督よりも事後報告,監査に重点を置く
　二．関係行社の監督は,安田保善社の部長または部員を当該行社の監査役とし,その職権によって監督する[38]

　この運営方針の改正を周知させるために,昭和4年7月23日に関係行社の

幹部を召集した説明会が催され，その後，総長名で各行社宛てに通達された。監査に関連する部分を抜き出すと次のような通達内容であった。

> ……安田保善社ハ従来ノ如ク関係銀行会社ノ常務ノ職ニ在ル取締役ヲ推薦スル外，安田保善社在職者ヲ各銀行会社ノ監査役ニ推薦シ，安田保善社ト関係銀行会社トノ関係ヲ名実共ニ明確ナラシムヘシ。即チ安田保善社ハ各常務ノ職ニ在ル取締役及ヒ新ニ選任サルヘキ監査役ヲ通シテ各銀行会社ノ経営監査ニ当ラシメ，之ト同時ニ各銀行会社ハ屡々重役会ヲ開催シテ自ラ独立ノ機能ヲ発揮セラルヘシ。……又従来ノ安田保善社検査規定ハ全部之ヲ廃止シ，新ニ監査役ノ職務上ノ監査ヲ行ハシメ，以テ其当否ヲ考査スルコトトナスヘシ……(39)

7　むすび ――安田保善社の経営統制制度――

　安田財閥における関係行社の統轄方法は，創業からそれほどの年月が経過しておらず，従って，未だ成長前の若い企業段階では，創業者で，オーナー経営者（実質的に唯一の「株主」＝出資者で，かつ経営者）である安田善次郎が支配下の従属企業（安田銀行）の「監事」ないし「監督」に自ら就任して，「『経営ノ全部ニ参与シ個々ノ取引ニツキ各其指揮ヲ俟ツテ実行ヲ為サシメントスルカ如キ方法』といわれるほど」(40)に細部にわたって起案した稟議書を提出させる等により，企業行動に関する監視を実行の前に厳格に判断し，指揮する方法を採ることにより，支配下の各従属企業を統合し，統治したと見られる(41)。

　その後，順調な企業成長が見られた明治38（1905）年1月8日になって，創業者で，オーナー経営者である安田善次郎が自ら統轄機能を果たすために安田銀行の「監事」（ないし「監督」）を兼任して，内部監視機能を発揮することは困難となり，傘下の企業を事後的に統制する機能を持った内部監視業務に係る権限をオーナー経営者である安田善次郎から委譲されて管掌する部門，すなわち，「監督部」（実地検査業務と書面検査業務を管掌する）が設置された。これにより，企業集団の頂点に位置する持株会社である保善社に傘下従属企業を統轄するための内部監査部門が設置されたのである。

この検査業務を所管する「監督部」は，その後，大正8年に「監査部」と改称され，さらに傘下の関係行社の増加に対処するために，関係行社に対する検査業務は，その業態に応じて「銀行部」と「会社部」に区分して，分掌された。

昭和4年7月以降は，「『将来ニ亘リ関係銀行会社ノ各自ノ独立性ヲ一層尊重シ且ツ其自由ナル進展ヲ成サシメムカ為……従来ノ統制及監督上ノ制限ヲ緩和』した。すなわち，それ以降は，関係行社に常務を派遣して経営に当たらせる一方，『事前監督ヨリハ寧ロ事後ノ報告，監査ニ重キヲ置クヲ方針』とし，『安田保善社部長若シクハ部員ヲ関係行社ノ監査役トシテ其職権ニヨリ監督セシメル事』とした」[42]措置が採られ，事前的な監督から事後的な監査への方針の転換がなされた。

もっとも，その方法としては，かつて安田善次郎が行った方法と類似した方法，すなわち，関係行社の監査役に，支配会社である安田保善社の「部長若シクハ部員」を推薦（実質的には派遣）することで，人的に統制する方式が採られており，このために関係行社の監査役ポストが使用されている。この関係行社の監査役に「派遣」された「部長若シクハ部員」は，おそらく安田保善社の「銀行部」または「会社部」あるいは両部が再統合された「業務部」に所属して内部監査業務を担当した者であったであろうと思われる。

このように，安田財閥では，その発祥以来着実に関係行社と呼ばれる従属企業の数と規模を増大させてきたが，それに応じて関係行社の統轄のために内部監査機能が有効であることに着目し，当該機能を担当する「監事」，「監督」，「監査役」等の内部監査部門の整備・充実に意を配り，変革が必要とされた都度，目前の事態に対応するべく努力し来たった結果が時系列的に集積して安田財閥における内部監査活動の史的展開の跡として刻まれており，しかも，その軌跡は内部監査活動の論理的展開過程にも沿うものであったと言える。

（1） 由井常彦「幕末・明治初期における安田善次郎の企業者活動と資本蓄積」（由井常彦編『日本財閥経営史　安田財閥』日本経済新聞社，昭和61年，第一章として所収），62頁。

（2）『安田銀行六十年史』（株式会社安田銀行六十周年事業委員会編），昭和15年，51頁。
（3）『安田保善社とその関係事業史』（安田不動産株式会社内，同編修委員会編），昭和49年，71頁。
（4）『安田保善社とその関係事業史』（上掲），71頁。
（5）浅井良夫「保善社と安田関係金融機関の発展」（由井常彦編『日本財閥経営史　安田財閥』（前掲），第二章として所収），100頁。
（6）安田商店の主要業務である両替業を譲渡した事情については，由井常彦「幕末・明治初期における安田善次郎の企業者活動と資本蓄積」（前掲），70-72頁の記述を参照。
（7）由井常彦「幕末・明治初期における安田善次郎の企業者活動と資本蓄積」（前掲），75-76頁。
（8）保善社設立の沿革については，「明治十七年八月六日……当時ニ於テハ保善社ノ名称モナク特別ノ機関モ設ケズ唯僅カニ帳簿上ニテ経済ヲ区別シ試ミラレタルニ過ギズ。……明治二十七年一月一日従来ノ実験用特別経済簿冊ニ保善社ナル名称ヲ付シ特別経済ノ頭角ヲ顕シテ創見ノ経済按配策執行機関ヲ設立シタリ」（浅井良夫「保善社と安田関係金融機関の発展」（前掲），170頁記載の注（10）において紹介されている『合名会社保善社沿革』昭和3年7月〔安田不動産蔵〕の記述による）と述べられている。
（9）浅井良夫「保善社と安田関係金融機関の発展」（前掲），100-101頁。これらのマイナス効果ないし危険に対する懸念は，「安田銀行は，合本銀行と称したといえ，それは単なる名目であって，実質的には家族的というよりも個人所有の銀行であって，…出資者や役員であった家族のメンバーにたいする利益配当や役員賞与も現実にはほとんど支払われず，もっぱら正味財産の蓄積と増大がめざされた」（由井常彦「幕末・明治初期における安田善次郎の企業者活動と資本蓄積」（前掲），84頁。）とされる当時の安田銀行の運営方針からみて当然に生じる懸念であったといえる。
（10）浅井良夫「保善社と安田関係金融機関の発展」（前掲），100頁。
（11）『安田保善社とその関係事業史』（前掲），113頁。
（12）『安田保善社とその関係事業史』（前掲），114頁。
（13）「保善社規約」第4条において，「一類中ノ家政ヲ正シテ共ニ幸福ヲ完全シ」とする規定により，同族の「各家に対しては，銘々その一年の出納表を提出させ，保善社に於てこれを監査した」（中外産業調査会編纂『財閥安田の新研究』中外産業調査会，昭和12年），25頁，とされる。
（14）『安田保善社とその関係事業史』（前掲），114頁。
（15）安田銀行規則第13条は次のように規定する。「第十三条　監事ハ毎ニ株主一同ノ委員タル心得ヲ以テ其銀行ノ営業正確ナルヤ否ヤニ注意シ　諸計算ヲ査閲シ諸役員ノ勤惰ヲ督視スルノ任ヲ負フルモノトス」（『安田保善社とその関係事業史』（前掲），73

(16) 『安田保善社とその関係事業史』（前掲），121 頁。
(17) 『安田保善社とその関係事業史』（前掲），121 頁。
(18) 『安田保善社とその関係事業史』（前掲），123-124 頁。
(19) 『安田保善社とその関係事業史』（前掲），126 頁。
(20) 『安田保善社とその関係事業史』（前掲），168 頁。
(21) 『安田保善社とその関係事業史』（前掲），170 頁。
(22) 浅井良夫「保善社と安田関係金融機関の発展」（前掲），103 頁。
(23) 浅井良夫「保善社と安田関係金融機関の発展」（前掲），122 頁。
(24) 浅井良夫「保善社と安田関係金融機関の発展」（前掲），105 頁。
(25) 浅井良夫「保善社と安田関係金融機関の発展」（前掲），106 頁。
(26) 内部監査の現実の実施状況を具体的に述べたものとして，明治 25 年 4～5 月の安田銀行各支店・出張所の検査の実施状況および明治 42 年 2 月の大垣共立銀行墨股支店における検査の実施状況が，浅井良夫「保善社と安田関係金融機関の発展」（前掲），127-128 頁に紹介されている。
(27) 浅井良夫「保善社と安田関係金融機関の発展」（前掲），108 頁。
(28) 『安田保善社とその関係事業史』（前掲），167 頁に掲載の年表の記載による。
(29) 『安田保善社とその関係事業史』（前掲），167 頁に掲載の年表による。
(30) 『富士銀行八十年史』（昭和 35），59 頁。
(31) 『富士銀行百年史』（昭和 57），100 頁。
(32) 浅井良夫「保善社と安田関係金融機関の発展」（前掲），122 頁。
(33) 浅井良夫「保善社と安田関係金融機関の発展」（前掲），119 頁。
(34) 浅井良夫「金融財閥としての確立」（由井常彦編，前掲書，第四章として所収），278 頁。
(35) 保善社の第三回改正規約の内容と組織改革については，『安田保善社とその関係事業史』（前掲），263-271 頁，および由井常彦「非金融事業への多角化とその限界」（由井常彦編，前掲書，第三章として所収），255-263 頁を参照。
(36) 由井常彦「非金融諸事業への多角化とその限界」（上掲），257 頁。
(37) 浅井良夫「金融財閥としての確立」（前掲），291 頁。
(38) 『安田保善社とその関係事業史』（前掲），681 頁。
(39) 『安田保善社とその関係事業史』（前掲），682 頁。
(40) 迎由理男「戦時期における安田財閥の経営組織」北九州市立大学『商経論集』第 39 巻 1 号，2003 年，40 頁。
(41) 保善社における傘下従属企業への指導・管理体制の状況について，『安田保善社とその関係事業史』は，次のように伝えている。冗長となるが，引用すると，「業務面における指導，管理体制を述べると，たとえば関係銀行と他の銀行との合併とか，増減資，株式取得等の重要事項に関しては，もちろん事前に保善社の了解を得ることと

し，また監督官庁等の折衝の必要があるときは，保善社が当該銀行の首脳者に協力して行ない，株主総会付議事項についても，あらかじめ稟議を提出させた。なお，定期的には各行社から毎月の各勘定科目の報告を始め，関連企業への一定以上の投融資，ことに銀行に対しては個別の貸出の稟議等を，既述したように稟議報告規程に基づいて徴収した。このほか毎年二回予算会議および業務協議会を開催し，各関係行社の首脳責任者（保善社在籍者）を召集して詳細な報告を求め，それに適応する指示を与えて経営上遺憾なきよう措置を講ずる一方，随時に保善社業務部員による出張検査を励行したのである。」（『安田保善社とその関係事業史』（前掲）938-939頁）と伝えている。

(42) 迎由理男，前掲稿，40頁。

第12章 総　　括

1 内部監査活動の論理的発展過程

　わが国企業に内部監査制度が導入された時期について，これを問うた昭和35年5月現在の実態調査結果によれば，当時，証券取引法に基づく外部監査として上場会社等に義務付けられることとなった公認会計士による財務諸表監査を円滑に実施するための受入体制として昭和26～30年の間に導入したとする回答が圧倒的に多かった（120社中，67社）[1]。しかし同時に，少数とはいえ，明治・大正年間から既に内部監査を実施していたと回答した企業も存していた（120社中，9社）[2]。

　この明治・大正年間から既に内部監査を実施していたとの回答を寄せた企業名は，同実態調査結果の報告においては具体的には示されていないが，おそらくは旧財閥系の諸会社や金銭を取り扱う銀行であったと推測される[3]。しかし，当該会社の明治・大正期における内部監査の実践が具体的にどのようなものであったのかは明らかではなかった。

　そこに着目して本書は，この間隙を補充するべく，内部監査の実践状況を示す史料／資料を求め，それらを通じて明治・大正期や，さらにその淵源となったであろう江戸期の実施態勢にまで遡って，わが国企業における内部監査活動とその制度に関する歴史的展開過程（歴程）を探索し，それにより知られ得た日欧米の歴史的展開過程に関する知識を総合することで内部監査の論理的な発展過程を概略的ながら整序し，改めて論理的配列を試みることとする。

まず，個人として事業を行っている原初的な時期を経て，次第に経営規模が拡大し，それに応じて経営管理に精緻さが要求されるようになると，その要求に対応でき，かつ不正・誤謬の自働検証機能を帯びた会計システムが考案され，鴻池家[4]や三井家[5]にみられたように，複式の決算構造を持つ会計システムが整備されるようになる。この段階を超えてさらに雇用する従業員が増加してくると，機能資本家として企業活動のために必要とする資本を自ら拠出し，かつ経営管理の任に当たっているオーナー経営者が，拠出資本の管理・運用に当たる企業会計とプライベートな領域の家計を峻別することが求められるにもかかわらず，その大半を自らが出資しているがために，なおも自らの財産の一部であるとの意識を捨てきれずに，そうした意識の下で企業財産の保全のために必要な手だてを尽くそうとして，自ら，企業における活動全般に係る監督職能を直接に発揮することとなる。その際の具体的な態様として，「オーナー経営者統制」が自然発生的な統制活動としてまず姿を現わす（このオーナー経営者による直接的な統制活動は，江戸期三井家における内部監査の展開状況に関連して，あるいはドイツにおける大ラーフェンスブルク会社における9人委員会の例[6]が指摘されるが，これらは既に指摘したように，リーカーが言うところの集権的内部監査〈zentrale interne Revision[7]〉に相当すると考えられる）。

　次いで，企業の成長・拡大とともに次第にそうした監督職能をオーナー経営者が自身で直接的に遂行することに困難を覚えるようになると，欧米では企業外部の専門職業人として成長しつつあった会計士に，経営者職能の内の監督職能に内包される監査権限について，その行使権限を委託することにより，経営管理の遂行過程に生じた不備を補完させるための委託内部監査が成立する。この委託内部監査は，オーナー経営者が，自らが行う経営管理が十全ではないことを認識して，これを補完させようとするところに生成する内部監査形態であり，通常は企業内部の従業員による企業財産の私消・横領等の不正に対処し，企業財産の保全を目的として実施されることから，この形態の内部監査もまた，次に採り上げる所有者型内部監査のカテゴリーに属する内部監査形態であると言える。さらに言えば，アメリカで従業員による自主内部監査が登場する

前に見られた「内面的監査」(inside auditing) も，この委託内部監査の具体的な存在形態として位置づけることができるであろう[8]。

このように欧米では委託内部監査，すなわち所有者型内部監査（委託型）の時期を経て，企業規模がさらに拡大し，経営管理の有効性と効率性を高める必要の増大に応じて，業務活動の遂行には直接には携わらない専門スタッフを雇用するようになると，監査権限の委譲を受けて専ら内部監査活動に従事するスタッフとしての内部監査人ないし内部監査部門が形成されるようになる。この監査権限の従業員への委譲に伴ってここに出現する内部監査がリーカーが言うところの分権的内部監査 (dezentrale interne Revision[9])，すなわち所有者型内部監査（自主型）である。

所有者型内部監査（自主型）の生成に伴って，内部監査人ないし内部監査部門が経営者と監査対象とされる業務に従事する従業員との間に介在するようになると，それによって経営者と監査対象の従業員の関係は間接的なものとなり，同時に，コントロールの分化をもたらす。すなわち，その一つは，業務の実施を指揮命令するラインとしての観点から従業員を対象とした直接的監視機構として規整する第一次コントロール (Control) となり，いま一つは，間接的監視機構として第一次コントロールの当否を規整する第二次コントロール (Control of Controls) としての内部監査である。ここにおいて内部監視機能を担う監督職能は，業務活動に直接的に作用するラインと呼ばれる直接的監視機構と業務活動に間接的に作用するスタッフと呼ばれる間接的監視機構としての内部監査機構とに複層化されて執行されることとなる[10]。

さらに所有者型内部監査（自主型）は，所有と経営の乖離が進展するにつれて，拙著『改訂　ドイツ内部監査論』[11]において指摘したように，二者に分かれて，一つは企業所有者としての利害に基づいて実施される監査役監査へ，いま一つは企業の維持・発展ないし経営効率の向上を目指す経営者としての視座から実施される経営者型内部監査へと分化し，それぞれに展開される。また，所有者型内部監査（自主型）から経営者型内部監査へ展開される移行過程においても，本務とする日常の業務を担当しつつ，特命により臨時に内部監査業務

を兼担する者による内部監査業務の実施——内部監査業務専従者の常置化——内部監査部門の形成による組織化とそのライン部門との並列配置——内部監査部門の独立性を意識したスタッフとしての配置へと順次に展開されて来たのである[12]。

2 内部監査活動の発展段階別類型

このように論理的に整序・配列される内部監査活動の展開過程にほぼ沿う形で歴史的にも内部監査活動が実践されてきたことが知られるのであるが，この歴史的配列の過程，すなわち歴程に関して，通説は，上記の分権の内部監査，すなわち所有者型内部監査（自主型）とそれ以後に展開される内部監査活動をもって内部監査活動であると規定していると思われる。例えば，久保田音二郎博士が内部監査の類型として指摘された内部監査の生成形態，成立形態，発展形態の3類型も，そのすべてが分権的内部監査のカテゴリーの範囲内にあると言える。すなわち，久保田博士は内部統制システムの成立に先駆けて，財産保全目的の観点から事後的に不正摘発を目指した検視的内部監査を生成形態とし，内部統制システムの成立後には，その一環となって未然に不正の発生を防止し，もって積極的に財産保全を図ることを目的とした内部監査を成立形態とし，さらにその上に経営の効率化をも目的に加えた内部監査を発展形態として位置づけ，整序されたのである[13]。

この3類型の内部監査のいずれもが内部監視機能を担うものであることは言うまでもないが，内部監視機能を担うものとしては，これらのほかにさらにオーナー経営者が実施するオーナー経営者統制を加えるべきであること，そして内部監査の論理的展開過程を論じる際には，内部監査に先駆する「前内部監査」としてオーナー経営者統制を位置づけ，内部監視の機序を巡る論理体系中に包摂するべきではないかと考えている。

3 むすび ——わが国における内部監査活動の史的展開過程——

このように論理的に整序されうる内部監査の展開過程をわが国において現実に展開された内部監査の歴史的展開過程と重ね合わせるならば，内部監査の生成形態の前段階に位置する「前内部監査」として，内部監視機能をオーナー経営者が直接に担う直接的監視としての「オーナー経営者統制」を配置し，次いで内部監視機能をオーナー経営者から委譲された従業員が担うことで間接的に内部監視機能を発揮しようとする間接的監視ないし分権的内部監査としての「所有者型内部監査（自主型）」に進み，その段階において内部統制システムが成立していたかどうかによって生成形態と確立形態が区分され，さらにその後に生じた所有と経営の分離現象の深化とともに発展形態としての「経営者型内部監査」が登場したと言うことができる。その際，わが国では，委託内部監査，すなわち所有者型内部監査（委託型）の段階を経ることなく展開されてきたこと，すなわち，そうした委託内部監査の段階が，図 12-1 の道筋（A）に示すように，「オーナー経営者統制」と「所有者型内部監査（自主型）」との間にほとんど介在しなかったことがわが国独特の史的展開状況として注目されるところである。

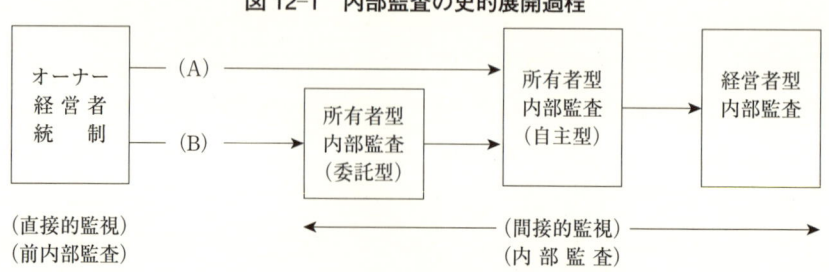

図 12-1　内部監査の史的展開過程

```
┌──────┐   (A)              ┌──────┐   ┌──────┐
│オーナー│ ──────────────→  │所有者型│   │経営者型│
│経営者 │                    │内部監査│ → │内部監査│
│統 制 │ ──(B)→ ┌──────┐ →│（自主型）│   │      │
└──────┘        │所有者型│   └──────┘   └──────┘
                 │内部監査│
                 │(委託型)│
                 └──────┘
(直接的監視)           (間接的監視)
(前内部監査)           (内 部 監 査)
```

もっとも，わが国においてもオーナー経営者統制の段階から従業員に監査権限を委譲することで生じる所有者型内部監査（自主型）の段階に移行する前に，萌芽的ながらも，所有者型内部監査の実施を専門知識を有する企業外部者

(例えば，職業会計人など) に委託することで所有者型内部監査（委託型）ないし委託内部監査を経由する (B) の経路も存していた。この企業外部の職業専門家などに内部監視機能を委託することで，オーナー経営者統制に代わって間接的に内部監視機能を発揮しようとする委託内部監査の段階を経由する経路 (B) を辿る具体的な事例をわが国において強いて求めると，大正から昭和初期にかけて計理士として活躍した渡部義雄がその著『計理士の業務と責任』の中で計理士が営む業務の一斑として「火災保険代理店の監査」[14]と「販売業者の監査」[15]を挙げて，その実践状況を述述している事例が該当すると考えられる。

この渡部義雄が説述する「火災保険代理店の監査」は，火災保険業務を営む損害保険会社から監査の委託を受けて，取り扱った保険契約の記録とそれに伴う金銭の授受等の業務処理過程に不正・誤謬が潜んでいないかどうかを監査するという具体的な実践事例（この火災保険代理店の監査は，渡部義雄が属した東・渡部会計事務所で実際に営まれていたと見られる[16]）であり，まさに財産保全を目的とした監査業務の受託であったと言える。

また，後者の「販売業者の監査」においても同様に財産保全の観点から売上記録や売掛金の管理とその回収資金の保管状況などの監査の受託が説かれている。さらに，渡部義雄は，別著において，新聞等に掲載された具体的な計算書類とその監査結果に関する公告記事を示すことで，他の業種にあっても企業外部の計理士等に会計報告の信頼性を保証するための監査を委託し，その監査結果を公表する事例が少なくないことを指摘している[17]。

もっとも，こうした事例を渡部義雄は委託内部監査の事例としてではなく，計理士によって実施される任意外部監査の事例として挙げているのであるが，とはいえ，当該監査の目的として，財産の異動変化の処理の適正性とその記録の適正性を事後的に監査し，さらに財産の異動変化の処理とその記録が適正に行われるように事前に監督することを挙げ，もって財産の保全を図ることを目的としているとの主張がなされているところから忖度すれば[18]，渡部義雄の上記の主張は所有者型内部監査の目的にも通じるところであり，従って，渡部

義雄が示す上記の例は内部監査と外部監査が峻別されていない未分化な時期の説述であるとすれば，これを内部監査の事例でもあると解することもあながち牽強付会であるとは言えないであろう[19]。そうであるとすれば，わが国にあっても，先に述べた財閥系の諸会社や銀行の事例を除けば，オーナー経営者統制の段階から所有者型内部監査（自主型）の段階へと移行する過渡的な段階として委託内部監査の段階がわずかながらも存していたと言えるであろう。

（1） 企業経営協会編『実態分析　内部監査』（中央経済社，昭和35年），27-29頁参照。なお，昭和20年以降（第二次大戦後の財閥解体後）の展開については，津田秀雄「わが国企業における内部監査制度導入の動機」（可児島俊雄・友杉芳正・津田秀雄『経営業務監査』同文舘出版，昭和63年，5-14頁，第1部第1章として所収）を参照されたい。

（2） 企業経営協会編，上掲書，27-29頁参照。

（3） 昭和戦前期以前からの実践例に触れた文献として，例えば，久保田音二郎『内部監査』（昭和39年，ダイヤモンド社，80-87頁），同『現代内部監査』（昭和49年，18-19頁）。青木茂男『現代の内部監査〈全訂版〉』（昭和56年，中央経済社，44-52頁）。なお，神馬新七郎「わが国会社における内部監査に関する若干の考察」（『甲南経営研究』第7巻2号），103頁の（注）及び，神馬駿逸・夷谷広政『神馬新七郎の会計学実践』（税務経理協会，昭和52年，109頁以降）並びに，高橋千明「内部監査制度に関する歴史的研究—川崎重工業㈱の事例を中心として—」（『甲南論集』第22号，平成10年3月）において，経営者のための近代的な内部監査制度が昭和3（1928）年に当時の株式会社川崎造船所（現，川崎重工業株式会社）に創設された事情が述べられている。同社における内部監査の実践は，カニングハム（V. Z. Brink and J. A. Cashin, *Internal Auditing* 1958, p.45-47 において引用されているところの E. H. Cunningham, *"Types of Internal Auditing, Past, Present and Future"*, in *"Increasing the Usefulness of Internal Auditing"*, The Institute of Internal Auditors, 1948, p.20-30.）が類型化するところの経営者的（経営者型）内部監査（Management Internal Auditing）の，わが国企業における嚆矢であると神馬新七郎は主張しているが，この当時においてもカニングハムが言うところの企業家的（所有者型）内部監査（Proprietorship Internal Auditing）は，本書で指摘するように，既に存在し，相当の歴史を有していたのである。また，例えば，大正期に上梓された磯部亥助『私的銀行検査法』（隆文舘図書，大正9年）が記述するところにより，金銭を取り扱う銀行において不正を未然に防止するために内部監査機構を整備する必要性が認識され，そのあり方について論議されていたことが知られる。

（4） 津田秀雄「鴻池家における会計管理態勢」『商経学叢』56巻2号（近畿大学商経学

会）（平成 21 年 12 月）を参照。
（ 5 ）　本書，第 1 章を参照。
（ 6 ）　津田秀雄『改訂　ドイツ内部監査論』千倉書房，2002 年，8-13 頁参照
（ 7 ）　Rieker, Helmut, *"Interne Überwachung im Mittelbetrieb"*, Dissertation, 1982, S.174.
（ 8 ）　松井隆幸もまた，「19 世紀後半の…アメリカでは，…資本と経営が必ずしも分化していない中で，資本家すなわち経営者が，従業員の会計的不正および誤謬を摘発し，資産を保全する目的で，外部の会計士に監査を依頼するという形態が，一般的であった。いわば，経営者の直接的監視を補足するために監査が行われたのである。これは，委託内部監査といわれる形態であり，監査目的から分類すれば，内部監査の範疇にはいるといえる。」（松井隆幸『内部監査』同文舘出版，平成 17 年，4 頁。）と述べて，同様の見解を示している。同旨，可児島俊雄『経営監査論』同文舘出版，昭和 45 年，45-46 頁。
（ 9 ）　Rieker, Helmut, a.a.O., S.173.
（10）　内部監査とコントロールの概念区分については，津田秀雄『改訂　ドイツ内部監査論』（前掲書），第 5 章「内部監査とコントロールの概念区分」（103-112 頁）を参照。
（11）　津田秀雄，上掲書，235-236 頁参照。
（12）　磯部亥助，前掲書は，内部監査（磯部自身は「私的検査」と称している。）の種別として，次の 5 つを上げている。
　　　①相互検査─「甲銀行の検査を乙銀行に嘱託することを云ふ。」（磯部亥助，前掲書，23 頁。）
　　　②各科検査─「課を異にする各主任者が互に申合せ，取締役若くは総支配人を委員として検査を為すことを云ふ。」（磯部亥助，前掲書，24 頁。）
　　　③支配人又は支店長検査─支店の支配人又は支店長が日常の業務執行とは別に，毎期一回以上執行する検査（磯部亥助，前掲書，24-25 頁の記述を要約。）
　　　④命令休暇検査─「一定機関の休暇を与え，その不在中に於て検査員が職務の代理を為し，検査することを云ふ。」（磯部亥助，前掲書，25 頁。）
　　　⑤機関検査─「取締役が自己の業務執行に際し，其必要に応じて検査の機関を特設し，行員中学識経験あり，且つ職務に対し公平無私の判断を与ふる模範的人物を抜擢して，検査員たらしめ，苟も此機関によりて一切の行務の活動，振粛を図り，不正行為を事前に防止せんと欲するに在り。」（磯部亥助，前掲書，25 頁。）
　　　これらは，史的展開過程を示すものとはされていないが，委託内部監査の形態から内部監査機関の形成に至る道筋を示唆していると言える。
（13）　久保田音二郎『内部監査』（前掲）。なお，久保田博士説の詳細については，拙稿「内部監査の展開と久保田学説」『産業経理』第 39 巻 10 号（1979 年 10 月号）を参照されたい。また，3 段階のそれぞれの名称について，久保田音二郎博士は後に，「萌芽形態」，「成立形態」，「経営監査」と改めて表記されている（同著『現代内部監査』千倉書房，昭和 49 年）が，ここでは展開過程を明瞭に区分表記する名称として，同

博士の旧著によることとする。なお，この久保田博士が説かれる類型区分について，青木茂男博士は「私が本書で内部監査の発展を説明した区分にも概ね一致するものである。」(青木茂男『現代の内部監査(全訂版)』中央経済社，昭和56年，66頁）として支持され，また，可児島俊雄博士も「内部監査の前時代的類型」を加えて説明されているものの，生成後の内部監査の類型区分についてはほぼ久保田博士が主張されるところに沿った見解が示されている（可児島俊雄，前掲書，49頁）。なお，これらとは異なる視角からの類型論として，高橋吉之助「内部監査の類型的研究」『三田商学研究』1巻3号（1958年）がある。
(14)　渡部義雄『計理士の業務と責任』森山書店，昭和6年，34-53頁。
(15)　渡部義雄，上掲書，53-84頁。
(16)　東・渡部会計事務所は，大正5年10月に開設された「東奭五郎(ひがしせきごろう)会計人事務所」が昭和3年に東奭五郎と渡部義雄の共同経営となり，改称されたものである（新井益太郎『私の知る会計学者群像』中央経済社，平成17年，31頁，34頁，35頁各参照。監査法人中央会計事務所『誕生』（同事務所発行），昭和54年，5頁参照）。
(17)　渡部義雄『改訂増補　會計士とその監査』森山書店，昭和31年，24-28頁。
(18)　渡部義雄『計理士の業務と責任』（前掲），4-9頁参照
(19)　明治初期（明治2-13年）の企業では監査役制度についての理解が進んでおらず，「監査役と取締役の区別も曖昧であった。」（宮本又郎『日本企業経営史研究』有斐閣，2010年，157頁。）と評される状況であり，また，渡部義雄が『計理士の業務と責任』（前掲）を執筆された昭和初期においても「監査役監査と『内部監査』との分化は明らかでなく，むしろ，監査役監査に内部監査的機能をも果たさせることが期待され」（浦野雄幸『株式会社監査制度論―監査役監査の位置づけ―』商事法務研究会，昭和45年，122頁）ていたとされる状況であり，さらに，この時代に続く昭和13年「国家総動員法」のもとにおいても「会社の経営全般は，戦争遂行の目的に向かって，国家の監督を厳しく受けることとなったが……ここにおいては，監査役は，監査の仕事をしようとすればするほど，いきおい内部監査の長としての役割が強くならざるを得なかったと思われる。」（浦野雄幸，上掲書，124頁）と述べられているように，本来は遙有株主や債権者のための外部監査として営まれるべき監査役監査が現実には内部監査として機能していたという当時の事情をも考慮するならば，渡部義雄が紹介する計理士による監査もおそらく当時の監査役監査が置かれていた状況と大差がなく，内部監査的な色彩が濃い状況にあったと思われる。

初　出　一　覧

第1章：「三井家における内部監査制度の展開」（桜井久勝・加藤恭彦編著『財務公開制度論』千倉書房，平成3年7月，第11章として所収），改題

第2章，第6章，第9章：（次の各論稿を統合し，一部修正加筆の上，時代別に改めて3章に分割，改題）

　　「住友家における内部監査制度の変遷（上）」『監査』No.256（企業経営協会），昭和56年2月

　　「住友家における内部監査制度の変遷（中）」『監査』No.257（企業経営協会），昭和56年3月

　　「住友家における内部監査制度の変遷（下の1）」『監査』No.258（企業経営協会），昭和56年4月

　　「住友家における内部監査制度の変遷（下の2）」『監査』No.259（企業経営協会），昭和56年5月

　　「住友財閥における内部監査機構の変遷」『月刊　監査研究』13巻10号（日本内部監査協会），昭和62年10月

　　「住友財閥における内部監査体制の変遷」『会計史学会年報』第11号（日本会計史学会），平成5年3月

第3章：「わが国株式会社草創期の自律的監査制度―その源流と初期形態」（文部省・昭和59年度特定研究報告書『団体法理の現代的課題と展望』和歌山大学経済学部，昭和60年3月，所収）一部修正補筆，改題

第4章：「維新期三井組大元方の内部監査体制」『経済理論』247号（和歌山大学経済学会），平成4年5月，改題

第5章：「明治期三井家の内部監査制度の変遷」，『商学論集』43巻4号（関西大学商学会），平成10年10月，一部修正加筆

第7章：「三菱財閥における内部監査機構の変遷(1)」『経済理論』202号（和歌山大学経済学会），昭和59年11月，改題

第8章：「三菱財閥における内部監査機構の変遷 (2)」『経済理論』208号（和歌山大学経済学会），昭和60年11月，改題

第10章：「三菱合資会社における内部監査機構の変遷」（桜井久勝・加藤恭彦編著『財務公開制度論の新展開』中央経済社，平成12年11月，所収），一部修正加筆，改題

第11章：「安田財閥における関係行社統轄機構の変遷」『商経学叢』56巻2号（近畿大学商経学会），2009年12月，一部修正加筆，改題

第12章：（書き下ろし）

事項索引

ア行

Auditor　32, 46
改方　59
改役　55, 57, 61, 62, 63, 65, 106
改役補　61

委託内部監査　207, 208, 210, 211, 212

営業店視察規則　79, 81

大阪本店職制・規則・店方規則　94
オーナー経営者統制　15, 34, 60, 65, 74, 77, 79, 89, 195, 207, 209, 210, 212
大元方勘定目録　3, 6, 8, 10

カ行

会計検査　138
会計整理ニ関シ社長ヨリ親展ヲ以テ左ノ通知ヲ為ス　141
会計（もしくは一般経理）並ニ会計検査ニ関スル事務　140
会社検査業務　138
会社財産調査機関設置ニ関スル卑見　85
会社組織ニ関スル観察　86
会社部　199, 200, 202
會社辨　29, 30
貸付方検査役　58
家内式法帳　4
管理部監査課　84

関係行社監督方針　200
監査　173
監査員　96, 98, 99, 100
監査及検査規程　154, 157, 158, 159
監査及ビ検査規程要旨　156
監査課　82, 101, 103, 138, 151, 152, 168
監査課事務取扱心得　138, 139, 140, 142
監査方　88
監査規則　96, 97, 106
監査規程　98, 101, 102, 152
監査規定改正ノ要点及理由　149, 150, 151
監査規定（草案）　63
監査細則　96, 97
監察員　170, 171, 172, 173, 174, 175, 178, 179, 180, 181, 182
監察員処務規則　172, 173
監察員附　179
監査部　86, 152, 154, 155, 198, 199, 200, 202
監査補助員　96, 99
監査役　84, 85, 202
監査役監査　208
監査役附属　153, 154, 155
監査役附属員　153, 154, 155, 157
管事　107
監事　44, 45, 152, 157, 159, 160, 161, 193, 194, 196, 197, 201
監事附属員　158
勘定改方　42

勘定方監察　30, 31, 32
勘定役　115, 116
監督　34, 107, 197, 198, 201
監督課　108, 109, 110, 111, 112
監督係　108, 109, 110
監督部　197, 198, 200, 201, 202
監務　135
監理　162
監理課　170, 171, 172, 173, 174, 175
管理部　81
管理部監査課　84
管理部管掌事務内規　83
管理部規則　81
管理部庶務仮規則　82
管理役　62

銀行事務総監役　41
銀行部　199, 200, 202
金庫検査役　58, 59
吟味方　24, 25, 26

経営者型内部監査　66, 208, 210
決算書監査　77
検案係　32, 44, 45
検査　173
検査係　32, 111, 112, 113, 128
検査掛　31, 40, 43, 106, 111
検査局　112
検査定則　72
検査部　78, 79, 81, 136, 155
検査復命書　100
検査役　37, 39, 40, 41, 42, 59, 65, 112, 114, 115, 118, 128, 132, 133, 154, 155, 156, 157, 158, 161, 162
検査役規則　58

検査役附属員　155, 156
検査役補　155, 156, 158
検事　59, 60, 61, 62, 63, 65, 106
検視的監査　99, 209
検視的内部監査　209
検事補　61

公許会計士制度調査書　86
合資会社監査部　153
工場内部監査制度ノ参考　162
坑内検査役　129
国立銀行成規　38, 43
国立銀行条例　38, 39, 40
コンツェルン内部監査機関　157
コントローラー制　46

サ行

General Auditor　32, 46
自主内部監査　207
私盟会社　43
社務監視員　109
集権的内部監査　15, 16, 65, 74, 77, 79, 89, 207
主従持合ノ身代　59, 60, 62, 64, 65, 66, 71, 77, 78, 89
出張検査　74
常時監査　151
常式検査　63, 73, 74
常任監査役制　154
所有者型集権の内部監査　65
所有者型内部監査　154, 207
所有者型内部監査（委託型）　208, 210, 211
所有者型内部監査（自主型）　208, 209, 210, 212

調役　115, 116, 118
調役の職務　115

住友戦時総力会議　162

撰事　55, 57, 65
前内部監査　209, 210
専務監査員　101, 102, 103, 151, 152

総監役　41, 42
惣検査役　58, 59
相互牽制　24
宗竺遺書　3, 16
総本店監査課　151

タ行

第一国立銀行申合規則　40
第一国立銀行申合規則増補　40, 41
第一次コントロール　208
第二次コントロール　208

帳合方取締　58, 59
町人考見録　16
帳元検査役　58

定時監査　102
點査　74

統一監査部制審査委員会　86
特命監査　151, 152
取締役検査役制　46

ナ行

内部牽制システム　31
内面的監査　208

任意外部監査　211

ハ行

派出検査役　73, 74

副管理役　62
分系会社ト合資会社トノ関係　168
分権的内部監査　15, 60, 65, 89, 208, 209, 210

マ行

三井銀行成規　44
三井銀行盟約書　60
三井銀行申合規則　45
三井家監査役　75, 76, 77, 78
三井家監査役規則　75, 76, 77
三井家監査役規則細則　75
三井家監査役場　75
三井家定則（草案）　63, 64, 66, 71
三井家同族会事務局管理部　81
三井家同族会事務局検査部事務細則　80, 81
三井家申合家則　71, 72, 73
三井合名会社監査部　106
三井合名会社監査部規則　86
三井合名会社計算士　85
三井合名会社調査課　83
三菱合資会社総務部監査課長　169
三菱造船所組織規定　132
三菱総力本部　183
名目役改正規則　54, 55, 63, 65

ヤ行

安田銀行規則　193
安田家家憲および同補則　199

安田保善社検査規定　201

予州別子鉱山職制　95
豫州別子鉱山職制・規則　94

ラ行

理事たる監査員　100, 101

立會略則　29, 30
臨時監査　151
臨時検査　63, 73, 74

ロエスレル　77

著者略歴

津田 秀雄（つだ　ひでお）

神戸大学大学院経営学研究科博士後期課程単位取得退学
名古屋学院大学，和歌山大学，近畿大学各教授を経て
現在，四天王寺大学経営学部教授
博士（経営学，神戸大学）
近畿大学名誉教授

主な訳著書

『バルマン内部監査――西独における理論と実際』中央経済社（1972年）
『経営業務監査』共著，同文舘出版（1988年）
『ドイツ内部監査論』千倉書房（初版1990年，改訂版2002年）
『監査論講義』編著，中央経済社（初版1995年，5版2003年）
『コーポレートガバナンスと内部監査機能』編著，中央経済社（1999年）
『増補全訂　簿記基本・応用仕訳の体系問題集』（第10刷）東京教育情報センター，2001年
『新版　まなびの入門　監査論』共著，中央経済社（2010年）

日本内部監査制度の史的展開

2012年2月10日　初版第1刷発行

著　者　©津田　秀雄
発行者　菅田　直文

発行所　有限会社　森山書店
〒101-0054　東京都千代田区神田錦町1-10林ビル
TEL 03-3293-7061　FAX 03-3293-7063　振替口座 00180-9-32919

落丁・乱丁本はお取りかえします　印刷／製本・シナノ書籍印刷
本書の内容の一部あるいは全部を無断で複写複製することは，著作権および出版社の権利の侵害となりますので，その場合は予め小社あて許諾を求めてください。

ISBN 978-4-8394-2116-8